PICKWICK

ANTONIO CAPRARICA

CARLO III

Sperling & Kupfer

Alcune parti del libro sono tratte da Antonio Caprarica, *Royal baby*, Sperling & Kupfer, Milano 2018, edizione tascabile 2019; *William & Harry*, Sperling & Kupfer, Milano 2022.

Foto dell'inserto © Getty Images.

www.pickwicklibri.it
www.sperling.it

Carlo III
di Antonio Caprarica

ISBN 978-88-5544-260-2

I edizione Pickwick aprile 2024

Anno 2024-2025-2026 - Edizione 1 2 3 4 5 6 7 8 9 10

A Iolanta, mio sole

«Così pesante è la catena del matrimonio che bisogna essere in due a portarla, e talvolta in tre.»

ALEXANDRE DUMAS (1802-70)

«Il cuore che scivola e procede sghembo come un ruscello
Appesantito dai rottami dell'inverno alla sorgente –
Ma passato il tempo, e venuta la pioggia che pulisce,
si scatena libero a far festa nel suo giusto corso.»

ANDREW MOTION (da *Spring Wedding*, poema per le nozze di Carlo e Camilla, aprile 2005)

«Quale infinita serenità del cuore
Devono i re negarsi, che gli uomini comuni godono!
E che cos'hanno i re che non abbiano anche tutti gli uomini,
A parte la cerimonia, a parte la generale cerimonia?»

WILLIAM SHAKESPEARE, *Enrico V*

Dinastia Sassonia-Coburgo-Gotha
1837-1917

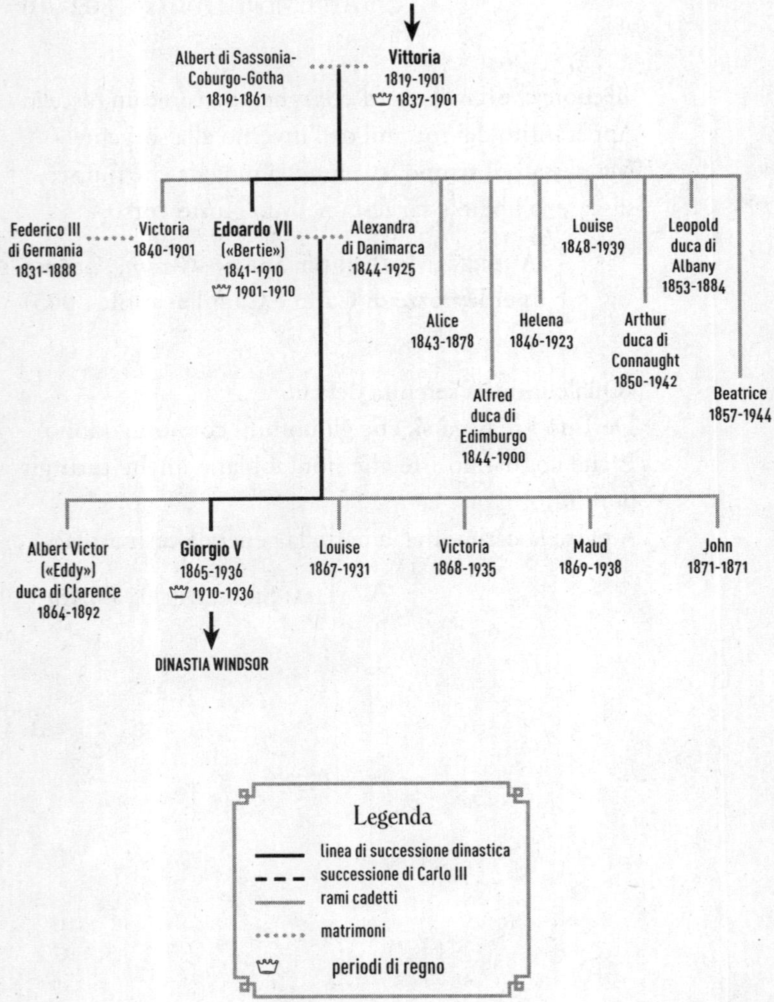

Dinastia Windsor

1917-

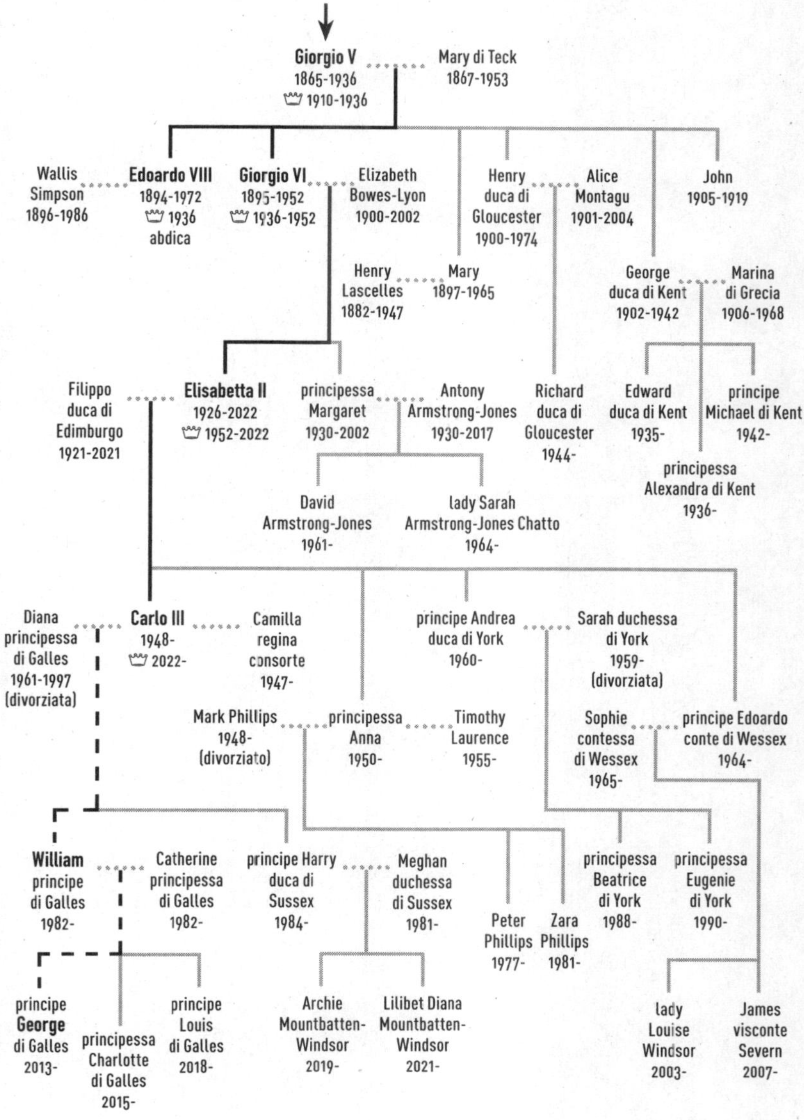

Indice

Parte terza
Catastrofe

Parte quarta
Resurrezione

Introduzione

Il mio primo incontro con re Carlo d'Inghilterra, nel lontano 1998 (e lontano era anche il trono), fu pure l'occasione della gaffe più grave della mia vita.

Ero arrivato a Londra da poco più di un anno come corrispondente capo della Rai. Il regno era ancora sotto choc per l'orrifica morte di Diana nell'estate 1997. Le cronache quotidiane erano zeppe di recriminazioni e sospetti, strambe teorie del complotto, accuse contro la famiglia reale, resoconti delle molte inchieste in corso. Per noi reporter un'inesauribile miniera di notizie. E ogni filo di questa luttuosa tappezzeria, così come l'arazzo di Bayeux annoda il racconto della conquista normanna dell'Inghilterra attorno al duca Guglielmo, riconduceva sempre allo stesso capo. Il principe del Galles. Le sue colpe nella fine del matrimonio. Le sue (presunte) responsabilità per la tragedia dell'Alma. Il destino della Corona nel caso, all'apparenza sempre più improbabile, che un giorno giungesse davvero nelle sue mani.

Così l'invito a Corte arrivò come una provvidenziale occasione di vedere e studiare da vicino il protagonista della storia del momento. Opportunità offerta dal banchetto al castello di Windsor per un selezionato gruppo di sostenitori di una delle tante *charities* patrocinate dall'allora erede al trono. Una volta arrivati al castello, io in smoking e mia moglie Iolanta in lungo e spalle nude, la nostra amica sponsor dell'evento ci accolse eccitata con il grande annuncio: eravamo stati prescelti tra il centinaio di invitati per il ristretto drappello che sarebbe stato presentato personalmente al principe. Il mio «io» di cronista non poté fare a meno di gioire, anche se il mio «io» fieramente repubblicano lo biasimava severamente per questo cedimento al fascino della monarchia.

Fummo dunque allineati, in tutto una decina di persone, nel salone delle armature dove Sua Altezza ci avrebbe onorati della sua attenzione. Prima che lui arrivasse, un assistente si premurò di ripetere, per chi le ignorasse, le regole dei contatti coi reali: nessuna domanda, solo risposte e brevi, nessun cenno a questioni politiche, attenersi ai temi e ai tempi dettati dall'illustre interlocutore.

Nell'attesa che lui si palesasse, in fila uno accanto all'altro con gli scheletri delle armature che si ergevano minacciosi alle nostre spalle, sembravamo un gruppetto di scolari che si preparano a una severa ispezione del preside.

Ed eccolo infine comparire, il futuro sovrano d'Inghilterra, nella classica uniforme Windsor, ovvero giacca corta da sera, nera con revers e polsi rossi, appositamente disegnata dall'antenato Giorgio III per l'uso esclusivo dei maschi della famiglia. Sui bottoni dorati ogni principe fa incidere il proprio simbolo araldico, la piuma di struzzo nel caso del principe del Galles.

A cinquant'anni tondi Carlo appariva più giovane dell'anagrafe, tonico e prestante. La figura non era ancora appesantita e la calvizie era tenuta a bada e limitata all'abituale tonsura in cima alla nuca. Il giacchino alla vita, una specie di bolero, attenuava la nota sproporzione tra la lunghezza del torso e la brevità delle gambe, tratto fisico tipico dei Windsor su cui la zia Margaret amava scherzare con una bella dose di autoironia: «Le mie e quelle di Carlo sono le gambe più corte d'Inghilterra».

Devo confessare che mi piacque subito il modo cordiale e rilassato di presentarsi agli ospiti. Da parte di un uomo che si portava dietro una cascata di altisonanti titoli nobiliari delle quattro nazioni del Regno Unito, sembravano maniere particolarmente semplici e aggraziate, senza l'ombra di quella prosopopea che invece spesso accompagna tanti dei potenti democraticamente eletti. Un punto a suo favore, fui costretto ad ammettere tra me e me.

Esaurita la parte formale delle presentazioni, furono serviti gli aperitivi e si avviò la conversazione. Un classico gin tonic in mano (solo ghiaccio in palline, *please*, mai cubetti...), il principe tornò ad avvicinarsi a me e mia moglie. «Lei dunque è il corrispondente della televisione italiana», esordì sorridente. «Da molto?»

«Primavera '97, Altezza Reale.»

«E quali argomenti la occupano principalmente?» continuò lui con una esibizione d'interesse che rivelava il vero professionista.

Avrei potuto rispondere Tony Blair (al potere da un anno), le Spice Girls, la Nazionale di pallone o la Tate Gallery. Invece la lingua batté in velocità pensiero e convenienze. «Proprio lei, Altezza Reale», che era la pura e semplice verità, visto il persistente impatto della morte dell'ex moglie. E non pago aggiunsi: «Devo confessare che non è facile in questo momento 'vendere' la sua immagine agli italiani». Com'è ovvio, mentre lo dicevo avrei voluto mozzarmi la lingua, e d'altro canto il suo antenato Enrico VIII mi avrebbe certo fatto mozzare la testa.

Carlo si limitò ad aggrottare le sopracciglia, incerto se aveva capito bene o il mio inglese l'aveva tratto in inganno. «Perché?» chiese improvvisamente guardingo.

Mi salvò ancora una volta Iolanta, rispondendo al mio posto. «Oh, Altezza Reale, le donne italiane sono letteralmente pazze di lei.» Non essendo italiana, la bugia le venne fuori in modo più convincente. Comunque il principe ci credette, o quanto meno finse di farlo, e la conversazione tornò su argini sicuri. Dall'agricoltura organica agli affreschi romanici nelle pievi dell'Appennino tosco-emiliano, Carlo era evidentemente felice di mostrare la sua solida competenza. E io ero felice d'ascoltare avendo salvato la testa. O almeno il tesserino di corrispondente.

Ventiquattro anni dopo quell'incontro, il «principe ribelle» – come l'ha definito uno dei suoi biografi – è finalmente diventato re Carlo III. È il sovrano più anziano mai salito sul trono d'Inghilterra. Il primato era detenuto dall'antenato Guglielmo IV, l'ultimo degli Hannover, che prese il posto del fratello Giorgio IV alla bella età di sessantaquattro anni, nel 1830. Carlo ci è arrivato con due lustri in più e strappando un altro record, quello dell'attesa, al trisavolo Edoardo VII che aveva aspettato «solo» sessant'anni.

Attesa. È la parola che segna l'esistenza di ogni principe del Galles, perché «qual è il lavoro dell'erede al trono», scrive perfino Shakespeare, «se non quello di aspettare la morte del genitore?» Solo che certe volte il «lavoro» dura intollerabilmente a lungo. E che ne è, nel frattempo, della vita del predestinato?

Molte delle frustrazioni, delle insofferenze, delle rabbie che hanno accompagnato quella di Carlo le scoprirete leggendo le prossime pagine. Nel quarto di secolo trascorso da quel nostro primo incontro ho pensato spesso a quale spreco di energie e capacità possa rappresentare il meccanismo di successione alla base della monarchia ereditaria. «In Casa Savoia si regna uno alla volta», ripetevano i nostri ex monarchi per stroncare sul nascere ogni possibile ingerenza degli eredi, e la regola vale con la stessa perentorietà nella Casa dei Windsor così come in qualsiasi altra dinastia regnante. Una volta, almeno, il principe ereditario era libero di impiegare questa inattività forzata in una *débauche* perenne, di cui i futuri Giorgio IV e Edoardo VII restano modelli insuperabili. Ma questo poteva accadere quando non esistevano la tv e i tabloid. Nell'epoca della comunicazione di massa e dello scrutinio costante dell'opinione pubblica, cosa possono fare i primogeniti reali oltre a stringere molte mani, accarezzare bambini e tagliare nastri?

A dispetto della sua immagine «difficile da 'vendere'», resta il fatto che Carlo è stato forse il primo principe del Galles nella storia a inventarsi, se non un mestiere, un'attività, oltre alla gestione del suo latifondo del ducato di Cornovaglia: un modo interessante per lui e utile alla società di passare la vita. Il «principe laureato» (a Cambridge, per di più) è infatti anche l'aristocratico che ha messo in piedi una grande impresa filantropica per aiutare migliaia di giovani capaci ma senza mezzi a costruirsi un business o trovare lavoro. È l'intellettuale che si è autonominato guardiano delle tradizioni e dell'ambiente. Eppure è l'uomo che, per gran parte della sua esistenza, mezzo mondo ha chiamato con un sorrisetto di compatimento uguale in amici e nemici «il povero Carlo». E perfino adesso che è re questo aggettivo orribile per l'implicita carica di disprezzo continua a perseguitarlo. Come lo perseguitano il fantasma dell'ex moglie e l'implacabile rancore del figlio cadetto, che affliggono irrimediabilmente – scrivono i giornali e dicono i commentatori televisivi – «il povero re Carlo».

Se commiserare la vita di un uomo nato e cresciuto nel privilegio sembra davvero un po' troppo, il paradosso serve però a sottolineare che perfino a un principe il destino può riservare una quota di infelicità superiore a quella che le statistiche assegnano in media a ognuno di noi. E nel caso di Carlo questo sfortunato sovrappiù si condensa ancora una volta nella parola «attesa». Non è solo il potere reale, per quel tanto o poco che oggi valga, che il nuovo monarca ha dovuto attendere oltre ogni misura, ma anche la più modesta e semplice possibilità di realizzare i sogni del suo cuore, una chance che le società contemporanee offrono a uomini in condizioni sociali infinitamente meno eccelse. A lui invece è toccato aspettare i cinquantasei anni prima di poter finalmente sposare la donna che ha amato tutta la vita. Purtroppo, anche quando non avrebbe dovuto.

Lo scopo di questo libro non è tuttavia formulare sentenze morali o emettere giudizi di valore. L'obiettivo è offrire, con tutti gli inevitabili chiaroscuri, il ritratto di un uomo che la nascita ha posto a un incrocio della storia, caricandolo del fardello di giustificare la sopravvivenza di un'istituzione eminentemente medievale al cospetto delle seducenti e rischiose promesse della modernità.

Nei suoi primi mesi di regno Carlo si è molto giovato del confronto con la mediocrità degli attuali leader eletti a Westminster. Ma in prospettiva si mostrerà all'altezza della sfida?

Alla fine di queste pagine sarete voi, cari lettori, a giudicare, ognuno con il proprio metro, vizi e virtù di un re che dovrà molto lavorare per non passare alla storia semplicemente come «il figlio di Elisabetta». O peggio. Già il nome che gli è stato dato alla nascita, e lui non ha cambiato al momento di cingere la corona, contiene un cattivo auspicio. Non casualmente è stato usato così poco nella storia della dinastia. Carlo I Stuart è il sovrano che a metà Seicento portò la monarchia nell'abisso, e ci perse la testa. Carlo II la restaurò ma in perpetuo contrasto con il Parlamento. E Carlo III? Sarà capace di riformarla e rilanciarla nel ventunesimo secolo, o la consegnerà per sempre all'irrilevanza e infine all'oblio?

Molti hanno dubitato, e dubitano, delle sue capacità. Per prima, nonché più esplicita e più implacabile, ovviamente l'ex moglie. C'erano venticinque milioni di britannici davanti alla televisione quando, nella celebre intervista a *Panorama* del novembre 1995, Diana dichiarò platealmente il marito inadatto a regnare. E il bello è che le ragioni addotte dalla principessa per la bocciatura – in pratica, a suo dire il marito avrebbe avuto troppi interessi culturali per sacrificarli alla Corona – corrispondevano perfettamente agli aspetti caratteriali di cui Carlo d'Inghilterra va particolarmente fiero. È difatti tanto amletico quanto fortemente innamorato delle proprie idee, appassionato nel cercare le «ragioni ultime» delle cose quanto potrebbe esserlo un filosofo idealista ottocentesco, cocciuto difensore di tradizioni e costumi in un mondo fin troppo ansioso di inseguire tutte le mode del momento. In una parola, Carlo è un passatista. Della qual cosa, lungi dal vergognarsi, va invece fiero.

Lui stesso, fresco quarantenne, disegnò la propria visione del mondo in un discorso tenuto il 10 dicembre 1989, sebbene i concetti possano apparire più pertinenti ai suoi attuali quasi settantacinque: «La paura di essere considerati vecchio stile mi sembra essere talmente onnipotente che i principi e i valori più duraturi che corrono come un filo attraverso l'intero arazzo dell'esistenza umana vengono abbandonati in base al falso presupposto che essi limitino il progresso».

Così, il Paese che più di ogni altro negli ultimi due secoli ha spinto a forza il mondo nella modernità si ritrova sul trono un uomo che ritiene ragione di orgoglio proprio l'essere considerato fuori moda, all'apparenza incurante che questa immagine possa alienargli la simpatia di sudditi entusiasticamente approdati nel ventunesimo secolo con l'intero bagaglio di idee e oggetti del «progresso» che il principe disdegna. Ciò lo qualifica a pieno titolo per l'appellativo di anticonformista, nel senso di ribelle alle convenzioni correnti. Ma rivelando più nostalgia del passato che ansia di futuro, l'atteggiamento gli guadagna più critiche che ammirazione. Fino allo sprezzante giudizio di uno degli storici più autorevoli dell'aristocrazia britannica, David Cannadine: «È una specie di gentiluomo di campagna del diciottesimo secolo nato duecento anni troppo tardi».

Non è dunque solo l'età a sollevare dubbi sull'opportunità della sua successione, che molti avrebbero voluto saltata a favore del primogenito William. E nemmeno la circostanza che la sua immagine pubblica sia stata corrosa, in modo forse irrimediabile, dal disastro della sua vita privata. Il fallimento del matrimonio con la donna più famosa del mondo, raccontato in presa diretta dai mass media dell'intero pianeta, consegna alla storia il ritratto di un uomo infedele e irresoluto – tranne che nell'attaccamento all'amante –, colpevole di aver ingannato una fanciulla innamorata mentre lui liquidava l'idea stessa di amore coniugale con un'alzata di spalle e una battuta consegnata alla colonna infame: «*Whatever in love means*», qualsiasi cosa significhi essere innamorati. Questa in realtà è solo metà della storia, quella dalla parte di Diana, ma è la metà che resta impressa.

Paradossalmente, però, anche la vita pubblica dell'allora principe del Galles, tutta impegni e buone cause, anziché contribuire alla sua riabilitazione proietta altre ombre, politicamente forse anche più gravi, sull'attuale Carlo III. Troppo *outspoken*, il principe, troppo esplicito e loquace su ogni argomento, compresi quelli più controversi. Troppo disposto alle polemiche, alle reprimende, troppo irritabile, pieno di sé e convinto di essere sempre nel giusto come un monarca assoluto del diciassettesimo secolo.

Chi in quegli anni di attesa ha conosciuto da vicino il futuro sovrano sostiene che la sua lealtà sia limitata al pari della sua capacità di concentrazione. E che all'interno della cerchia che fungeva da Corte personale a St James's Palace non ci fosse spazio per la democrazia o per punti di vista dissenzienti. Inoltre (comprensibilmente), ossessionato com'era dal ristabilire la propria reputazione dopo i tragici anni Novanta, per anni l'erede al trono ha fatto ricorso a ogni macchinazione pur di manipolare media e opinione pubblica a suo favore (e a favore dell'amante).

In poche parole, l'opposto di quella discrezione fatta persona che è stata la madre Elisabetta, tanto naturalmente portata a unire quanto Carlo lo è a dividere, lei sì modello inappuntabile – e forse inarrivabile – del monarca costituzionale nella più pura versione britannica: una maschera augusta che non lascia trasparire un'emozione, un pensiero, una preferenza nemmeno sugli argomenti più banali o innocui, ligia al dovere istituzionale dell'imparzialità e del silenzio.

È il contrasto evidente tra questi due caratteri, e tra due modi radicalmente diversi di intendere il ruolo, che suscita a Corte gli interrogativi più angosciosi sul futuro del trono. E sulla capacità di Carlo, dopo un regno cominciato troppo tardi, di consegnare integra al figlio William un'istituzione anacronistica quanto molte delle sue idee.

Tutte le probabilità sembrano essere contro di lui. Perfino il figlio cadetto continua a dirgliene di tutti i colori: avaro di soldi e sentimenti, intrappolato nella sua educazione reale, incapace di vere emozioni (benché le foto degli anni passati, tra abbracci e genuine risate coi figli, raccontino una storia differente). Ma del resto, obiettano amici e sostenitori, per Carlo è stato difficile fin dalla nascita. Ha dovuto sempre lottare per ottenere ascolto e comprensione. Nessun principe del Galles prima di lui ha dovuto svolgere i doveri della carica nell'epoca dei mass media, vale a dire sotto l'occhio spietato di controllori che si arrogano il diritto di stabilire ciò che è o non è di pubblico interesse.

Fosse vissuto ai tempi del trisavolo Edoardo VII, che da erede al trono incarnò come nessun altro la crapula reale, non avrebbe certamente dovuto affrontare la ribellione coniugale o il biasimo popolare, che negli anni della Belle Époque nemmeno sfiorarono quell'adultero seriale del «discolo» (così lo chiamava la moglie tradita…) Bertie. Era ancora il tempo in cui i potenti conservavano il diritto e il potere di stabilire che cosa doveva restare privato e che cosa poteva diventare pubblico. Fossero toccati anche a lui quegli anni, forse il mondo si sarebbe fatto un'idea diversa di Charles Philip Arthur George, dal 1969 principe del Galles e conte di Chester, duca di Cornovaglia e di Rothesay, conte di Carrick e barone Renfrew, Lord delle Isole e Great Steward di Scozia, e dall'8 settembre 2022 finalmente sovrano del Regno Unito di Gran

Bretagna e Irlanda del Nord. Un uomo su cui l'attenzione dei media, la curiosità popolare, le chiacchiere planetarie di cinegiornali e riviste si appuntarono già quand'era ancora nel grembo della madre, in quel 1948 fresco di guerra e affamato in pari misura di patate e di notizie. Settant'anni dopo, è la sua occasione di passare dalla cronaca alla storia.

PARTE PRIMA

Successione

1
Operazione «London Bridge»

CHE cosa è successo veramente attorno al letto di morte di Elisabetta II?

Raramente un monarca lascia questo mondo senza che al suo capezzale si consumino intrighi. Di solito il primo mistero riguarda modalità e ora della dipartita. Per antica e immutata consuetudine, la salute del sovrano d'Inghilterra è un segreto di Stato: se presenta problemi, il bollettino medico è il più stringato possibile e non fornisce alcuna indicazione sul malanno. Figurarsi quando si avvicina alla fine. Nella riservatezza che la dignità umana, prima ancora che regale, impone al momento solenne del trapasso, capita che si compiano misfatti. Perfino nell'età moderna, che sarebbe teoricamente quella della trasparenza, e magari giusto in suo nome.

Gli storici hanno accertato da tempo che proprio le esigenze della neonata società della comunicazione furono responsabili del complotto per accelerare, sia pure di poco, la fine di Giorgio V. Nel gennaio 1935 l'agonia di *Grandpa England*, Nonno Inghilterra, come lo chiamava l'amatissima nipotina Lilibet, si trascinava dolorosamente. Troppo a lungo per le esigenze tipografiche del primo giornale del regno, il *Times* di Londra. Un'ora in più e l'edizione mattutina del quotidiano avrebbe «bucato» la notizia, lasciando ai giornali popolari del pomeriggio l'annuncio del decesso. Evenienza giudicata indecorosa dall'establishment, perfino offensiva dell'alta dignità reale. Alle undici di sera, dopo una convulsa telefonata con il direttore del *Times*, il medico reale lord Dawson si convinse che era nell'interesse della Corona, *ergo* del regno, porre termine alle sofferenze del monarca. Che la famiglia ne fosse informata o no, di certo una dose di un grammo di cocaina e tre quarti di grammo di morfina iniettata nella giugulare del re consentì al *Times* di stampare trecentomila copie con l'annuncio della morte.

Non si può dire, ovviamente, che a novantasei anni la fine della nipote sia arrivata inattesa. Ma repentina sì. E inevitabilmente sono cominciate le speculazioni sulle effettive cause del decesso – semplice vecchiaia o malattia? – e sull'ora della morte.

Il 6 settembre, due giorni prima dell'addio, Sua Maestà aveva ricevuto a Balmoral, dove ancora si trovava per la pausa estiva, la nuova premier Liz Truss. La foto diffusa per l'occasione la ritrae rimpicciolita e fragile, ma sorridente e all'apparenza vivace come al solito. Sebbene in viso non si scorga alcun segno di sofferenza o malattia, la mano che porge a Mrs Truss suggerisce una storia diversa. Il dorso è pressoché ricoperto di macchie scure simili a ematomi prodotti da un urto, o più probabilmente da ripetute iniezioni endovenose. E in tal caso, quale ne era la ragione?

Le prime voci dopo il decesso, in verità di origine incerta, alludevano a una rovinosa caduta qualche giorno prima. Da qui la necessità di una terapia anticoagulante per scongiurare il rischio fatale di trombi. La tesi della caduta, peraltro mai confermata e forse artatamente alimentata, risultava del resto coerente con le notizie dei mesi precedenti sui problemi motori di Elisabetta II. Già nella tarda primavera la sovrana si era dovuta rassegnare ad apparire in pubblico con l'ausilio di un bastone, e le voci di Corte davano per certo che nel chiuso della reggia Sua Maestà si spostasse ormai solo su una carrozzina elettrica. Del resto, proprio queste difficoltà avevano motivato i forfait della regina ad alcuni degli eventi più importanti delle colossali celebrazioni per i settant'anni di regno, un appuntamento a cui lei aveva invece sempre mostrato di tenere moltissimo.

Perfino l'impegno conclusivo dei festeggiamenti, il tradizionale saluto dal balcone di Buckingham Palace all'enorme folla in tripudio sul Mall, era rimasto in forse fino all'ultimo. Ma poi, nel sollievo generale, la matriarca era apparsa, in completo verde brillante, sia pure sorreggendosi al bastone ormai consuetudinario, circondata da Carlo e Camilla, William e Kate e i loro adorabili bambini (ma non Harry, che non aveva atteso nemmeno la fine della festa per ripartire con Meghan per l'amata California). La rassicurante presenza di Elisabetta sembrava quasi confermare la giocosa convinzione che fosse immortale.

Tre mesi e tre giorni dopo, a metà giornata dell'8 settembre, Buckingham Palace lasciò il mondo di sasso annunciando con un tweet «la preoccupazione» dei sanitari per le condizioni di salute della regina dopo un'ultima visita in mattinata. La scontata vaghezza non serviva a ingannare nessuno. Bastava l'unica frase circostanziata a dire tutto: Sua Maestà «rimane in una situazione di comfort a Balmoral», ma i famigliari erano stati convocati d'urgenza nel castello scozzese, avvertiva il Palazzo. Tutti? E quando, precisamente? Gli interrogativi non sono irrilevanti, perché quello che accadde in quelle ore dell'8 settembre avrebbe contribuito ad alimentare la faida famigliare che più minaccia il trono.

Gli occhi delle telecamere inquadrarono il nipote Harry arrivare a Balmoral tardi e da solo: un caso o uno sgarbo premeditato? E nella seconda ipotesi, subìto o compiuto dal principe?

Nell'inevitabile caos di quelle ore, è difficile seguire il filo cronologico degli eventi. I piani perfezionati lungo i decenni per l'evenienza della morte di Elisabetta hanno mostrato tutta la loro efficacia nell'arco delle due settimane che hanno accompagnato il più lungo, solenne e commosso saluto funebre mai tributato dagli inglesi a un loro sovrano. La magia della monarchia, che aveva animato le cerimonie per il Giubileo dei settant'anni di regno, ha operato con straordinario effetto anche nell'addio alla Regina di Platino. Ma perfino la meticolosità dei piani, che ha confermato il talento organizzativo degli inglesi, non poteva tenere in conto una circostanza del tutto inaspettata: la presenza degli ormai pressoché estraniati duchi di Sussex nel cuore di una famiglia in lutto.

Harry e Meghan si trovavano a Londra per pura coincidenza quando emersero le prime notizie sul peggioramento della salute di Elisabetta. All'inizio di settembre la coppia era volata in Europa, lasciando in California i due figli, per alcuni eventi ad alta visibilità. Per lei, il 5 settembre a Manchester un discorso di appena sette minuti (in cui ben cinquantaquattro volte ha detto «io») al summit di One Young World, organizzazione planetaria dei giovani leader del futuro. Per lui, il giorno seguente, una puntata a Düsseldorf per presentare al mondo gli Invictus Games del 2023, le sue Olimpiadi per veterani invalidi di guerra, e poi l'8 settembre un discorso a Londra in occasione della consegna dei WellChild Awards, premio istituito dall'omonima *charity* a sostegno dei bambini seriamente ammalati, una delle poche di cui il principe è rimasto patrono, e anche una delle sue preferite. Un discorso che non avrebbe mai tenuto.

La morte della regina avrebbe però egualmente, e anche di più, messo i Sussex sulla prima pagina di tutti i giornali e al centro delle notizie, in un autentico frullato di fatti e chiacchiere destinato a pesare sul futuro della Corona.

Per Harry e Meghan quanto avvenne in quelle ore rappresenta infatti, come hanno continuato a ripetere nel flusso incessante di interviste dei mesi seguenti, un'ulteriore conferma della discriminazione della famiglia nei loro confronti e dunque l'estrema giustificazione per i loro persistenti attacchi al trono. Per questo è importante la ricostruzione autentica di quegli eventi, secondo quanto risulta dalla testimonianza di molteplici fonti.

L'8 settembre il duca di Sussex, reduce dal breve viaggio in Germania, si svegliò a Frogmore Cottage – la sontuosa residenza che all'epoca ancora conservava nel Gran Parco di Windsor – con un'agenda precisa, anche se non fitta. La sera, con Meghan al fianco, avrebbe tenuto il discorso principale – che aveva già scritto – al galà per i WellChild Awards. Si sarebbe rivolto ai piccoli pazienti e alle loro famiglie, ed era sicuramente felice di tornare, sia pure per poco, all'attività che più amava della sua vecchia esistenza: far ridere i bambini, che con lui stabilivano un rapporto allegro e immediato. Subito dopo sarebbe tornato dai suoi, di bambini, che aspettavano a casa in California.

I Sussex si sentivano particolarmente soddisfatti del breve viaggio in Germania. I loro collaboratori e i fan giudicavano un trionfo la loro apparizione a Düsseldorf, e le immagini della passeggiata sul tappeto rosso confermano un'accoglienza estatica da parte della folla che gremiva la manifestazione di lancio degli Invictus Games. La coppia si mostrava felice e rilassata, sicuramente imbaldanzita dal trattamento speciale della Luftwaffe (l'aeronautica militare tedesca), che aveva messo a loro disposizione un jet da e per la Gran Bretagna: una prova manifesta ai loro occhi, ma auspicabilmente anche a quelli dei reali famigliari, della loro qualità di VIP internazionalmente riconosciuti come tali. In particolare, Harry e Meghan avevano apprezzato le rigorose misure di protezione offerte dai tedeschi, mentre in Gran Bretagna Scotland Yard rifiutava di pagare per la loro sicurezza, visto che non erano più *working royals*. Dopo tutto, avevano scelto loro di rinunciare agli incarichi ufficiali.

La polemica sulla protezione negata dall'Home Office, il ministero degli Interni, aveva per di più spinto i Sussex a non cercare di vedere la regina nei giorni della loro permanenza. Fondati o meno che fossero i loro timori, reputavano che andare in Scozia privi di una scorta non fosse saggio. Nessuno può dire se al principe, in apparenza sempre così legato alla nonna, sia passato per la testa che quella sarebbe potuta essere una delle ultime occasioni di incontrarla, vista l'età e la salute declinante. Sta di fatto che i duchi avevano gran fretta di tornare in America, con largo anticipo sul trentottesimo compleanno di Harry, il 15 settembre.

A metà mattina di quel giovedì 8 era chiaro che il programma sarebbe stato stracciato. La salute della regina si era improvvisamente aggravata durante la notte. Se qualche membro della famiglia reale era stato certo informato con tempestività, di sicuro Harry non era ancora stato avvisato. O l'allarme era stato insufficiente, e non era stato colto nella sua gravità.

La sera precedente, nella residenza scozzese di Dumfries House, a 250 chilometri dalla tenuta di Balmoral, il principe del Galles aveva tranquillamente continuato a intrattenere gli ospiti a cena. La consorte Camilla era in viaggio con parecchie difficoltà da Londra alla Scozia, intrappolata nei ritardi dell'aeroporto di Heathrow.

L'indomani mattina, a Balmoral fu chiaro a tutti che non si poteva più aspettare. L'operazione «London Bridge» – nome in codice per il complesso protocollo da seguire per la morte della sovrana – era pronta a girare a pieno regime. «Il guaio era», come osservò un alto dignitario nei giorni successivi, «che nessuno sa quando deve morire. È una delle rare cose che i reali hanno in comune con le altre famiglie. La regina era certo gravemente malata ma nessuno sapeva quanto le restasse. È arduo prevedere una cosa del genere.»

Difficoltà comune al genere umano, certo, resa però più complicata dalla posizione unica dei reali nella vita pubblica. La vista di tre principi, una principessa, un duca e un conte, ovvero i parenti più stretti, che corrono a prendere un aereo per Balmoral non era qualcosa da maneggiare alla leggera. Rischiava di scatenare una vera ondata di panico. Per una famiglia normale è la cosa più scontata del mondo precipitarsi al capezzale della nonna «nel caso che...» E se l'allarme si rivela prematuro, non resta che ringraziare il cielo e tornare ognuno ai propri affari. Nel caso dei Windsor, che non rappresentano soltanto un nucleo famigliare ma la massima istituzione britannica, pianificare lo spostamento dell'intera famiglia reale in Scozia era ovviamente, tra obblighi protocollari e misure di sicurezza, un compito colossale. E i funzionari responsabili dell'operazione erano fin troppo consapevoli della pubblica agitazione che stavano per suscitare.

Il circolo ristretto attorno alla regina sapeva che il tempo era ormai arrivato. I dignitari di più alto rango erano già presenti nel castello scozzese, a cominciare dal segretario privato di Sua Maestà. Il fidatissimo sir Edward Young non aveva ovviamente potuto mancare gli incontri della «principale» appena due giorni prima, martedì 6 settembre, con il premier uscente Boris Johnson e la subentrante Liz Truss.

Il principe Carlo, informato del peggioramento della madre, si affrettò a telefonare a *entrambi* i figli perché accorressero al capezzale della nonna. A entrambi i principi, ripetono accreditate fonti di Palazzo. Non ci fu alcuna discriminazione, e nemmeno alcuna discrepanza temporale. Chi ha vissuto da vicino quei frenetici momenti smentisce infatti i resoconti che vogliono William avvertito in anticipo rispetto al fratello minore. Carlo si comportò con tutti e due come aveva e avrebbe sempre fatto, da padre attento e affettuoso.

Naturalmente, esisteva una differenza di ruoli tra il primogenito e il figlio cadetto. Inoltre, a rendere più complicato un trasferimento discreto del principe Harry c'era la sua polemica sulla mancanza di protezione da parte di Scotland Yard. Proprio il presunto rischio per la loro sicurezza era la ragione addotta dai Sussex per giustificare il rifiuto di visitare la nonna a Balmoral. I giornali erano sul chi va là per spiare qualsiasi segno di ripensamento della coppia, perciò l'eventualità che Harry potesse quel giorno volare in Scozia senza far scattare l'allarme era evidentemente pura fantasia.

Se come nipoti il vincolo di affetto per la regina morente era identico, a William, in qualità di secondo in linea di successione al trono, competeva anche un preciso dovere costituzionale: il duca di Cambridge, titolo di cui poteva fregiarsi al momento, era non solo tra i famigliari più stretti ma anche uno dei quattro Consiglieri di Stato nominati da Sua Maestà.

Una breve consultazione con la moglie Catherine produsse la decisione apparentemente più opportuna. Era anche il primo giorno nella nuova scuola per i loro tre figli, perciò William sarebbe andato da solo al capezzale della nonna e la duchessa sarebbe rimasta all'Adelaide Cottage a Windsor (dove la famiglia si era appena trasferita) per accogliere i bambini di ritorno dalle lezioni e spiegare loro nel modo più delicato che cosa stava accadendo. Una scelta saggia, destinata però ad avere inattese e spiacevoli ripercussioni sul conflitto famigliare con i Sussex.

2
Campane a morto a Balmoral

A Balmoral l'epilogo si avvicinava rapidamente. Quanto inatteso, però, non è chiaro. La cerchia degli intimi attorno a Elisabetta non aveva lasciato filtrare nemmeno un sussurro. Ma loro sapevano che la regina era gravemente malata. Nessuna conferma ufficiale è mai arrivata, nemmeno dopo la morte – che, come per Filippo, il certificato medico attribuisce semplicemente a «vecchiaia» –, ed è molto improbabile che la cartella clinica della monarca affiori dagli archivi di Windsor Castle prima del consuetudinario mezzo secolo e passa. Ma i problemi motori di cui soffriva nell'ultimo anno, diventati pubblicamente manifesti in occasione delle celebrazioni del Giubileo di Platino, appaiono compatibili non solo con la presunta caduta ma anche con la diagnosi di un mieloma riportata dal più intimo dei suoi biografi, Gyles Brandreth.

Chi aveva occasione di incontrare con una certa frequenza la vegliarda sapeva che, a dispetto delle apparenze, non era solo l'età ad avvicinare l'addio. Il reverendo Iain Greenshields della Chiesa di Scozia, in visita nell'ultimo week-end a Balmoral, era chiaramente sorpreso che, «benché gravemente malata la regina fosse così lucida e attenta. Ho mangiato con lei a cena sabato – pesce e agnello – e vitello domenica a pranzo. Mi ha raccontato di quanto fosse 'importante' per lei la fede cristiana. Poi mi ha chiesto cosa stessimo facendo nella Chiesa di Scozia e quali sono le principali attività previste per i prossimi mesi».

Non che i pensieri della regina fossero ormai tutti rivolti al cielo. Tra gli ultimi a incontrarla c'è stato anche John Warren, il responsabile degli allevamenti ippici e dei purosangue da corsa della sovrana. E con lui, in quell'ultimo fatale week-end, Elisabetta si è occupata con gusto di faccende molto terrene: «Abbiamo discusso ore, pensando a piani e strategie future per i suoi impianti sportivi», ha testimoniato Warren. «Era in forma straordinaria e lucidissima. Ci tengo che tutti sappiano come fosse incredibilmente, meravigliosamente sul pezzo.»

Lo è stata fino a martedì 6 settembre, quando ha ricevuto in rapida successione il dimissionario Johnson e la nuova premier Truss. È apparsa assai fragile, costretta ad appoggiarsi al bastone con entrambe le mani livide ma nonostante tutto ancora sorridente. Il chiacchierone Boris testimonia che «era in forma e molto lucida, mai avrei pensato che ci lasciasse così in fretta». Quella sera Sua Maestà prova anche l'ultima grande gioia della sua vita. Warren, appena tornato a Balmoral, la trova «contenta» perché il suo puledro Love Affairs, di due anni, ha appena vinto la gara della Nursery Handicap nelle celebri corse di Goodwood. La passione per i cavalli, che non l'ha lasciata mai per un solo istante, scalda anche quelle ultime ore. Ma a fine serata tutti i testimoni concordano nel descriverla come «molto stanca».

Nel tardo pomeriggio del giorno seguente, mercoledì 7, le condizioni di Elisabetta si aggravano improvvisamente. I medici, che non la perdono mai di vista, sperano ancora tuttavia che si tratti di una crisi passeggera. Attorno alla reale malata ci sono i fedeli servitori di sempre: la sarta Angela Kelly, diventata ormai da vent'anni assistente personale e confidente, la dama di compagnia Susan Rhodes che è anche una mezza parente, «Tall Paul», il paggio

Paul Whybrew che deve il nomignolo ai suoi oltre 2 metri di altezza, e il *Sergeant-at-Arms* Barry Mitford, il cerimoniere di Corte.

Col passare delle ore le speranze calano e i timori aumentano. La famiglia viene avvertita ma non ancora sollecitata a raggiungere la Scozia. Comunque Anna, la principessa reale, non aspetta oltre. Nel pomeriggio del 7 è già accanto alla madre.

Giovedì mattina la situazione precipita. Ma la barriera di riserbo e discrezione attorno al letto della sovrana morente tiene ancora per qualche ora. «Era da poco passato mezzogiorno e stavamo finendo di sistemare le telecamere per un'intervista con Camilla organizzata molti mesi fa», ha raccontato Jenna Bush, una delle figlie gemelle dell'ex presidente americano George W., diventata reporter televisiva. «In quel momento è entrato un assistente e ci ha chiesto di fare silenzio: era in corso una telefonata importante. Poi abbiamo sentito il calpestio di passi concitati e subito dopo il rumore vicinissimo di un elicottero. Ci hanno detto che l'intervista era rimandata perché il principe doveva correre al capezzale della regina...»

Negli stessi minuti in cui Carlo e Camilla bruciano in elicottero i 250 chilometri da Dumfries House, nella Scozia sud-occidentale, a Balmoral, sulle Highlands, le voci ormai irrefrenabili raggiungono il cuore del potere britannico: la Camera dei Comuni. La diretta televisiva del Parlamento in seduta si interrompe improvvisamente quando Nadhim Zahawi, Cancelliere del ducato di Lancaster (patrimonio personale del monarca), passa una nota alla premier Truss, con l'aggiornamento sulle condizioni di Elisabetta.

Pressoché in contemporanea, alle 12.32, arriva via tweet il comunicato di Buckingham Palace, che conferma l'allarme ma almeno allontana il timore che il peggio sia già accaduto. La «preoccupazione» espressa dai medici non lascia spazio a equivoci ma almeno la regina è ancora «*comfortable and at Balmoral*». Bisogna però cominciare a preparare il grande pubblico all'eventualità più temuta e, all'evidenza, ormai inevitabile. La BBC fa come sempre da battistrada. Il conduttore del notiziario, Huw Edwards, si presenta con una cravatta nera, lanciando un implicito segnale agli spettatori e ai colleghi giornalisti di tutto il mondo.

Per i reali ormai non c'è più un minuto da perdere. William, gli zii Andrea e Edoardo (assieme alla moglie Sophie) sono già tutti per strada diretti alla base RAF di Northolt, dove il jet militare KRF23R li aspetta con i motori accesi. Il decollo è previsto alle 13.30 ma avviene più di un'ora dopo, alle 14.39, senza che nessuno abbia ancora spiegato esattamente perché. In ogni caso, il Dassault Falcon atterra all'aeroporto di Aberdeen solo alle 15.50, lasciando i reali con ancora un'ora e dieci minuti di macchina prima di poter raggiungere il castello tra i remoti boschi dell'altopiano.

Apparentemente affranti come ci si può attendere, zii e nipote salgono sull'auto che li attende, con William al volante, preceduti e seguiti dalle macchine di scorta. Arriveranno comunque troppo tardi a Balmoral. Ma nel gruppo spicca un'assenza: Harry. Dov'è finito?

Torniamo indietro al primo pomeriggio e spostiamoci a Frogmore Cottage, in quel momento residenza dei Sussex. Poco prima delle 14, la loro portavoce fa un annuncio: «Il duca e la duchessa di Sussex partiranno subito per la Scozia». Ma la duchessa non partirà. Che cosa è successo? Qui si apre la prima crepa nelle opposte versioni – dei Windsor e dei Sussex – di quelle ore concitate.

Di fatto, l'annunciata partenza non è frutto dell'ansia di apparire che i critici pregiudiziali attribuiscono solitamente a Meghan. E nemmeno la sua cancellazione nasce da uno sgarbo deliberato che, per converso, i sostenitori della duchessa americana addossano alla famiglia reale. Semplicemente, nel susseguirsi convulso degli eventi, la confusione delle due distinte macchine organizzative – Sussex da una parte, Windsor dall'altra – provoca l'incidente destinato ad aggravare la frattura tra le due parti.

Se la regina fosse morta mentre Harry era in California, il team della coppia dava per scontato che Meghan avrebbe accompagnato il marito per offrirgli il suo appoggio. L'errore era pensare che questo valesse anche nelle mutate circostanze. Perché mentre la portavoce annunciava la partenza della duchessa per la Scozia, Harry parlava nuovamente col padre, e Carlo chiariva che le mogli, inclusa la duchessa di Cambridge, non erano attese a Balmoral. Si trattava insomma di un equivoco imbarazzante ma, come continua a ripetere il Palazzo, «non era questione di offendere qualcuno o di essere offesi, era semplicemente il protocollo e i Sussex, come tutti, erano tenuti a rispettarlo».

Non è così che la pensa Harry. Per lui, come scrive nelle memorie, è stato Carlo a sbarrare a Meghan la porta di Balmoral. E il protocollo era soltanto un pretesto, così come l'assenza forzata della cognata Kate. A questo punto, comunque, il *niet* alla moglie diventa un problema secondario rispetto a quello di far arrivare Harry in Scozia il più rapidamente possibile. I suoi collaboratori si dannano l'anima per trovare una strada praticabile. I voli commerciali o il treno sono certamente da evitare, visto che tutti gli occhi sarebbero puntati sul principe «scartato» dai parenti. Alla fine la soluzione si presenta sotto forma di affitto di un jet privato, che al costo di 30.000 sterline trasporta Harry da Luton ad Aberdeen, mentre Meghan rimane da sola a Frogmore.

Alle 15 *the great and the good*, come gli inglesi chiamano i potenti del regno, stanno già tutti ricevendo sul telefonino il messaggio temuto. Gli alti dignitari di Corte avvertono che l'inizio dell'operazione «London Bridge» appare imminente.

Alle 16.30 il primo ministro Liz Truss riceve la comunicazione formale del trapasso di Sua Maestà. L'annuncio pubblico arriva due ore dopo, alle 18.30. Che cosa accade in queste ore concitate dietro la scena, nel cuore della famiglia reale? È la seconda crepa nelle opposte ricostruzioni.

Di certo c'è che solo Carlo e la sorella Anna arrivano in tempo per vedere la madre viva. Gli altri principi, Andrea, Edoardo e William, fanno il loro ingresso a Balmoral poco dopo le 17, quando la sovrana è già spirata, e non resta altro che piangerla assieme. E Harry?

Si era detto inizialmente che lo «Spare», il Ricambio, come lui stesso si è definito nell'autobiografia, aveva saputo della morte della nonna ancora in aereo, grazie a una telefonata del padre cinque minuti prima che atterrasse. In realtà la chiamata non è mai riuscita a raggiungerlo. Il principe sapeva che Carlo stava cercando di mettersi in contatto con lui ma stavolta la tecnologia fa cilecca. E prima che il collegamento con l'aereo in volo possa funzionare, Harry legge l'annuncio ufficiale in una *breaking news* comparsa sul telefonino poco dopo le 18.30.

Questa è la versione del cadetto. Ma poiché «i ricordi possono divergere», secondo la celebre formula usata da Elisabetta per smorzare l'intervista al vetriolo dei Sussex con Oprah Winfrey, il Palazzo ha sempre offerto un racconto diverso. Il portavoce del nuovo sovrano è stato categorico nell'insistere che la comunicazione ufficiale del decesso di Elisabetta «non è stata fatta fino a che tutti i membri della famiglia sono stati informati». Anche una fonte indipendente ha confermato questa sequenza di eventi, sottolineando che «parte del problema era proprio riuscire a raggiungere il duca di Sussex».

In ogni caso l'arrivo di Harry non sarebbe potuto avvenire in condizioni peggiori. Le foto che lo ritraggono in auto all'ingresso a Balmoral mostrano un viso tirato, angosciato. I suoi sentimenti si possono soltanto immaginare, nel rimettere piede nella casa dove poco più che bambino aveva appreso della tragica fine della madre, e dove adesso torna accompagnato dalla triste notizia della scomparsa della nonna.

È stata questa solitudine, questo senso di essere nuovamente abbandonato a spingere il duca a rifiutare furiosamente l'invito a cena a Birkhall, la vicina residenza del padre ora diventato re? O non sopportava l'idea di sedere di nuovo, dopo anni, accanto al fratello maggiore appena divenuto principe del Galles ed erede al trono? Ma poi, c'è stato davvero questo gran rifiuto? Le fonti reali lo negano tutte recisamente. E la ragione è molto semplice: «Non c'è mai stato nessun invito». Non per volontà di snobbare Harry, ma solo perché Carlo e William si erano già spostati a Birkhall quando lui faceva il suo ingresso a Balmoral, a sera inoltrata.

Atterrato ad Aberdeen alle 18.35, il duca impiega quasi un'ora e mezzo per raggiungere la tenuta sulle Highlands. Lungo la strada avrà letto sullo schermo del portatile la dichiarazione diffusa da Carlo alle 19, mezz'ora dopo l'annuncio al pubblico: «La morte della mia amata madre è un momento di grandissima tristezza per me e tutti i membri della mia famiglia. Piangiamo con profondo dolore la scomparsa di una sovrana apprezzata e una madre molto amata».

Quando finalmente Harry entra nel castello, pochi minuti prima delle 20.00, il padre però non c'è più, e nemmeno il fratello. Non l'hanno aspettato. Il duca incontra gli altri parenti ma non resta a cena con loro. Si fa servire il pasto in camera, da solo.

E da solo, per primo, lascia Balmoral la mattina seguente, attorno alle 8.15. Non c'è nessuno accanto a lui sul sedile posteriore della macchina coi vetri oscurati che, al centro di un piccolo convoglio di auto blu, riparte alla volta dell'aeroporto di Aberdeen. Un'ora dopo Harry s'imbarca sull'aereo che lo riporta a Londra. Nel castello scozzese dove ha passato i giorni più spensierati e quelli più tragici della sua infanzia è rimasto in tutto appena dodici ore. Ma sono un abisso temporale e spaziale destinato a separarlo ancor più dalla famiglia reale.

Apparirà evidente nei giorni successivi, nel corso delle imponenti manifestazioni di lutto che la nazione, sotto lo sguardo partecipe dell'intero pianeta, riserva alla Platinum Queen. Nelle grandiose e commosse cerimonie d'addio il solo elemento di distrazione e disturbo rischiano d'essere gli interrogativi sul ruolo riservato ai membri «reietti» della famiglia. Harry per scelta, Andrea per forza.

Inseguito dalle ombre dello scandalo del pedofilo Jeffrey Epstein, il duca di York è stato privato dei titoli militari e di ogni funzione pubblica. Ma rimane pur sempre figlio, e se è per questo anche il prediletto della defunta regina. Indiscutibile il suo diritto-dovere di piangerla con gli altri parenti stretti. E lo stesso vale per il duca di Sussex, non più un *working royal* ma di sicuro un nipote molto amato dalla scomparsa (per quanto gli intimi dipingano una regina verso la fine devastata dalle accuse dell'autoesiliato). La loro partecipazione alle esequie è il problema numero uno che il nuovo re e il protocollo devono affrontare.

Nel primo discorso da sovrano alla nazione Carlo trova le parole giuste. Ringrazia il figlio maggiore, ora erede al trono, per la collaborazione che gli offre e gli offrirà ma non tralascia di dichiarare il suo affetto paterno anche «per Harry e Meghan, che continuano a costruire le loro vite oltreoceano». È con ogni evidenza un ramoscello d'olivo, ma è altrettanto chiaro che ai Sussex non basta. I tabloid si riempiono di titoli sul loro scontento: perché a Harry non sarà consentito di indossare la sua amata divisa nel corteo funebre, perché l'invito al ricevimento offerto da re Carlo a Buckingham Palace ai capi di Stato stranieri viene prima inviato e poi ritirato… Il Palazzo nega il tira e molla ma l'inquietudine cresce.

Il re è costretto a immaginare qualche concessione. Soprattutto, Carlo spinge William a un gesto di distensione, il più importante sul piano dell'immagine dei reali. Sabato 10 settembre la folla di sudditi in lutto all'esterno di Windsor Castle è gratificata dalla più impensabile delle apparizioni. Dalla Land Rover nera guidata da William sul lunghissimo viale del castello scende non solo la coppia dei Cambridge, ora Galles, ma anche quella dei Sussex. Per la prima volta dopo due anni e mezzo, da quel 9 marzo 2020 in cui non si erano nemmeno degnati di uno sguardo sotto le volte di Westminster Abbey, fratelli e cognate si mostrano daccapo assieme, uniti nel lutto e nel dolore per la perdita della regina. La gente li accoglie con un gigantesco abbraccio, che ricorda, non solo all'Inghilterra, quello riservato venticinque anni prima ai due adolescenti costretti a seguire il feretro della madre. È scoppiata la pace tra i fratelli? O è solo una tregua temporanea?

È un interrogativo che dura poche ore. La camminata di quaranta minuti tra la folla è appena terminata che gli insider di Corte cominciano a raccontare come è andata davvero. È stato William, su pressione del padre, a telefonare al fratello invitandolo con la moglie a unirsi a lui e Kate nella passeggiata davanti ai cancelli di Windsor. Come dirà al *Washington Post* un amico dei neoprincipi del Galles, William «ha pensato che fosse un'importante dimostrazione di unità in un momento incredibilmente difficile per la famiglia».

Che per il nuovo re e il suo erede il momento fosse irto di difficoltà non c'è da dubitarne. Non solo Carlo ascendeva al trono dopo una sovrana diventata una leggenda vivente, celebrata come una madre e una roccia per l'intera nazione, ma ci arrivava accompagnato da molti dubbi e perplessità, originati non soltanto dal tragico rapporto con Diana ma anche dal suo carattere. La sua nota irascibilità, la chiacchierata autoindulgenza, nonché la sua deprecata tendenza a intervenire nel dibattito pubblico non lo rendevano certo un beniamino dei sudditi. In più cingeva la corona a un'età in cui i suoi coetanei sono già in pensione da un decennio, e con accanto una regina ancora biasimata come responsabile del tradimento della venerata principessa del Galles. L'ultima cosa di cui Carlo aveva bisogno era di apparire un padre distratto e insensibile nei riguardi del figlio minore, il più danneggiato dalla terribile fine della madre.

Offrire in questo frangente un fronte comune era pertanto interesse precipuo del sovrano e dell'erede. Ma Harry cosa ci guadagnava? La domanda ha dato evidentemente parecchio da pensare ai duchi di Sussex, se i testimoni raccontano che convincerli a compiere la famosa camminata «ha richiesto lunghi negoziati preliminari dietro le quinte». Molto lunghi, visto che l'arrivo delle due coppie a Windsor è stato ritardato di ben quarantacinque minuti. E l'imbarazzo del ritrovarsi assieme traspariva evidente dalla rigidità dei movimenti, dai sorrisi stereotipati, dalla separazione appena possibile per imboccare i lati opposti del vialone.

Che fossero convinti o meno, è chiaro che i Sussex non potevano dire no. Dopo tutto, il bagno di folla tra i fan in lutto conveniva anche a loro, ben consapevoli di quello che sostenitori e antipatizzanti all'epoca solo immaginavano e a fine anno avrebbero visto squadernato davanti ai loro occhi. Ovvero la docu-serie Netflix sulla storia dei duchi raccontata da loro stessi, per la quale regista e produttori americani erano impegnati ad accumulare quanto più materiale filmato possibile. Conoscendo i programmi della coppia, il tabloid londinese più odiato dai due si spinse ad accusare Meghan di aver nascosto un microfono nella biancheria intima durante la passeggiata a Windsor. Era una falsità, naturalmente, buona solo ad alimentare la paranoia dei Sussex.

Tuttavia, il gesto di buona volontà verso la famiglia serve a Harry a guadagnare una concessione preziosa. Non sfilerà in divisa al funerale della nonna, ma almeno il 17 settembre papà Carlo lo autorizza a indossare l'amata uniforme delle Guardie reali per la veglia funebre con il fratello e i cugini nella camera ardente allestita nel palazzo di Westminster.

Ma se qualcuno aveva sperato che il dolore per la scomparsa della matriarca e la consapevolezza della gravità della perdita potessero produrre nella famiglia uno spirito di riconciliazione, è costretto a ricredersi. Si vedrà presto che nulla è in grado di placare il rancore e la sete di rivincita nutriti da Harry verso gli altri Windsor.

Incombe la serie tv, e a preoccupare la Corte è anche l'autobiografia del principe annunciata per l'anno nuovo, sebbene nessuno possa immaginare lo tsunami di fango che le sue memorie scateneranno contro padre e matrigna, fratello e cognata. Le modalità della partenza da Londra non lasciano comunque presagire niente di buono.

Appena sepolte le spoglie mortali di Sua Maestà nella cripta di St George's Chapel a Windsor – accanto ai genitori, al marito e alla sorella –, Harry e Meghan non perdono tempo e si imbarcano sul primo aereo, destinazione California e i loro bambini. Non una parola, non un saluto coi parenti.

Esattamente tre mesi dopo la morte della regina, il duca appare in tv nelle prime puntate della sua serie Netflix per accusare la nonna di essere rimasta in silenzio mentre il padre e il fratello lo bullizzavano nel famoso ultimo incontro a Sandringham. Di essere, in pratica, un'ipocrita. Non è solo la famiglia reale a sentirsi offesa, ma l'intera Inghilterra appena orfana di Elisabetta.

3
Sul trono, finalmente

In un mese gli è successo due volte, appena sessanta giorni dopo aver cinto la corona. A sua madre mai, in settant'anni di regno (anzi una volta, ma in Germania, a Dresda, che la RAF aveva raso al suolo nel 1945). Certo, hanno provato a spararle con una scacciacani, un paio di svitati sono perfino riusciti a penetrare nella sua camera da letto a Buckingham Palace con intenzioni bellicose. Ma le uova mai, nessuno perfino tra i sudditi più riottosi ha mai nemmeno provato a immaginare di tirargliele addosso. Come è toccato invece a Sua Maestà Carlo III.

Il re era arrivato a York con la regina consorte il 9 novembre, due mesi dopo la scomparsa di Elisabetta II, per inaugurare nella cattedrale della capitale del Nord una statua dedicata alla madre. Per sua fortuna il ventitreenne Patrick Thelwell, che lo aspettava fuori dalla chiesa con ben quattro uova in mano, aveva una mira terribile. Di uova ha fatto in tempo a lanciarne solo uno, prima che lo arrestassero, e ha mancato di gran lunga il bersaglio. Il 6 dicembre ci ha riprovato un altro giovane Robin Hood, stavolta sulla piazza di St George a Luton, vicino a Londra, e anche lui si è rivelato un pessimo tiratore.

Non accadeva dal diciottesimo secolo, e all'epoca i sudditi

non lanciavano certo uova, troppo preziose, ma pietre, fango ed escrementi. A farne le spese furono gli ultimi Hannover, Giorgio III e poi i suoi figli debosciati Giorgio IV e Guglielmo IV. Ma con l'arrivo della giovane e virginale Vittoria a Buckingham Palace, almeno questo la Corona sembrava riuscita a garantirselo: il rispetto. Perché, come scriveva nell'Ottocento il principe dei costituzionalisti inglesi Walter Bagehot, «siamo arrivati a considerare la monarchia il caposaldo della nostra moralità». Argomento alquanto controverso nel momento in cui sul trono siede una coppia di notori adulteri, entrambi reduci da un divorzio.

Ma trent'anni dopo la Gran Bretagna è un Paese molto cambiato da quello che nel 1992 accolse con uno choc collettivo la notizia della separazione dei principi del Galles. O che nel 1994, dopo la pubblicazione della biografia in cui Carlo confessava a Jonathan Dimbleby di aver tradito Diana con Camilla, relegava l'erede al trono in fondo alla classifica di popolarità, con un indice di gradimento a un misero 4 per cento. Furono in molti allora a immaginare che le sue chance di succedere alla regina fossero ridotte al lumicino. È vero che i sovrani d'Inghilterra sono tali solo per grazia di Dio, come recita la formula, ma se il popolo non li vuole solo un miracolo può conservare loro la corona. Oppure un mago delle pubbliche relazioni.

Carlo è stato fortunato a trovarne uno di nome Mark Bolland, che incontreremo spesso più avanti, e adesso non solo cinge la corona che rischiava di scivolargli dal capo ma è riuscito a metterne una anche sulla testa della donna che venticinque anni fa era la più odiata d'Inghilterra. Nei giorni di lutto e di rabbia che accompagnarono la tragedia di Diana, la signora Parker Bowles, che conservava il cognome del marito Andrew benché ormai divorziata da tre anni, fu letteralmente lapidata a colpi di pagnotte nel supermercato vicino alla sua residenza nel Gloucestershire. E nei mesi successivi non si avventurò mai in pubblico se non nascosta sotto un cappellaccio e occhialoni scuri. Che questa fuoricasta sia ora la regina consorte d'Inghilterra è il risultato di un doppio miracolo: quello mediatico operato da Bolland e quello politico concesso a denti stretti da Elisabetta II negli ultimi mesi di vita, in occasione del Giubileo di Platino. Il 6 febbraio 2022, il giorno in cui settant'anni prima era succeduta al padre Giorgio VI, Sua Maestà rese pubblico «il mio sincero desiderio che quando il momento verrà, Camilla sia riconosciuta come regina consorte».

Le parole della sovrana più longeva della storia inglese, e nella storia universale seconda solo a Luigi XIV (ma lui aveva cominciato bambino...), misero la parola fine a tutti i dubbi che circondavano la successione fino a quel momento. Anche se il doppio lancio di uova a York e a Luton segnala che la popolarità della nuova coppia reale fatica a decollare. In effetti anche i monarchici più sfegatati hanno a lungo contemplato con trepidazione il momento in cui la corona sarebbe passata dalla testa di Elisabetta a quella di Carlo.

La ragione principale stava proprio nella cocciuta determinazione del principe a non rinunciare alla donna che, per il resto del mondo, era responsabile della fine del suo matrimonio, e per estensione (totalmente ingiustificata) del tragico destino di Diana. In verità, le turbolenze che hanno sempre accompagnato la vita adulta di Carlo non hanno solo a che fare con il suo amore proibito ma anche con la sua evidente attitudine a fomentare le polemiche anziché contribuire a spegnerle. Esattamente il contrario della missione che spetta costituzionalmente al sovrano.

Per molti anni i futuri sudditi lo hanno considerato, e chiamato, un «principe impiccione». Nessuno ha mai dubitato che fosse mosso dalle migliori intenzioni, ma un reale che interviene su tutto e critica tutto, dalle nuove tendenze in architettura agli organismi geneticamente modificati, dai jet supersonici alle carenze dell'educazione scolastica, può anche avere ragione, però viene meno al dovere di neutralità tassativo per un monarca costituzionale. La replica di Carlo è sempre stata che da principe del Galles era soltanto un cittadino come tutti gli altri, e come tutti gli altri libero di esprimere le proprie opinioni, ma da sovrano ligio al dovere avrebbe saputo tenere la bocca chiusa.

Succeduto alla madre l'8 settembre 2022, due giorni dopo Carlo è stato proclamato re come da tradizione nel palazzo di St James's, tra squilli di tromba e colpi di cannone nel vicino Green Park. E questa prima stagione di un regno che tutti si aspettano breve per forza di cose (ma se Carlo emulasse la longevità di mammà e sfiorasse i cent'anni?...) testimonia che tiene fede all'impegno di neutralità costituzionale. Fino a un certo punto.

Sudditi e osservatori avevano le antenne puntate sul suo primo messaggio di Natale, trasmesso il 25 dicembre come da tradizione televisiva inaugurata da Elisabetta nel 1957. La defunta sovrana usava quei pochi minuti per riflessioni di carattere molto generale – sul Natale, la fede, la comunità –, condite da accenni più personali alle vicende private della famiglia reale nell'anno trascorso: il ricordo di amici o parenti scomparsi (toccante nel 2021 il tributo d'affetto all'amato Filippo), la gioia per l'arrivo di nuovi nipoti... Che cosa avrebbe detto invece Carlo? Nei Palazzi di Londra si respirava un certo allarme.

L'inizio è stato rassicurante, sui binari del previsto. L'omaggio alla matriarca, venato dalla tristezza della perdita ancora recente, colpiva forse per gli accenti particolarmente affettuosi. Il tono commosso del discorso, pronunciato nella cappella di St George a Windsor, a pochi metri dalla tomba di Elisabetta, rivelava più il dolore del figlio che il lutto dell'istituzione. Carlo ha saputo trasmettere il sentimento di assenza che a Natale si fa più acuto dopo la morte di una persona cara, e della madre esaltò non solo la fede in Dio ma anche nelle persone, nella «straordinaria capacità di ognuno di toccare con bontà e compassione la vita degli altri e di illuminare il mondo circostante».

Per anni, mentre la regina parlava, i *royal watchers* studiavano con attenzione i ritratti famigliari collocati sulla scrivania a cui sedeva. Erano come un messaggio in codice: indicavano chi tra i parenti godesse in quel momento del suo favore e chi invece l'avesse dispiaciuta a tal punto da meritare la rimozione dallo scrittoio. Ma Carlo non era seduto, non potevano esserci ritratti su un ripiano. E poiché nulla in queste apparizioni reali è lasciato al caso, fu chiaro che si trattava di una scelta ben meditata quando, di tutti i famigliari, il nuovo sovrano menzionò per nome solo il principe e la principessa del Galles, citati per «i loro esempi pratici dello spirito di comunità».

Le immagini ad accompagnamento del discorso, come quelle di Camilla, della principessa Anna, dei conti di Wessex, Edoardo e Sophie, tutti ripresi nel corso delle loro attività di beneficenza, sono bastate a chiarire i confini ora assai ridotti del clan Windsor. Non un fotogramma e nemmeno una parola sui Sussex e sul reprobo Andrea (o le sue figlie, giudicate – come la madre Sarah – un po' troppo vicine al cugino Harry). Quali conflitti intestini, e quali effetti sul futuro dei Windsor, questa scelta ha prodotto lo vedremo in dettaglio più avanti. Ma il messaggio di Natale non poteva essere più chiaro.

La famiglia reale dell'era «carlista» appare circoscritta alla prima linea dei *working royals*, quelli che «lavorano» al servizio del Paese e dell'istituzione monarchica. Esempi insomma di quella «dedizione disinteressata» che, nelle parole del figlio, resta la principale eredità di Elisabetta. Carlo è determinato a rivendicarla e a praticarla, sulla scia della madre, ma con coloriture politiche impensabili per la sovrana scomparsa. E che segnano una prima rilevante rottura, tanto con la tradizione «elisabettiana» quanto con la prassi costituzionale della neutralità assoluta del monarca.

Nei sei minuti del messaggio, Carlo III ha scelto di non ignorare le gravissime difficoltà delle fasce sociali più deboli, le famiglie che «faticano a pagare le bollette e a comprare da mangiare». Dal fronte conservatore qualche commentatore ha reagito infastidito: «Che ne sa lui che vive tra lussi e privilegi inimmaginabili?» La stizza conferma che anche ai piani alti del governo Tory il discorso è stato letto come un implicito richiamo a sforzi maggiori in favore dei meno abbienti.

Ancora più difficile da mandare giù per Downing Street quello che è parso un chiaro sostegno ai lavoratori del settore pubblico in sciopero proprio durante le feste per ottenere un aumento salariale. In effetti non poteva essere più caloroso, e meno di circostanza, l'omaggio del re «alle nostre forze armate e ai servizi di emergenza che lavorano instancabilmente per tenerci tutti al sicuro». E ancora «agli operatori sanitari e sociali, ai nostri insegnanti e a tutti coloro che lavorano nel servizio pubblico, la cui competenza e impegno sono al centro delle nostre comunità». Che fosse la novità del fresco sovrano, che fossero i contenuti, fatto sta che i sudditi hanno apprezzato: il messaggio di Carlo, con 8,1 milioni di spettatori, è stato di gran lunga la trasmissione più seguita nel giorno di Natale.

Se l'appuntamento tradizionale gli ha offerto il lasciapassare per dire a chiare lettere il suo pensiero sul clima sociale, Carlo sa pure perfettamente che un monarca può far intendere le proprie opinioni anche senza aprire bocca. Si era già visto poco dopo la sua accessione al trono che sulle questioni per lui cruciali, come i cambiamenti climatici denunciati quando ancora mezzo mondo gli rideva dietro, il re non è disposto a transigere. E sa come far valere i suoi punti di vista.

Il 6 novembre 2022 a Sharm el-Sheikh, in Egitto, era fissata l'apertura della COP27, la Conferenza delle Nazioni Unite sui cambiamenti climatici, con la partecipazione di capi di Stato e di governo e di migliaia di delegati da ogni angolo del mondo. La presenza al vertice di Carlo, un autentico precursore dell'allarme ambientale, sembrava scontata. Non a caso nel novembre 2021, ancora principe del Galles, era volato al Cairo con la benedizione del premier Johnson per esortare il governo egiziano a moltiplicare gli sforzi per il successo dell'iniziativa. Ma a settembre, giusto due giorni prima della morte di Elisabetta, al posto di Boris Johnson a Downing Street era entrata Liz Truss.

Per la nuova premier l'emergenza energetica veniva di gran lunga prima di quella climatica. Soprattutto perché le bollette alte producono consensi bassi, e non era certo un buon viatico per un governo appena nato sotto cattivi auspici elettorali. Non a caso una delle prime decisioni di Truss, tra gli attacchi degli ambientalisti del suo stesso partito, era stata di sospendere il divieto di *fracking* – l'estrazione del gas attraverso la fratturazione delle rocce – emanato dal suo predecessore. Coerente con questa politica, la premier aveva fatto pervenire al fresco sovrano il «consiglio» di non partecipare al summit.

Era piuttosto un «ordine», come lo definì il *Sunday Times*, ed era anche un primo test della volontà di Carlo di muoversi entro i rigidi limiti imposti dalla Costituzione. Come aveva già chiarito Bagehot nell'Ottocento, ai tempi della grande regina Vittoria, se il Parlamento vota per tagliare la testa alla monarca, Sua Maestà non può far altro che firmare il decreto della sua stessa esecuzione. La subordinazione del re alla volontà politica di un governo eletto dal popolo sovrano è fuori discussione. Pertanto, ai portavoce reali non restò che il consueto esercizio di limitazione danni: nessun «ordine», al contrario, il Palazzo come d'uso aveva chiesto un consiglio a Mrs Truss e lei l'aveva dato. «Con reciproci rispetto e amicizia si era convenuto che il re non sarebbe andato.»

Ciononostante, il corrispondente reale della BBC, Jonny Dymond, si sentì autorizzato a riportare «fonti di Palazzo» che accreditavano un personale disappunto di Carlo, dati i suoi molti decenni di appassionata campagna a tutela dell'ambiente. Dymond è un giornalista stimato e la «zietta», come gli inglesi chiamano affettuosamente l'emittente pubblica, non diffonde voci non verificate. Il servizio della BBC non sfuggì all'inquilina di Downing Street. Buckingham Palace fu costretto a smentire il dispiacere reale, aggiungendo una dichiarazione di lealtà costituzionale diretta a spegnere sul nascere un focolaio d'incendio: Sua Maestà – sottolineavano i portavoce – era più che mai consapevole che il ruolo del sovrano è di agire su avviso del governo.

Si trattasse di «ordine» o «consiglio», ci pensò comunque Simon Clarke, uno dei ministri più vicini alla premier, a mettere i puntini sulle i, anche a futura memoria: «È il normale corso delle cose che queste materie vengano trattate dal governo piuttosto che dalla monarchia».

Discorso chiuso? Non tanto. I nemici della Truss nel suo stesso partito conservatore non persero l'occasione di criticarla, implicitamente correndo in soccorso del monarca. In un tweet Tobias Ellwood, potente deputato Tory, ricordò che «re Carlo è una voce globalmente rispettata sui temi ambientali» e la sua presenza alla COP27 avrebbe aggiunto seria autorità alla delegazione britannica. «Perciò spero che il buon senso prevalga e gli sia permesso di andare in Egitto.» Era ovvio che Truss non ci avrebbe ripensato. Ma nemmeno Carlo era intenzionato a lasciarsi mettere da parte. Se Maometto non andava alla montagna, la montagna sarebbe andata da Maometto.

Il 4 novembre i saloni di Buckingham Palace si aprivano per accogliere duecento tra leader, delegati e attivisti per l'ambiente provenienti da tutto il mondo. La motivazione ufficiale del ricevimento era di suggellare il passaggio delle consegne tra la COP26 tenuta l'anno prima a Glasgow e l'imminente nuova conferenza in Egitto, ma era chiaro a tutti che il summit anticipato nella reggia rimetteva Carlo lì dove lui voleva stare, ovvero nel cuore della battaglia ambientalista. Le forme costituzionali erano rispettate ma il monarca aveva dimostrato la sua capacità di influenzare silenziosamente gli eventi. La signora Truss nel frattempo era già svanita, consegnata alla storia solo per il record di brevità del suo mandato di premier: appena quarantacinque giorni.

Il suo successore Rishi Sunak, che aveva esordito annunciando anche lui di non aver né tempo né intenzione di andare all'appuntamento di Sharm el-Sheikh, cambiò rapidamente idea davanti alla trionfale accoglienza pubblica dell'iniziativa personale del sovrano. Nel discorso ufficiale al ricevimento a Buckingham Palace non solo annunciò che avrebbe partecipato alla COP27, ma spese gran parte del tempo per rendere omaggio all'attività di Carlo in difesa dell'ambiente, condotta per decenni da erede al trono: «Per cinquant'anni si è impegnato a trovare possibili soluzioni, molto prima che venisse organizzata la prima conferenza COP dalle Nazioni Unite».

Naturalmente, anche ai tempi di Elisabetta potevano verificarsi divergenze di vedute tra la regina e i vari premier. In tali evenienze Sua Maestà faceva regolarmente il doveroso passo indietro, e soprattutto mai permetteva che il suo punto di vista diventasse pubblico. Ci fu una sola eccezione: quando nel 1986 tentò di forzare la signora Thatcher, che le osteggiava, a sottoscrivere le sanzioni del Commonwealth contro il Sud Africa razzista. Il *Times*, su soffiata del Palazzo, riportò lo scontro. Davanti alla durissima reazione della premier, Elisabetta fece marcia indietro, tornando al suo mutismo. Che non era inattività ma diplomazia sotterranea. I neri del Sud Africa le furono così riconoscenti per i suoi sforzi che Nelson Mandela la ribattezzò in swahili, con affetto e gratitudine, «Motlalepula», colei «che viene con la pioggia». E la pioggia, si sa, in Africa è una benedizione. Silenziosa, come era Elisabetta.

L'episodio è stato ricordato dal figlio nel primo banchetto di Stato del nuovo regno, il 22 novembre 2022, offerto proprio al successore di Mandela alla guida del Paese africano. E anche in questa, che è la più ufficiale delle occasioni, Carlo ha reso evidente la differenza di stile rispetto a quello materno. Il cerimoniale delle visite di Stato è naturalmente sempre lo stesso, e in questo caso poi il programma era stato stilato e approvato sotto la supervisione della defunta regina. L'arrivo del presidente sudafricano, gli onori militari resi nella caserma delle Guardie reali alla presenza dei neoprincipi del Galles, la cena nella Ballroom di Buckingham Palace con centosettanta ospiti, lo splendore dei diamanti nelle tiare delle signore e delle onorificenze sui frac dei gentiluomini. Ma rispetto al passato c'era un clima palpabilmente diverso.

Negli ultimi anni di Elisabetta II, lei era la sola stella indiscussa dello show. I dignitari stranieri in visita le si avvicinavano con evidente reverenza, quasi con il timore di venire giudicati da una donna riconosciuta come un'icona globale, una statista che aveva attraversato la storia e ne era diventata protagonista. Era ormai per tutti una matriarca capace di redarguire perfino capi di governo stranieri come scolari discoli («Chi urla in questo modo?» rimproverò secca Silvio Berlusconi, che in un vertice a Buckingham Palace chiamava Obama ad alta voce). Per i leader forestieri l'incontro con Sua Maestà era ambito e sollecitato, e rappresentava invariabilmente il momento più prezioso della loro visita nel Regno Unito.

Nel primo banchetto di Stato della nuova era (e anche il primo dal 2019, causa Covid), re Carlo e il presidente Cyril Ramaphosa erano evidentemente sullo stesso piano, un incontro tra pari sottolineato perfino dalla stessa altezza e dall'identico taglio dei cappotti, oltre che dall'appartenenza alla stessa classe anagrafica, entrambi entrati nei settanta. Chi è stato ricevuto da Elisabetta II in questo genere di occasioni (ma anche in altre meno solenni) la ricorda come scolpita in una ieraticità di atteggiamento che raramente si scioglieva in un sorrisino appena accennato. Al contrario, la risata aperta di Carlo echeggiata da quella ancora più sonora di Ramaphosa nelle chiacchiere informali tra i due era il segno di una cordialità impensabile con la sovrana scomparsa.

Il nuovo monarca era atteso alla sua prima prova ufficiale sul difficile crinale tra continuità con la tradizione materna e manifestazione di un proprio stile. Molto elisabettiana era per esempio l'ispezione personale, accompagnato da Camilla, della sala del banchetto un'ora prima dell'inizio, per controllare la disposizione sull'enorme tavolo a ferro di cavallo di mille bicchieri, cento candele, ventitré giganteschi addobbi floreali, e soprattutto la prescritta distanza di 46 centimetri tra ogni coperto per i centosettanta ospiti. L'eredità spirituale di Elisabetta si materializzava anche attraverso i gioielli che adornavano le consorti reali. La sua tiara di zaffiri e diamanti, con identici collier e braccialetto, era addosso alla regina consorte. Il suo quadruplice giro di perle era passato invece al polso di Catherine, appena elevata al rango di principessa del Galles, che sul capo e alle orecchie sfoggiava la tiara Lover's Knot (Nodo d'amante) e gli orecchini gemelli appartenuti a Diana, la suocera mai conosciuta.

Era invece interamente Carlo il tono dei brindisi ufficiali. In luogo degli asciutti discorsetti che la defunta regina recitava senza enfasi e senza sottolineature con la sua voce lievemente nasale, il successore confermava la sua costante determinazione a non circumnavigare le polemiche. Così l'invito a Sud Africa e Regno Unito ad affrontare insieme «le sfide maggiori dei nostri tempi», emergenza ambientale *in primis*, si è accoppiato al riconoscimento del «lato più oscuro di una relazione che data da secoli». Si riferiva ovviamente allo schiavismo praticato per secoli dagli inglesi, e a nessuno è sfuggita l'implicita risposta alle accuse di «razzismo istituzionale» che nelle stesse ore Harry e Meghan facevano piovere sulla famiglia reale. Ma era anche una replica all'incalzare, specie nel mondo anglosassone, di quella *woke culture* che usa la teoria critica della razza per riscrivere la storia, e dannare per esempio la memoria dell'«imperialista» Churchill. Argomento così divisivo da consigliare alla maggioranza degli uomini pubblici di tenersene alla larga. Ma non a Carlo.

«Ci sono elementi della nostra storia comune che provocano profondo dolore, ma è essenziale che cerchiamo di comprenderli», ha detto agli ospiti africani. In sostanza, era un invito a giudicare anche le colpe più gravi dell'imperialismo britannico in una corretta prospettiva storica, senza che questo comunque rappresenti una facile assoluzione: «Dobbiamo riconoscere i torti che hanno modellato il nostro passato se vogliamo dischiudere le potenzialità del nostro futuro».

Nel primo brindisi del nuovo regno c'è il preannuncio di un sovrano che non eviterà le controversie, almeno sul terreno culturale. La sua antica, vanesia illusione di incarnare l'ideale del re filosofo disegnato da Platone non toglie niente alla sua lodevole abitudine di riflettere sugli eventi e manifestare con determinazione, forse anche eccessiva, i suoi convincimenti. Per i critici questa è una debolezza che minaccia di mettere Carlo sul sentiero per la catastrofe.

Ma una dinastia che non ha mai brillato per le qualità intellettuali e culturali dei suoi principali esponenti potrebbe invece perfino guadagnare in prestigio da un re ansioso di misurarsi con le grandi sfide del presente. Lo ha già fatto da erede con la sua pluridecennale campagna sulle emergenze ambientali, all'epoca liquidata da molti come una battaglia contro i mulini a vento. La ricompensa gli è arrivata quando Ramaphosa ha pubblicamente riconosciuto la sua «leadership visionaria» in materia: «Alcuni dei suoi messaggi di anni lontani suonano oggi profetici». Non c'è complimento che Sua Maestà potrebbe gradire maggiormente. Anche se rischia che proprio quegli anni lontani proiettino sul presente le ombre di dispute poco rassicuranti.

4
Il principe impiccione

SE c'è un posto al mondo che rende fisicamente il carattere, le ubbie, i pregiudizi e le pretese culturali di un re che si sente in primo luogo un intellettuale (e almeno in parte lo è), quello è Poundbury. Il villaggio modello sulle verdi colline del Dorset, frutto dell'iniziativa imprenditoriale e della visione urbanistica dell'allora principe del Galles, mostra il mondo in cui Carlo vorrebbe abitare.

Esattamente il contrario di quello che ha in testa la maggior parte degli architetti britannici contemporanei, disprezzati in massa dall'erede al trono come esponenti di un neobrutalismo nemico del volto storico delle città britanniche. Ai loro occhi, per converso, la visione urbana coltivata dal principe è puro abominio: semplicemente, riassunse negli anni Ottanta un esponente di spicco del RIBA (Royal Institute of British Architects, l'Ordine degli architetti), «i suoi sogni di città dal disegno tradizionale sono sogni di un mondo dove ognuno sa qual è per sempre il suo posto, e l'"ordine divino' imperniato sul potere reale potrebbe risorgere».

Più terra terra, Poundbury è un villaggio finto georgiano che sembra uscito da una Disneyland ispirata al Settecento inglese. Nel regno è diventato famoso come simbolo del protratto conflitto tra il «conservazionista» Carlo e le archistar ansiose al contrario di cambiare faccia alla «vecchia Inghilterra». Il paesino del Dorset è in effetti la materializzazione dei sogni urbanistici dell'allora principe del Galles. Per lui era anche e soprattutto la risposta, finalmente, a quelle che giudicava (come larga parte dell'opinione pubblica) le brutture e la scadente qualità degli edifici che l'architettura modernista aveva imposto alle città inglesi dagli anni Cinquanta agli Ottanta.

I bombardamenti nazisti su Londra e il Sud dell'isola avevano lasciato cumuli di rovine e una vera emergenza abitativa. I modernisti ne approfittarono per lanciarsi in una crociata culturale ispirata all'utopia della costruzione non solo di città rinnovate, ma anche di una società nuova e senza classi, almeno nelle abitazioni. Perciò non si limitavano a ricucire con nuovi edifici, puramente funzionali, gli squarci urbanistici lasciati dalla guerra, ma puntavano anche a cancellare l'eredità di mattoni del classismo vittoriano. Giù le grandi *mansions*, i palazzi patrizi, i candidi colonnati ottocenteschi risparmiati dalle bombe di Hitler, ma non dai nuovi iconoclasti. E al loro posto orrendi, anonimi però egalitari falansteri di cemento, torri di venti piani, condomini di poveri materiali dove in realtà – e qui Carlo aveva ragione – le persone detestavano vivere.

Non che lui avesse alcun titolo a rappresentarli, ma l'erede al trono era determinato a reagire. Vide un'occasione e la colse al volo. Nel 1987, proprio mentre il principe lavorava alla stesura del volume *A Vision of Britain: A Personal View of Architecture* (trasformato poi anche in documentario per la BBC) il Consiglio della contea del Dorset, nel sud-ovest dell'Inghilterra, decideva di realizzare «un'estensione urbana» alla periferia della cittadina di Dorchester. L'area prescelta era di proprietà del ducato di Cornovaglia, sin dal 1337 feudo dell'erede al trono inglese. Anziché limitarsi a vendere i terreni al solito costruttore smanioso di cemento e profitto, Carlo si accordò con la contea perché a realizzare il nuovo sobborgo, duemilasettecento case su quasi 200 ettari, fosse direttamente il trust del ducato di Cornovaglia.

Per il principe era arrivato il momento «di far arretrare almeno alcune delle più ridicole frontiere degli anni Sessanta», e non solo «in materia di architettura ma anche di educazione, arte, musica e letteratura, per non parlare di agricoltura». Si vedeva insomma come il portabandiera di niente di meno che un'autentica rivoluzione culturale. Già vent'anni prima, come rivelò poi nelle conversazioni con il suo biografo autorizzato Jonathan Dimbleby, si era convinto che «il suo futuro sarebbe stato limitato e frustrante se non avesse scelto di sfruttare il suo ruolo più di quanto in precedenza richiesto, o gli osservatori si aspettavano». Il compito puramente cerimoniale assegnatogli dalla Costituzione non gli bastava: voleva essere il campione della cultura e dell'industria britannica.

Se questo voleva dire anche incrociare le spade coi sommi sacerdoti dell'architettura moderna, a cominciare dal celebratissimo Richard Rogers, tanto meglio. Avrebbe fatto più rumore. L'architetto, che come pochi altri aveva contribuito a cambiare lo skyline della Londra postbellica, era una vera e propria bestia nera di Sua Altezza Reale. E ricambiava tanta ostilità manifestando la sua scarsa considerazione per l'erede, che definiva in pubblico ignorante, privilegiato, feudale. Ancora trent'anni dopo, nell'autobiografia pubblicata da ultraottantenne nel 2017, tornava a criticare severamente il futuro sovrano. Certo non il tipo da perdonare una mancanza di riguardo, Carlo usò Poundbury per assestare uno schiaffo in faccia a Rogers e agli altri nemici del RIBA.

Il nuovo villaggio doveva essere una vetrina della progettazione e dei valori tradizionali da lui sostenuti. E a chi affidare dunque la trasformazione della sua «visione» in malta e mattoni? Al principe degli architetti tradizionalisti, Léon Krier, nato in Lussemburgo e per di più modernista «pentito», un convertito da un'ideologia che adesso lui per primo condannava come «un totale nonsenso, espressione di una sordida concezione della vita». Sua dunque – sebbene con bollo reale – è l'impronta disneyana del villaggio, con il più strabiliante mix di stili del passato: porticati di candidi stucchi georgiani, graziosi cottage elisabettiani, il municipio sorretto da massicce colonne doriche, finti magazzini di dock vittoriani trasformati in appartamenti.

La matita era nelle mani di Krier ma le linee che tracciava riflettevano l'invettiva pronunciata da Carlo qualche anno prima: «Perché non possiamo avere quelle curve, quegli archi che esprimono sentimenti nella progettazione? Che cos'hanno di sbagliato? Perché dev'essere tutto verticale, dritto, soltanto ad angolo retto e funzionale?» Il brutalismo dei moderni minacciava per il principe «l'armonia spirituale», che descriveva in un linguaggio decisamente oscuro, pressoché mistico: «Il prerequisito della salute di ognuno dei vitali sistemi di supporto della Terra è un sistema interconnesso, armonico, che può essere geometricamente misurato».

Detto in termini meno iniziatici, l'obiettivo dell'eclettica insalata di edifici che è Poundbury era di ricreare artificialmente il sentimento «organico» di appartenenza tipico di tante città e villaggi inglesi. Nell'opinione prevalente degli architetti britannici, il risultato è stato invece «un *pastiche*», o peggio un dito nell'occhio.

La critica più feroce arrivò nel 2008 da una politica di professione, la laburista Hazel Blears, ex ministro del Lavoro: «Il villaggio è nato più da un *trip* dell'ego [di Carlo] che da una qualsivoglia preoccupazione per i residenti». Il termine *trip*, com'è ovvio, allude a certi «viaggi» dell'inconscio facilitati dagli allucinogeni. Non è in verità l'opinione della maggioranza degli abitanti, anche se la disputa va avanti ormai da un trentennio, quando cominciarono i lavori per la nuova lottizzazione.

Alla fine degli anni Novanta, davanti ai primi palazzi completati di abitazioni e edifici pubblici, la polemica divampava dappertutto. Nella politica, nell'intellighenzia, in seno al RIBA e su tutte le principali riviste culturali, non solo quelle specialistiche. Mi sembrò un ottimo argomento per una delle mie corrispondenze televisive da Londra. Tanto più che nello stesso periodo avevo avuto occasione di incrociare Carlo e di sentire enunciare da lui stesso i quattro principi alla base del progetto: architettura tipica del posto, abitazioni economico-popolari integrate nel tessuto cittadino, mescolanza di aree lavorative e residenziali, distanze percorribili a piedi. Presi la mia troupe e andai a filmare il «villaggio del principe».

Per quanto apprezzabili e «progressiste» fossero le intenzioni di Carlo e dei suoi fedeli esecutori, la sensazione di «escapismo» fu subito fortissima. Le finte case di cortile, le finte ringhiere ottocentesche di ferro battuto, le finte finestre «murate» per mimare gli edifici industriali dismessi. In realtà non una sola pietra a Poundbury aveva un'aura di autenticità e spontaneità ma tutto doveva rispondere a precisi requisiti, con esiti spesso ridicoli. Per esempio, i garage non potevano superare certe dimensioni per non apparire incompatibili con il design di una cittadina d'epoca preautomobilistica: e pazienza se, impossibilitati a lasciare le macchine nei box, gli abitanti dovevano parcheggiarle sulle strade, tutt'altro che un idillio preindustriale. Quanto agli infissi, tutti doverosamente di legno, pochi mesi dopo l'installazione apparivano già screpolati e stinti.

La scrupolosità filologica dell'architetto Krier, con risvolti spesso comici, pare che alla fine sia venuta a noia anche al suo reale datore di lavoro. In piedi in una piccola piazza del villaggio, accompagnati dal suono armonioso di una fontana zampillante in un angolo, i due ammiravano uno degli ornamentali lampioni da strada dal design ottocentesco particolarmente gradito al principe. Improvvisamente l'architetto osservò arrabbiato: «Ma sono elettrici, ed eravamo d'accordo che fossero a gas». Perfino a Carlo sembrò eccessivo.

La guerra aperta con gli architetti modernisti aveva avuto un memorabile *incipit* nel 1984. Il principe del Galles era stato invitato a presenziare al pranzo di gala, organizzato nella vecchia reggia di Hampton Court, per celebrare i centocinquant'anni dalla fondazione del RIBA. Avrebbe dovuto tenere un discorso e consegnare un premio a uno dei grandi designer, tutti presenti all'appuntamento. Compreso Peter Ahrends, autore del progetto di ampliamento della National Gallery, in Trafalgar Square: una torre rotonda di cemento, acciaio e vetro piazzata proprio davanti all'edificio neoclassico.

Nell'esultanza dei modernisti, il consiglio comunale di Westminster (il municipio centrale di Londra) si preparava ad approvare il piano. Per i conservazionisti, Carlo in testa, era l'affronto definitivo alla storica piazza delimitata dalle maestose facciate di epoca Regency e edoardiana. L'erede era convinto che un'opera discreta di dissuasione dei membri del RIBA non avrebbe prodotto alcun risultato. Gli sembrò invece che la solenne occasione dell'anniversario dell'Ordine degli architetti fosse il momento giusto per passare all'azione e provocare lo choc necessario. Nessuno nella sontuosa sala di Hampton Court, nella bella e calda serata del 30 maggio 1984, aveva idea di quello che stava per dire, con la sola eccezione del presidente del RIBA Michael Manser, che avrebbe poi definito il discorso «una bomba segreta».

Carlo mise subito in azione l'artiglieria pesante con un attacco frontale a uno dei più famosi architetti del mondo, Ludwig Mies van der Rohe. Sua era la firma sotto il progetto di una torre foderata di bronzo e vetro ambrato da costruire nel cuore della City, tra la Banca d'Inghilterra e la Mansion House. Per il principe, niente di meno di «una tragedia», che avrebbe «ulteriormente rovinato il carattere e lo skyline della nostra capitale», mentre la gloriosa cattedrale di St Paul «sarebbe stata sovrastata dall'ennesimo moncone di vetro più adatto al centro di Chicago che alla

City di Londra». Peter Palumbo, l'immobiliarista promotore del grattacielo, seduto allo stesso tavolo, sbiancò come un cencio al pensiero delle conseguenze finanziarie di quelle parole.

E il reale designer aveva appena cominciato... La sua elegia per la Londra prebellica si spinse a paragonarla a Venezia (dove lui non aveva mai messo piede): una bellezza distrutta purtroppo più che dalle bombe tedesche da quanto era stato costruito in seguito. Infine, l'affondo contro il progetto di Ahrends per la National Gallery. La proposta estensione – disse testualmente Carlo – sarebbe come «un mostruoso foruncolo sul volto di un amico elegante e molto amato». Ripresa da tutti i giornali, sarebbe diventata una delle frasi più famose dell'erede al trono, ma intanto nella sala era sceso il gelo.

Ci fu qualche timido applauso, però a molti l'attacco parve un atto di arroganza e maleducazione. Il più duro naturalmente fu Ahrends: «Le osservazioni del principe», disse furibondo, «sono state offensive, reazionarie e sconsiderate. Lui sembra guardare indietro invece che avanti». Palumbo ricorda di aver pensato: «Un matusa di Peterhouse», un riferimento al college di Cambridge famoso per sfornare strambi tipi di destra con un singolare senso di umanità.

Carlo era soddisfatto. Aveva presentato pubblicamente la sua denuncia e la sua profezia, e aveva incrinato il fronte avversario. Il discorso divise gli architetti: più di qualcuno dichiarò di non voler prendere parte alla profanazione delle città storiche. Richard Rogers, invece, fu ben felice di indossare il mantello di campione dei modernisti e arcinemico del principe, che bollò semplicemente come un filisteo, tanto ignorante da confondere certe mostruosità di cemento con le meraviglie tecnologiche prodotte da archistar come Norman Foster, Michael Hopkins e lui stesso, autore con Renzo Piano dell'acclamato Centre Pompidou a Parigi. La reazione più eloquente resta comunque quella del caposcuola dell'architettura britannica postbellica, James Stirling. Quando gli chiesero subito dopo il discorso che cosa ne pensasse, lui rimase a lungo in silenzio, poi disse: «Dio salvi la regina».

E si capisce. Nel giro di una notte l'erede al trono aveva osato e vinto su un terreno su cui la madre, ligia al dettato costituzionale, non avrebbe mai nemmeno immaginato di giocare. Si era intromesso in scelte politiche e aveva conquistato un'influenza decisiva su progetti cruciali per il futuro del regno. La sua pubblica intemerata contro l'elitismo degli architetti modernisti ne aveva fatto immediatamente l'eroe delle persone comuni. Da quel momento, non solo l'ampliamento della National Gallery finì a impolverarsi per sempre sugli scaffali, ma urbanisti e designer sembrarono più attenti a confrontare le loro ardite idee con opinioni e desideri della gente.

Pochi mesi dopo, nella primavera 1985, il principe del Galles visitò l'Italia. Fu così ammirato e incantato dall'eredità culturale del Belpaese, e dagli sforzi degli italiani di preservarla, che al ritorno a casa si immischiò sempre più nelle scelte urbanistiche domestiche, sovranamente dimentico del groviglio di affari e di politica dietro di esse. Avrebbe presto scoperto che rischiava di toccare pericolosi fili ad alta tensione.

A ottobre, in un'Inghilterra squassata e impoverita dalla durissima cura thatcheriana, Carlo confidò le sue preoccupazioni per la società britannica a un simpatizzante, l'esperto di architettura di comunità Rod Hackney. E questi, non si sa se autorizzato o meno, riportò la conversazione al *Manchester Evening News*, che pubblicò tutto sotto lo squillante titolo: «*Prince Charles: My Fears For the Future*» (Il principe Carlo: le mie paure per il futuro). Nel resoconto della chiacchierata Sua Altezza sembrava angosciato dall'idea di ereditare, una volta re, un Paese diviso a metà tra chi aveva molto e chi niente, tra ricchi e poveri, con larghe aree di miseria sottratte alla sovranità dello Stato e della legge. Precisamente il genere di accuse che l'opposizione laburista muoveva al governo Thatcher.

Infuriata per quello che giudicava un illecito immischiarsi di Carlo nella politica, la Lady di ferro pretese spiegazioni immediate dal Palazzo. Non ne ricevette, e la rappresaglia non tardò. La premier rifiutò tutti gli inviti del principe a sostenerlo nelle sue iniziative filantropiche a favore dei più svantaggiati.

Carlo non si scompose. Allontanò dalla cerchia dei suoi cortigiani Hackney, il responsabile dell'indiscrezione giornalistica, ma rilanciò la sfida promuovendo un dibattito pubblico sulla condizione delle zone più deprivate del Paese. Al tempo stesso continuò la crociata contro i nemici modernisti, che in un discorso alla Mansion House arrivò a definire «la mafia degli architetti».

Quando i vari Stirling, Foster e Arup presentarono i loro progetti per la risistemazione dell'area attorno a St Paul's, prevedendo vaste demolizioni degli edifici storici, il sarcasmo del principe guadagnò le prime pagine dei giornali: «Bisogna concedere questo alla Luftwaffe: quando hanno tirato giù i nostri edifici, non li hanno rimpiazzati con niente di più offensivo che macerie».

Poi Carlo passò a occuparsi della nuova British Library a St Pancras, paragonando la sala lettura disegnata da sir Colin St John Wilson alla «sala delle assemblee di un'accademia della polizia segreta», con l'aggravante che aveva richiesto la demolizione parziale della storica Bloomsbury Square. Il povero sir Colin fu devastato dalle critiche «basate sul ridicolo e sull'insulto. Non si può riportare indietro l'orologio. I nazisti ci hanno provato, e guardate cosa è successo». Un paio di decenni dopo, però, il pendolo del gusto avrebbe reso giustizia all'apparente petulanza di Carlo e i sostenitori della distruzione dei vecchi centri cittadini sarebbero stati bollati come vandali.

A dispetto della rumorosa opposizione del principe e dei suoi parziali successi, lo skyline di Londra stava comunque cambiando, e a poco serviva il bombardamento dell'erede al trono contro i pianificatori della City colpevoli di aver permesso che «la sua anima fosse conquistata dalle orde torreggianti di giganti di cemento».

Le sue critiche incontravano talvolta repliche altrettanto taglienti. Di fronte al palazzo di uffici di cinquanta piani realizzato da César Pelli a Canary Wharf, nella vecchia zona dei dock, Carlo se ne uscì con una domanda provocatoria: «Ma che bisogno c'era di farlo così alto?» Roy Strong, curatore del Victoria and Albert Museum che gli stava a fianco, non si scompose: «Con il dovuto rispetto, sir, se questa obiezione fosse stata avanzata nel Medioevo non avremmo avuto la guglia della cattedrale di Salisbury».

Nello sforzo di arginare gli odiati modernisti, il futuro re arrivò a finanziare una rivista di architettura e addirittura a mettere in piedi una scuola per architetti – The Prince of Wales Institute of Architecture – dove gli studenti potessero apprendere «la corrispondenza del mondo naturale con l'idea di Dio, l'espressione di Dio dentro lo spirito umano e infine il potenziale dell'architettura di dare forma fisica a queste sublimi relazioni». Comprensibilmente entrambe le imprese colarono a picco, con un considerevole spreco di soldi ottenuti da generosi donatori, primi fra tutti la famiglia reale saudita e il sultano del Brunei (non molto noti per «sublimi relazioni» con i loro sudditi dissidenti).

La guerra d'attrito con Richard Rogers si protrasse invece con alterne vicende ben dentro il ventunesimo secolo. Con la vittoria del Labour Party di Tony Blair, l'architetto (anche soprannominato *The Godfather*, il Padrino) diventò pure consulente del sindaco di Londra Ken Livingstone, e di fatto – in spregio a ogni conflitto d'interessi – il *dominus* assoluto dello spazio urbano della capitale. Sua l'idea di celebrare il nuovo millennio con la Cupola di Greenwich, la struttura in fibra di vetro che i nemici avrebbero definito «la piramide di Blair». Contro la volontà del premier nulla poté il disdegno del principe, che ebbe però nel

2000 la sua rivincita bloccando il piano di Rogers per lo sviluppo immobiliare dell'ex caserma del duca di York, a Chelsea. L'area dismessa dall'esercito in uno dei quartieri più *posh* di Londra era stata acquistata dall'emiro del Qatar, che guarda caso era buon amico di Carlo. Bastò una telefonata per ottenere la sospensione del progetto per i successivi vent'anni.

Le frizioni con il nuovo potere laburista non si limitarono al fronte urbanistico. Dal momento che gli interessi e le incursioni di Sua Altezza Reale spaziavano dalla medicina alla biologia all'agricoltura, gli incidenti più seri – e potenzialmente più pericolosi – si registrarono proprio in queste aree, dove la competenza governativa era ovvia e diretta. E dalle quali dunque l'erede al trono si sarebbe dovuto tenere a debita distanza.

Non lui, non Carlo. Aveva cominciato negli anni Ottanta a battagliare per far riconoscere dal Servizio Sanitario Nazionale la medicina alternativa, e perfino le sue pratiche più esoteriche. Aveva perso, tra i lazzi della medicina ufficiale. Ma vide presto un'altra occasione «per fare la differenza», come aveva detto al giornalista Jon Snow nel lontano 1976 al lancio del suo Prince's Trust.

Nel maggio 1999, la decisione di John Cunningham, ministro dell'Agricoltura del governo laburista, di permettere test di coltivazione per raccolti geneticamente modificati, ritenuti sicuri per la salute umana, rappresentò una sfida alle più profonde convinzioni del principe. E lui non perse tempo. Incaricò il fidato Mark Bolland, il mago della comunicazione assunto per migliorare la sua immagine, di trovare un giornale disposto a pubblicare un suo articolo di denuncia del governo, per aver permesso coltivazioni potenzialmente nocive e fuori da ogni regolamentazione.

Il *Daily Mail*, tabloid di destra nemico giurato dei laburisti, fu ben felice di ospitare l'attacco, nonostante un giornalista conservatore come Charles Moore, direttore del *Telegraph*, avvertisse

Bolland che «avvicinarsi troppo a certi quotidiani significa banchettare con le tigri».

Di certo Carlo mostrava di odiare la stampa quando pubblicava qualcosa di sgradito, ma era pronto invece ad andarci a nozze se gli tornava comodo. Esattamente quello che ha fatto il figlio Harry vent'anni dopo, usando giornali e tv per il suo quotidiano bombardamento di «rivelazioni» contro il padre e il fratello.

L'articolo sul *Mail* fece ovviamente sensazione. Gli OGM, i raccolti geneticamente modificati, avrebbero automaticamente condotto a un mondo orwelliano, profetizzava lugubre Sua Altezza. Adorare quella tecnologia anziché Dio avrebbe condotto allo stesso genere di catastrofe del «morbo della mucca pazza»: «Alla fine ci sarà un prezzo da pagare». Tutti i notiziari tv britannici aprirono con questo durissimo *j'accuse*.

Tony Blair, per quanto furioso con il principe, giudicato «antiscientifico e di mentalità chiusa», ordinò comunque ai suoi di non criticarlo pubblicamente ma di prendersela con l'isteria dei media e di giocare la carta del nazionalismo: fermare l'industria biotech sull'isola significava favorire i detestati concorrenti tedeschi.

Incensato dal *Mail*, che lo presentava come la voce di una ragionevole opposizione, Carlo continuò la sua campagna. Ma stavolta non si trovava di fronte alla monarchica Thatcher. Qualsiasi buona volontà Blair avesse inizialmente manifestato verso l'erede, evaporò nel giro di pochi giorni. I 100 milioni di sterline promessi dal governo al Prince's Trust per aiutare a creare trentamila nuovi posti di lavoro non si materializzarono mai. E per soprammercato il premier disertò il pranzo di Stato offerto dalla regina al presidente cinese, rendendo manifesta la propria protesta contro le violenze e gli abusi dei diritti umani commessi da Pechino in Tibet.

Appena pochi mesi dopo Carlo trovò un altro terreno su cui incrociare le spade con il leader laburista: il bando della caccia alla volpe. Per i conservatori la legge rappresentava una minaccia al tradizionale stile di vita *british*, opposto alla nuova Cool Britannia multietnica e senza classi esaltata dal New Labour. Era esattamente il punto di vista del principe, e la sua manifesta contrarietà al bando lo fece presto apparire come il più rumoroso difensore dell'«eredità» britannica. Non solo Carlo portò con sé il diciassettenne principe William alla Beaufort Hunt, il più famoso appuntamento di caccia alla volpe, ma il suo portavoce annunciò che il 1° novembre l'erede al trono avrebbe incontrato il premier e avrebbe inevitabilmente discusso con lui la minaccia all'attività venatoria.

Questo era troppo anche per il diplomatico Blair, che si dichiarò «assolutamente scioccato» dall'autoproclamazione del principe a rappresentante del popolo. Dopo due anni di guerriglia con Carlo, il premier si rivolse alla sola autorità in grado di mettergli le briglie. Mammà. Il problema era soprattutto la chiassosa opposizione dell'erede agli OGM. Il primo ministro fece osservare a Sua Maestà che era prioritario interesse della Gran Bretagna rimanere nella corsa vitale alle biotecnologie anche in campo agricolo. Robert Janvrin, allora segretario privato della regina, annotò l'ennesimo esempio della differenza tra l'imparzialità della sua «principale» e il gusto per lo scontro del figlio.

Tre lustri dopo, la petulanza con cui Carlo aveva afflitto l'intero mandato governativo del paziente e cortese Blair fu certificata dalla pubblicazione delle lettere reali rimaste fino ad allora segrete. Tra i ministri laburisti le missive private ricevute dal principe avevano presto acquistato sinistra notorietà. I destinatari le avevano battezzate *the black spider memos*, ovvero i bigliettini del ragno nero, evidentemente non solo per il colore dell'inchiostro e la grafia fitta del mittente.

È incredibile la quantità di argomenti di cui l'allora principe del Galles si occupa nelle ventisette lettere spedite al premier e a un nutrito gruppo di ministri. Si va dalle questioni ambientali e della campagna inglese a quelle delle risorse per le forze armate, ai problemi dei produttori di latte. Nel memorandum più controverso, indirizzato a Blair l'8 settembre 2004, vale a dire in pieno intervento angloamericano in Iraq, Sua Altezza entra nello specifico delle «scarse prestazioni degli elicotteri Lynx alle alte temperature» per arrivare addirittura ad accusare il governo di impiegare «le nostre forze armate in compiti estremamente impegnativi (in particolare in Iraq) senza le necessarie risorse».

Carlo poteva tranquillamente tormentare il governo laburista senza tuttavia temere l'accusa di violare l'obbligata posizione di «neutralità politica». Nella prassi costituzionale inglese vale il principio – avrebbe ribadito anni dopo il premier conservatore David Cameron – secondo il quale «i membri della famiglia reale possono esprimere la loro opinione al governo in modo confidenziale». Il guaio, dal punto di vista della Corte di San Giacomo, sono sempre i giornalisti ficcanaso: come quel Rob Evans del *Guardian* che aveva ingaggiato dieci anni di battaglie legali col governo per ottenere infine dalla Corte Suprema, nel 2015, l'autorizzazione a rendere pubbliche le lettere.

Sempre gentile, o compiacente, Blair scrisse al *Guardian* non solo per giustificare Sua Altezza ma per sostenere addirittura che «tutte le loro discussioni gli erano state d'immenso aiuto» e lui lo ringraziava «per i suoi contributi». L'opinione di costituzionalisti e politologi non interessati all'Ordine della Giarrettiera (che la regina avrebbe conferito all'ex premier con molto ritardo, solo nel 2022) era in verità che, alimentando conflitti politici, Carlo mettesse a rischio indipendenza e futuro della Corona. E anche senza voler drammatizzare, di sicuro consegnava all'opinione pubblica la rischiosa immagine del «principe impiccione».

La sua risposta ai critici in un'intervista della maturità (ma prima del trono) ha il timbro inequivocabile dell'arroganza reale. Se c'erano obiezioni al suo diritto di esprimere opinioni – disse –, allora i genitori e i loro consiglieri «non avrebbero dovuto mandarmi in una scuola fondata sull'obbligo di prendere iniziative. O in un'università dove inevitabilmente uno si confronta con una mole di problemi. È stata la loro sfortuna». Con l'auspicio che la sfortuna, adesso che è re, non si trasferisca agli inglesi, vediamo allora che genere di formazione ha fatto di Carlo l'uomo, e il sovrano, che è.

PARTE SECONDA

Educazione

5
Il neonato dei primati

CINQUANT'ANNI prima dello schianto fatale di un'infelice principessa inglese sulle rive della Senna, Parigi accoglieva festosa un'altra principessa inglese al colmo invece della felicità: Elisabetta, figlia primogenita di re Giorgio VI ed erede presuntiva al trono. Era il maggio 1948, sei mesi dopo il matrimonio con Filippo di Grecia, ribattezzato per ragion di Stato Philip Mountbatten e quindi creato duca di Edimburgo.

La giovane duchessa appena ventiduenne, e al settimo cielo per aver realizzato il suo sogno d'amore con «il bel vichingo» Filippo, non sembrava però lei a quanti poterono osservarla durante la funzione religiosa nella chiesa anglicana di Parigi. Appariva stanca, spenta, lo sguardo fisso a terra. Al ricevimento in suo onore all'ambasciata britannica fece a malapena in tempo a salutare una metà scarsa degli invitati prima che il marito la guidasse fuori dalla sala. La serata si concluse senza di lei ma con lei al centro di tutti i commenti: era unanime convinzione che fosse incinta. E una volta tanto, i pettegolezzi ci azzeccarono in pieno.

Le gravidanze reali, nell'Inghilterra del nonno Giorgio tanto vagheggiata da Carlo, restavano ancora avvolte in una nuvola di *pruderie* che finiva con lo sconfinare nel misticismo o nelle fiabe.

I principini nascevano sotto i cavoli o apparivano magicamente da un momento all'altro nel letto delle reali puerpere, visto che nessun cenno mai veniva fatto dei regolari nove mesi d'attesa? La parola *pregnancy* sembrava bandita dal vocabolario di Buckingham Palace.

Il 4 giugno, vigilia del Derby, massimo appuntamento ippico nazionale, il Palazzo diffuse una sorta di comunicato in codice: «Sua Altezza Reale, la Principessa Elizabeth, Duchessa di Edimburgo, non assumerà nessun impegno pubblico dopo la fine di giugno». Se non i sudditi in generale, almeno i *royal watchers* trassero le dovute conclusioni, ricordando che pressoché le stesse identiche parole erano state usate diciott'anni prima per l'allora duchessa di York, mamma di Elisabetta, quattro mesi prima che desse alla luce la secondogenita Margaret.

Lontani erano ancora i tempi in cui le principesse reali avrebbero partorito nel netto e sterile ambiente di cliniche di lusso, peraltro aperte a chiunque dotato di buone possibilità economiche. Negli anni Quaranta la maggior parte dei bimbi nasceva in casa, e nemmeno i principi facevano eccezione. Il problema semmai era stabilire in *quale* casa. Clarence House, a 200 metri da Buckingham Palace, che la giovane coppia reale aveva scelto come residenza, non era ancora pronta dopo lunghi lavori di restauro. Qualcuno suggerì che il parto potesse aver luogo a Windlesham Moor, la residenza di campagna nel Surrey dove gli Edimburgo passavano gran parte del tempo. Ma la principessa saggiamente preferì Londra, dove almeno il parto in casa si sarebbe giovato di parecchie precauzioni in più. In effetti, non andando Elisabetta in clinica, si decise di trasformare la reggia, o almeno un'intera sua ala, in ospedale: l'infilata di suite al primo piano imperniata sulla Buhl Room, che già la regina Mary, la vedova di re Giorgio V, aveva fatto attrezzare come un improvvisato reparto chirurgico. Solo due giorni dopo la nascita di Carlo, nella stessa sala i medici avrebbero diagnosticato una gravissima arteriosclerosi, con rischio di cancrena, al nonno

Giorgio VI, ma per il momento i sanitari erano tutti affaccendati a preparare il teatro operatorio per il lieto evento.

Il viavai di illustri dottori e materiale medico sin dalle prime ore del 14 novembre segnalò ai curiosi fuori dalle cancellate di Buckingham Palace l'imminenza della nascita. Folle di sudditi ansiosi presidiarono per tutta la giornata, una piovosa domenica londinese, la piazza davanti alla reggia. Le ore passavano e anche all'interno del Palazzo l'attesa si faceva snervante. Quando ormai le ombre della sera cominciavano a calare, l'iperattivo principe Filippo decise che non ne poteva più di stare con le mani in mano e reclutò il suo fido scudiero (e compagno di baldorie) Michael Parker per un incontro di squash nel campo ricavato nei sotterranei. Alla partita seguì una nuotata rinfrescante nella piscina adiacente, poi, visto che le notizie mancavano e la tensione montava, i due tornarono per un'altra sessione sul campo di squash. Finché finalmente alle 21.15 la rigida e baffuta figura di sir Alan Lascelles, segretario privato del re, si materializzò sul terreno di gioco per informare Sua Altezza Reale che era diventato padre di un principe.

La notizia corse di bocca in bocca ben prima di diventare ufficiale, e almeno tremila londinesi lasciarono casa o l'ultima bevuta al pub o al night club per ritrovarsi a festeggiare davanti a Buckingham. Poco prima di mezzanotte l'annuncio ufficiale, vergato nella sua nitida calligrafia dal comandante Richard Colville, addetto stampa di re Giorgio VI (e in seguito di Elisabetta), venne affisso secondo l'uso alla cancellata del palazzo reale: «Sua Altezza Reale, la Principessa Elizabeth, Duchessa di Edimburgo, ha felicemente partorito un Principe alle 9.14 di questa sera. Sua Altezza Reale e il Principe infante stanno entrambi bene».

L'annuncio, rilanciato dalla radio della BBC, diede il via al tripudio popolare e offrì l'occasione per un ulteriore giro di brindisi in tutti i pub del Paese prossimi alla chiusura. A Trafalgar Square l'acqua delle fontane si tinse di blu per il bambino (e tale rimase per una settimana), mentre l'aria si riempiva dell'odore acre delle cannonate a salve per la nascita di un erede al trono e le fiamme di decine di festosi falò rischiaravano la notte. Ma a Palazzo si lavorava come di giorno, con l'ufficio postale interno impegnato a smistare gli oltre quattromila telegrammi di congratulazioni arrivati nelle ore notturne.

Chi più di ogni altro avrebbe voluto riposare era la giovane madre, al settimo cielo per la gioia ma anche comprensibilmente esausta dopo il lungo travaglio. Sfortunatamente la Buhl Room si trovava al primo piano del palazzo, le alte finestre prospicienti l'inizio del lungo viale del Mall. E giusto lì sotto accorreva una folla festante sempre più numerosa e, soprattutto, rumorosa. Elisabetta voleva dormire, aveva bisogno di dormire, ma l'esultanza dei sudditi glielo impediva. Alla fine Mike Parker e un suo collega furono spediti giù nel cortile antistante la reggia con il compito di indurre le migliaia di fan reali a fare un po' di silenzio. In realtà il chiasso era tale che non riuscirono nemmeno a farsi sentire. La polizia fu costretta a usare furgoni con gli altoparlanti per spingere finalmente la folla a disperdersi. E quella fu la prima ninnananna udita in vita sua dal principe ancora senza nome.

Eh sì, perché i nomi – Carlo Filippo Arturo Giorgio – glieli avrebbero dati solo un mese dopo, al momento del battesimo, ma già a due ore dal parto il reale neonato diventava ufficialmente proprietà pubblica. La madre finalmente dormiva ma a lui che aveva appena aperto gli occhi toccava invece attraversare, avvolto in fasce e nelle robuste braccia dell'ostetrica reale sister Helen Rowe, la gelida reggia fino all'enorme e dorata sala da ballo. Sotto la volta alta 15 metri, sullo sfondo del massiccio trono ricoperto di velluto rosso e oro zecchino, il bambinello Carlo del peso di 3 chili e 345 grammi fu adagiato in una semplice culla foderata di coperte bianche ed esposto all'adorante omaggio dei suoi futuri sudditi, o almeno della loro parte più altolocata, ovvero i cortigiani al servizio di re Giorgio VI e della regina Elizabeth, la futura Queen Mum. La benevolente curiosità dell'élite inglese era solo un presagio dello scrutinio costante a cui il piccolo principe sarebbe stato sottoposto per il resto della sua vita.

Per il pubblico britannico si trattava del resto di una novità, che il sempre più arrembante e pervasivo sistema dei mass media intendeva ovviamente sfruttare a dovere. A differenza della madre, che alla nascita non appariva destinata alla Corona, Carlo invece nasceva nella porpora, come si diceva alla Corte imperiale di Bisanzio dei figli nati da un monarca regnante. Certo, Elisabetta non era ancora sul trono, ma la successione era indiscussa, e a maggior ragione quella del figlio appena nato. Per il semplice fatto di venire al mondo, il principino accolto con tanto calore dagli inglesi strappava un'invidiabile serie di primati. Intanto era il primo bimbo reale a nascere a Buckingham Palace da sessantadue anni, e anche il primo *royal baby* in diretta successione al trono sin dalla nascita del futuro Edoardo VIII nel 1894. Mamma Elisabetta era anche la prima erede presuntiva nella storia britannica ad aver partorito un figlio maschio, e qui bisogna ricordare che il genere all'epoca contava ancora molto nella storia dinastica, giacché la legge assegnava la precedenza successoria al primogenito di sesso maschile.

Per i cultori dell'araldica, poi, Carlo era una vera cuccagna. Discendendo dai monarchi Stuart per il ramo femminile della Principessa Elettrice Sofia, si calcolò che era certamente il principe più scozzese dai tempi di Carlo I (il re decapitato da Cromwell nel 1649), ma per la mescolanza del sangue anche il più inglese dall'era di Enrico VIII. Come se non bastasse, vantava contemporaneamente il sangue degli York e quello dei Lancaster, le due case rivali nella medievale Guerra delle Due Rose. E grazie ai cromosomi della nonna materna si trovava a discendere direttamente da Owen Glendower, ultimo principe autoctono del Galles, mentre papà Filippo gli aveva passato pure qualche goccia di sangue di

Harold, l'ultimo re anglosassone d'Inghilterra sconfitto e ucciso da Guglielmo il Conquistatore, del quale pure, comunque, Carlo rimane il trentunesimo discendente. Insomma, più che un albero genealogico, una vera giungla, impenetrabile al profano.

La mattina successiva alla sua nascita tutte le campane di Londra suonarono a distesa, quasi senza interruzione, dalle nove del mattino. Quelle dell'abbazia di Westminster, cuore di tutti i più importanti riti sacri reali, si produssero in un vero e proprio *tour de force*: impiegarono tre ore per completare uno scampanio di cinquemila toni diversi, poi ricominciarono daccapo per una seconda volta. Come da tradizione, anche un reparto della King's Troop, la Royal Horse Artillery, attraversò la capitale in alta uniforme, dalla caserma di St John's Wood fino a Hyde Park, e qui sistemò i sei cannoni per la salva di saluto di quarantuno colpi, riservata agli eredi reali. I cannoni tuonarono anche a Edimburgo, Cardiff e Windsor, nonché sulle navi da guerra all'ancora a Plymouth, comprese le americane *Columbus* e *Hamel*. Sul Tamigi non c'era imbarcazione che non esibisse il gran pavese di gala, mentre un'ininterrotta catena di falò veniva accesa sui picchi montani del Galles, di cui a tempo debito il neonato avrebbe assunto il titolo sovrano.

Anche la politica, ovviamente, fece squillare le fanfare. A Downing Street il primo ministro in carica era il laburista Clement Attlee, ma quando per l'occasione prese la parola ai Comuni nemmeno i suoi compagni di partito di fede repubblicana osarono contestare il suo convinto elogio della «monarchia costituzionale che ha vinto i cuori del popolo». Con ben altro ardore, naturalmente, rese omaggio al neonato Winston Churchill, all'epoca a capo dell'opposizione conservatrice: inviando i suoi pensieri augurali ai genitori e «al piccolo principe ora nato in questo mondo di lotta e tempesta», il vecchio leone s'inchinava soprattutto di fronte «alla nostra antica monarchia che rende inestimabili servizi al nostro Paese e a tutto l'impero britannico e al Commonwealth delle nazioni».

Eh già, perché l'Inghilterra in cui Carlo nasceva, sebbene avesse perso da un anno la gemma più preziosa della Corona – l'India –, era ancora un impero e continuava a essere percepita come una grande potenza, con la sua flotta sparsa per gli oceani. Così, la nascita del principino fu salutata come un evento politico globale e non meramente materia per rotocalchi, come sarebbe stato tre decenni dopo per l'arrivo al mondo del figlio William, o del nipotino George sessantacinque anni dopo. Nel 1948 lo scampanio delle chiese e il rombo dei cannoni a salve echeggiarono per la larga parte del pianeta ancora saldamente legata alla monarchia inglese, dall'Australia alla Nuova Zelanda al Sud Africa. In Kenya la notizia fu data alla radio in tutte e sette le lingue locali. E nell'America repubblicana tutte le emittenti interruppero i programmi per annunciare la nascita e riportare il messaggio di congratulazioni inviato dal presidente Truman alla famiglia reale, «quell'antica istituzione», scriveva l'*Herald Tribune* di New York, «sotto la quale la libertà in Gran Bretagna è cresciuta ed è stata salvaguardata».

Tra tanta commossa, e spesso pomposa, esultanza, l'unico a mostrare un minimo di prescienza fu l'allora Cancelliere dello Scacchiere (ovvero ministro del Tesoro), il laburista Hugh Dalton, che scrisse nel suo diario: «Se questo bambino arriverà mai al trono [...] saranno un Commonwealth e un Paese molto differenti su cui si troverà a regnare». Ma per il momento «l'età della deferenza» registrava uno dei suoi ultimi fuochi d'artificio, fatti di iperboli e adulazione verso i reali. Pure, la scelta dei nomi lasciò molti sorpresi, e qualcuno anche esplicitamente scontento.

Elisabetta e Filippo erano la prima generazione di reali in un secolo intero a venire meno all'espresso desiderio della regina

Vittoria di imporre sempre a tutti i suoi discendenti il suo nome o quello del marito Alberto. Nessuno dei due figurava nella sequenza onomastica del neonato, dove il primato peraltro era assegnato a Carlo, nome così sfortunato (o vituperato) nella storia dinastica inglese che i regni dei due predecessori Stuart così battezzati erano terminati entrambi con una rivoluzione.* Se ne può dedurre che né Elisabetta né Filippo temevano le ombre della superstizione, ma a parecchi sembrò di cattivo gusto questo esplicito richiamo alla dinastia che gli Hannover (Windsor solo dal 1917) avevano di fatto rovesciato a inizio Settecento.

Il primo impegno ufficiale dell'inconsapevole neonato fu il battesimo, il 15 dicembre. Ma anche al personale subordinato di Corte era stato già concesso, una settimana dopo la nascita, di dargli una sbirciatina a gruppi di cinque. E mentre Elisabetta rimaneva a letto per i dieci giorni ordinati dai medici, il bimbo cominciava a essere portato a spasso, sebbene su un mezzo largamente incongruo con la *grandeur* dinastica che gli veniva accreditata. Per la passeggiata veniva infatti usata una carrozzina di seconda mano scovata da Elisabetta nella soffitta del Royal Lodge, il cottage preferito dai suoi genitori nella tenuta di Windsor. Il passeggino era talmente enorme che Carlo sostiene – così ha raccontato al suo biografo Anthony Holden – di potersi ancora rivedere steso nella sua vastità, oscurato dalle alte fiancate. Certo, la guerra era finita da poco, l'Inghilterra se la passava male e la penuria di beni di consumo affliggeva il Paese: perfino il principesco neonato ricevette la sua tessera del razionamento e il sussidio latte. Ma è difficile dire se la scelta della carrozzina usata per il primogenito fosse dettata a Elisabetta dal desiderio di condividere i problemi del suo popolo

* Carlo II morì nel suo letto nel 1685, ma la crisi aperta dalla successione del fratello cattolico Giacomo II sfociò presto nella Gloriosa Rivoluzione del 1688.

o da quell'innata tendenza alla parsimonia che avrebbe poi dato fiato ai sospetti di reale tirchieria.

Di certo non ce n'è traccia nella foto di gruppo per il battesimo, celebrato nella Music Room di Buckingham Palace tutta stucchi bianchi e oro, che trasmette l'abituale immagine regale di sontuosa maestà. La cerimonia si sarebbe dovuta tenere a Windsor, come da tradizione famigliare, ma lo stato di salute del re sconsigliava fermamente anche il breve viaggio. Così il fonte battesimale – il Lily Font di argento dorato disegnato dal consorte della grande Vittoria, il principe Alberto di Sassonia-Coburgo-Gotha, per i loro figli – fu trasportato nella reggia londinese e riempito di acqua fatta arrivare appositamente dal fiume Giordano, che vide il battesimo di Cristo. Nella sua veste di seta bianca e merletto di Honiton, usata in precedenza per tutti i figli di Vittoria (e lo sarebbe stata anche per i figli e i nipoti di Carlo, sebbene in riproduzione), il principe restò «tranquillo come un topo» mentre l'arcivescovo di Canterbury gli versava l'acqua sul capo.

Poi la famiglia e gli invitati – comunque parenti, come il re di Norvegia; la marchesa vedova di Milford Haven, nonna materna di Filippo; suo zio il principe Giorgio di Grecia; e la cugina lady Brabourne, figlia maggiore di lord Mountbatten –, passarono per il tè nel Salotto Bianco, dove furono presentati i doni per il battesimo. Il più prezioso fu certamente quello della bisnonna regina Mary, che lei stessa descrisse allo scrittore James Pope-Hennessy: «Diedi al bambino una coppa con coperchio di argento dorato che Giorgio III aveva donato a un figlioccio nel 1780, così che ho consegnato un regalo dal mio bisnonno al mio pronipote, centosessantotto anni dopo».

Elisabetta era raggiante di felicità per il suo primo bambino. Sin dall'inizio decise di allattarlo lei stessa al seno, contrariamente all'uso reale di affidare i neonati alle balie «umide», e continuò a farlo per parecchie settimane, finché non contrasse il morbillo.

Carlo, stando alla descrizione della contessa Granville, sorella della nonna Elizabeth, «non avrebbe potuto essere di aspetto più angelico, coi capelli d'oro e la più bella delle carnagioni».

La madre, come scrisse lei stessa al suo vecchio maestro di musica, ne era «enormemente fiera. Ha un interessante paio di mani per un bimbo, piuttosto grandi ma eleganti, con lunghe dita. [...] Trovo ancora difficile credere che io abbia un bambino mio!» Quando era ancora in attesa aveva assicurato: «Sarò io la madre del bambino, non le balie». Tanta materna determinazione durò poche settimane. E il primo Natale della sua vita, un mese e mezzo dopo la nascita, fu anche l'ultimo che per parecchi anni Carlo avrebbe trascorso accanto a tutti e due i genitori.

6

E Sua Maestà disse: «No, tu no, caro»

Solo nel primo anno di vita di Carlo a Elisabetta fu risparmiata la consueta girandola di impegni reali. Filippo, a sua volta, era stato assegnato al lavoro di scrivania presso l'Ammiragliato e i futuri sudditi potevano incontrarlo ogni mattina, stretto nel suo impermeabile d'ordinanza, farsi a piedi il Mall da Buckingham Palace fino all'ufficio sul limitare di Trafalgar Square: di solito accigliato e di pessimo umore, perché la routine burocratica lo avviliva e sognava un comando in mare. Ma doveva mordere il freno. La salute di re Giorgio era ormai seriamente minacciata e il sovrano, comprensibilmente, voleva la famiglia vicina.

A dispetto delle dichiarate intenzioni, Elisabetta aveva presto ceduto il posto accanto al neonato al solito stuolo di *nurses*. Negli anni a venire gli amici l'avrebbero sempre difesa dall'accusa di nutrire uno scarso istinto materno, soprattutto verso il primogenito, invocando per lei l'attenuante dei pesanti doveri di Stato. In realtà, anche prima di salire al trono, Lilibet (come la chiamavano in famiglia) era sempre stata prima moglie, poi madre. Il legame con Filippo, amatissimo soprattutto nel primo decennio di matrimonio, è stata la bussola delle sue scelte e dei suoi comportamenti privati.

Essere accanto a lui era più importante che farsi trovare vicina dai piccoli. Per i quali, dopo tutto, c'erano appunto le *nannies*.

Uscita di scena l'ostetrica Rowe, il suo posto nella nursery reale fu preso da due efficienti signorine scozzesi, che sarebbero rimaste legate ai Windsor per il resto della loro vita: Helen Lightbody e Mabel Anderson, le due donne più importanti nei primi anni di Carlo. La più giovane Mabel, figlia di un poliziotto ucciso nel bombardamento nazista di Liverpool, fu assunta grazie all'annuncio che aveva messo su una rivista specializzata. Si ritrovò convocata a Palazzo per un colloquio di lavoro con la principessa in persona. Fu assunta per Carlo, e a tempo debito si occupò anche di Anna, Andrea e Edoardo, per passare infine pure a Peter e Zara, i due figli di Anna. La più anziana Lightbody era la responsabile della nursery reale, e quando Elisabetta fu messa fuorigioco dal morbillo per tre settimane fu lei a ricoprire in tutto e per tutto il ruolo di mamma vicaria del principino. Come sarebbe stato per un lungo tempo a venire.

Prima ancora che il bimbo compisse un anno, la vita della giovane coppia Edimburgo aveva ripreso i suoi impegnativi ritmi sociali, che non prevedevano molto spazio per gli infanti. Filippo aveva finalmente lasciato le scartoffie ed era volato felice a Malta, a prendere servizio attivo nella flotta. Così il giorno del compleanno del figlio, il 14 novembre 1949, non era certo lì a spegnere la prima candelina; quanto alla moglie, che invece c'era, non vedeva l'ora di volare sull'isola del Mediterraneo per raggiungerlo. Cosa che in effetti fece nemmeno una settimana dopo la festicciola, consegnando il piccolo ai nonni, con i quali avrebbe anche passato il Natale.

La mamma tornò a Londra sei settimane dopo, perdendosi così i primi passi e i primi dentini del suo bambino. Non ne sembrò particolarmente turbata, nemmeno quando scoprì che la prima parola pronunciata da Carlo non era stata «mama» ma «nana», vale a dire ovviamente la persona che gli era più vicina, quindi la *nanny*. Non avrebbe potuto esserci presagio più chiaro e deprimente dell'infanzia che aspettava quel bambino apparentemente così privilegiato: solitaria e fredda, privata in larga misura della presenza e dell'affetto dei genitori di cui qualsiasi bimbo «normale» può godere, e che risultano così preziosi nella costruzione di una personalità sicura e forte del futuro adulto.

Non c'è biografo di Elisabetta che non abbia messo in risalto come anche al ritorno a Londra, alla fine del dicembre 1949, la giovane e raggiante principessa non abbia mostrato alcuna fretta di rivedere la sua creaturina dopo un distacco di un mese e mezzo. Carlo era nella tenuta di Sandringham con i reali nonni materni, e come la separazione non sembrava all'evidenza aver afflitto Elisabetta, così al rientro non le parve necessario precipitarsi da lui. Tutt'altro. Rimase nella capitale quattro giorni, nella residenza di Clarence House rimessa finalmente a nuovo, sbrigando una serie di impegni all'apparenza più urgenti. E più urgente le sembrò anche andare alle corse, per osservare un cavallo di cui era proprietaria assieme alla madre. Solo dopo raggiunse Sandringham e il suo bambino.

L'attenzione, pur scarsa, che gli aveva riservato era presto destinata a scemare ancora. Perché nei felici giorni di Malta, trascorsi tra balli, bagni di sole e cene al chiaro di luna, come una qualsiasi moglie d'ufficiale, Elisabetta aveva concepito un'altra volta. E con la nascita di Anna – il 15 agosto 1950 –, Carlo, a un anno e nove mesi, sperimentò come tutti i primogeniti la perdita della posizione eccezionale fino ad allora goduta.

La routine nella nursery reale, ora affollata, era rigidamente stabilita da Mrs Lightbody e Miss Anderson. I piccoli venivano svegliati alle sette del mattino, lavati, vestiti, nutriti e lasciati giocare fino alle nove, quando la madre arrivava a visitarli. Come da tabella, restava con loro non più di mezz'ora, e raramente li rivedeva nel corso della giornata prima che si facesse l'ora del tè, a pomeriggio inoltrato, quando di solito cercava di ritagliarsi un paio d'ore libere nell'agenda fitta di impegni. A Elisabetta piaceva fare il bagnetto ai figli, che dopo, rivestiti, venivano spesso presentati a visitatori di riguardo.

Come ci si può aspettare, avevano appreso le regole dell'etichetta assieme ai primi passi. Prima di compiere tre anni, Carlo sapeva che in presenza del nonno sovrano poteva sedere solo dopo essere stato invitato a farlo. E aveva già imparato a fare l'inchino alla bisnonna Mary prima di porgerle la guancia per un bacio. L'ultraottantenne regina vedova, che coi figli era stata una specie di caporal maggiore prussiano, si sdilinquiva con il piccolo che la chiamava *Gan-Gan* storpiando l'appellativo *grand-granny* (bisnonna). Esattamente come settant'anni dopo i nipotini di Carlo, i tre figli di William e Kate, avrebbero chiamato la bisnonna Elisabetta.

Nei suoi ricordi Carlo racconta della formidabile Queen Mary come la vedeva in quei primissimi anni. Lo portavano a farle visita nella sua residenza di Marlborough House, a un tiro di sasso da Buckingham Palace: la trovava seduta rigida ed eretta, le gambe sempre stese su un basso sgabello, circondata da un'enorme quantità di oggetti preziosi che aveva raccolto durante tutta la vita, comprese le famose uova Fabergé acquistate per un tozzo di pane dagli imperiali parenti russi rovinati dalla rivoluzione. Nemmeno alle dilette nipotine Elisabetta e Margaret aveva mai permesso di accostarsi alla sua collezione di argenti, giade, cristalli, oggetti d'arte, frutto di una molto criticata avidità: al bisnipote invece lasciava la libertà di giocare con qualsiasi gioiello di cui gli venisse il ghiribizzo, anche se di inestimabile valore.

Nel deserto di affettività genitoriale, con una madre dall'attenzione sporadica e un padre praticamente sconosciuto, Carlo trovò un qualche risarcimento nel caloroso abbraccio dei vecchi di famiglia, i nonni e la bisnonna materni, e questo certamente spiega alcuni tratti del suo carattere: la serietà precoce, per esempio, o anche la sua marcata preferenza da adulto per amicizie molto più anziane, e forse proprio per questo inconsciamente avvertite come più confortanti, rassicuranti.

A occhi contemporanei, abituati per esempio all'esibita affettuosità dei rapporti di William e Kate coi figli, il comportamento di Elisabetta e Filippo sembra rasentare l'abbandono di minori. Nessuno dei due era nemmeno sfiorato dall'idea che i loro bambini potessero essere danneggiati sul piano emotivo da una sostanziale assenza dei genitori e dall'affidamento pressoché esclusivo a uno stuolo di *nannies* e servitori, fatalmente destinati a un ruolo di genitori surrogati. In realtà, Filippo disertava l'infanzia dei suoi figli perché questo facevano tutti i padri della sua generazione, riservandosi di entrare in campo al momento della loro educazione. E la moglie si limitava a farli crescere così come lei stessa era stata allevata, tra tate e lacchè, sempre anteponendo il dovere del servizio al Paese ai sentimenti famigliari: che pure ovviamente c'erano, ma perfino tra le mura domestiche andavano contenuti entro un rigido protocollo nemico dei contatti fisici – roba da «classi basse» – e di ogni intimità.

Erano i valori in cui Elisabetta era cresciuta, totalmente condivisi del resto dalla classe aristocratica a cui apparteneva. In anni ancora lontani, questa *forma mentis* avrebbe condotto al suo scontro, o meglio alla mutua incomprensione, con la nuora Diana, a cominciare proprio dall'educazione dei figli. Ma per il momento questo atteggiamento servì soprattutto ad amputare una parte importante della personalità di Carlo, a privarlo del senso di sicurezza che deriva ai bambini dalla chiara percezione di sentirsi amati, lasciandolo invece con una sorta di anestesia sentimentale che avrebbe proiettato gli effetti più devastanti sulle sue relazioni da adulto.

La freddezza e la distanza nel rapporto del principe con i genitori hanno radici in questa infanzia che bandiva ogni manifestazione fisica di affettività. Il risultato è che anche in età adulta ha continuato a comunicare con loro soprattutto per lettera o per appunti affidati alla burocrazia di Palazzo. Il coraggio di discutere, e magari litigare, guardandosi in faccia è sempre mancato da tutte e due le parti. E ne sono conseguiti anche equivoci di drammatico impatto: il principale la lettera con cui Filippo invitava il figlio a decidersi se voleva o no sposare Diana, che lui prese invece come l'ordine di farlo. Con l'esito tragicamente noto.

Il Natale del 1950 era il terzo nella vita di Carlo, e come il precedente lo passò senza i genitori. Filippo era ancora di base a Malta, finalmente felice per aver ottenuto il suo primo comando a bordo del cacciatorpediniere *Chequers*. Ed Elisabetta scelse di passare le vacanze sola con il marito, consegnando ancora una volta i bambini ai nonni a Sandringham. Re Giorgio, come la moglie Elizabeth, era molto affezionato al maschietto, ma questo non risparmiava al piccolo di vedersi chiudere in faccia la porta del suo studio ogni volta che il monarca riceveva dignitari da Londra per importanti, e riservati, affari di Stato.

Il peggiorare della salute del sovrano, attaccato da un cancro, ebbe un duplice e contrastante effetto sulla vita di Carlo. Da un lato riunì la famiglia perché mise termine alla missione navale di Filippo, ora richiesto in patria per sostenere i crescenti impegni istituzionali della moglie; dall'altro, gli aumentati doveri reali della coppia ridussero la loro già scarsa disponibilità per i bambini. Se Giorgio VI non poteva più viaggiare, questo voleva dire che ora le visite di Stato toccavano alla figlia.

Così, nell'ottobre 1951 Elisabetta e Filippo partirono per un tour, più volte rinviato, in Canada e Nord America, e si persero anche il terzo compleanno del primogenito, che spense le candeline a Buckingham Palace con i nonni e zia Margaret («Ormai diventerò nota come *Charley's auntie*, la zietta di Carletto», diceva lei con il consueto sarcasmo).

Quando tornarono, il re ormai prossimo alla fine nominò l'erede e il marito membri del Privy Council, in modo da preparare una successione ordinata e senza scosse, e decise che sarebbero stati loro a compiere al suo posto il lungo, programmato tour del Commonwealth.

La notizia che papà e mamma sarebbero di nuovo partiti rovinò il Natale di Carlo, ma il peggio doveva ancora arrivare. Il 6 febbraio 1952, una settimana dopo aver salutato all'aeroporto di Heathrow la figlia in partenza per l'altro capo del mondo, Giorgio VI morì nella notte a Sandringham, a soli cinquantasei anni. E la più antica corona reale del mondo finì sulla testa di una giovane donna di venticinque anni, che in quel momento si trovava in un albergo su un albero, il *Treetops Hotel*, nella savana del Kenya. Il suo solitario bambino di tre anni diventava *heir apparent* – questa la dizione ufficiale –, erede legittimo al trono d'Inghilterra.

Non che lui avesse una nozione precisa di cosa fosse cambiato nella sua vita. Non era ancora stato nominato principe del Galles, ma il primo di tutti gli altri titoli ricevuti alla nascita era quello di duca di Cornovaglia (fonte della sua futura ricchezza in attesa del trono), e questo lo aveva capito bene: «Mammina, questo sono io», sussurrò una volta in chiesa all'orecchio della regina sentendo il sacerdote menzionare nelle preghiere il duca di Cornovaglia tra gli altri membri della famiglia reale. Ma difficilmente il piccolo poteva essere consapevole della sua nuova posizione istituzionale, e nessuno giustamente si prese la briga di spiegargli che adesso il giorno del suo compleanno veniva celebrato con l'esposizione della bandiera in tutte le strade del Paese.

Gli risultarono comunque di per sé evidenti alcuni cambiamenti esteriori. Per esempio, il nuovo trasloco della famiglia da Clarence House, restaurata appena due anni prima, al gelido e alquanto malandato Buckingham Palace, mentre nonna Elizabeth e *auntie* Margaret facevano la strada inversa. La nuova nursery reale era una suite al secondo piano della reggia, inzeppata dei giocattoli trasferiti da Clarence House. Ma ogni idea di giocare con la mamma doveva essere accantonata. Lo studio di Elisabetta al piano di sotto veniva adesso dichiarato off limits anche per lui, e una volta che passandoci davanti la invitò a uscire a giocare la risposta fu un sospiro: «Se solo potessi», replicò lei chiudendogli garbatamente la porta in faccia. Nel giro di breve tempo, la solitudine che aveva accompagnato i suoi primi anni si era semmai aggravata, e forse fu anche questo a spingerlo a forgiare da subito un legame molto solido e protettivo con la sorellina.

I due erano chiaramente molto diversi. Era stata la stessa Elisabetta a fornire un sommario ritratto del carattere dei figli, uno dei rari casi in cui aveva aperto uno spiraglio sulla sua vita e la sua famiglia. Aveva confidato agli amici che i quattro rampolli avevano mostrato personalità assai differenti l'uno dall'altro sin dai primi anni di vita. E in particolare Carlo e Anna si erano rivelati subito molto diversi. In apparenza il primogenito aveva preso più da papà, già sin da piccolo imitando le tipiche pose pubbliche del duca, dalle mani intrecciate dietro la schiena all'atteggiamento eretto, fino allo sguardo fissato dritto sull'interlocutore, a stabilire immediatamente una gerarchia di comando. Ma quanto a carattere, era Anna ad assomigliare moltissimo al padre: estroversa, irascibile come Filippo, e come lui sicura di sé fino a sfiorare l'arroganza.

Al contrario, Carlo sembrò sin da subito aver ereditato la ritrosia, perfino la timidezza, degli ultimi Windsor. Ne aveva sofferto moltissimo Giorgio VI, gravato dalla balbuzie, e questa istintiva riservatezza si era in qualche modo trasferita a Elisabetta. Il primogenito aveva preso da lei. E come lei, lottando per vincere con uno sforzo di volontà la tendenza a rinchiudersi nel suo guscio, aveva sviluppato un acuto senso del dovere e della proprietà dei comportamenti.

Tutto il contrario, insomma, di quel maschiaccio della sorellina, la *darling* – il tesoro – di papà. Fu Anna a scoprire e imitare il gioco di Palazzo a suo tempo più amato anche dalla mamma e dalla zia: passare e ripassare davanti alle sentinelle con l'alto colbacco di guardia ai cancelli della reggia, così da costringerli ogni volta a scattare sull'attenti e presentare le armi. Quando Carlo si rese conto che il suo passaggio produceva lo stesso effetto, ne fu invece così imbarazzato da tenersi alla larga dai posti di guardia. Lui era il bambino che aveva imparato l'etichetta prima di leggere e scrivere, e la rispettava scrupolosamente. Lei quella che se ne infischiava di fare l'inchino quando entrava nel salotto della nonna. E dal balcone di Buckingham Palace, ogni volta che c'era da affacciarsi per salutare la folla, Anna era sempre in prima fila a sbracciarsi agitando le manine alla maniera di mammà.

Per il timido fratello maggiore si avvicinavano invece le scelte e gli eventi che avrebbero forgiato definitivamente la sua personalità. Quel 1952 – l'anno della morte del nonno Giorgio VI e della successione al trono di Elisabetta – Carlo compiva quattro anni, e fu anche il primo compleanno che il piccolo passava con il padre.

Impegnati a preparare la cerimonia della solenne incoronazione, che si sarebbe tenuta il 2 giugno dell'anno successivo, i genitori si trovarono anche a riflettere su come meglio allevare un bambino destinato alla Corona. Tanto la regina quanto il marito avevano un'alta idea del loro status eccezionale, ma entrambi si rendevano conto che per un principino di pochi anni l'accento sul privilegio della sua nascita avrebbe comportato il rischio di guastarne per sempre il carattere. Furono perciò d'accordo nel cercare di non alimentare alcun senso di importanza nel bimbo, anzi semmai di mitigarlo. Per cominciare, al personale di Palazzo fu ordinato, per volontà della regina, di rivolgersi all'erede semplicemente come «Charles», consuetudine che rimase in vigore fino al compimento dei suoi diciotto anni.

In più, ogni marachella che per un altro bambino sarebbe forse scivolata via impunita, per lui diventava causa di severa punizione, anche corporale. E tanto Filippo quanto le *nannies* erano generose nel ricorso alle sculacciate come efficace metodo educativo. Carlo ricorda di averne rimediata una solenne dal padre semplicemente perché dalla macchina aveva mostrato la lingua alla folla assiepata lungo il Mall. In altre parole, si era comportato come un qualsiasi bambino «normale» quale i suoi pretendevano che fosse. Il guaio è che non lo era e non poteva esserlo, e questa impostazione educativa – lodevole nelle intenzioni – certo non aiutava una personalità con evidenti problemi di autostima.

Ma i Windsor sembravano soprattutto temere che il principe cedesse al vizio dell'arroganza, o il suo atteggiamento fosse comunque percepito in questa maniera. Perciò punizione se per gioco faceva scivolare un cubetto di ghiaccio lungo la schiena di un valletto. Punizione se si rivolgeva al suo «angelo custode» di Scotland Yard dimenticando di usare un rispettoso «Mister». E ai dipendenti il perentorio invito reale di trattare l'erede come un discolo qualunque. Al poliziotto che a Sandringham incassava con santa rassegnazione le palle di neve lanciate da Carlo, Filippo strillò irritato: «Non se ne stia lì impalato. Gliele restituisca!» E al lacchè che nella reggia si precipitava a chiudere la porta lasciata aperta da uno sbadato principino, ingiunse con finto cameratismo: «Lasci perdere, amico. Il ragazzo ha le mani». Tra tutte, memorabile rimane la punizione inflitta da Elisabetta quando a Sandringham il piccolo perse in giardino il guinzaglio di uno degli amatissimi corgi: «Adesso vai fuori a cercarlo e non torni finché non l'hai trovato», ordinò la reale mammina, tipicamente aggiungendo: «I guinzagli dei cani costano».

Tanta severità contrasta con l'inevitabile accidente della nascita. Non succede a tutti gli infanti di tre anni di essere scarrozzati da auto e chauffeur personali. Per quanto i valletti lo chiamassero per nome anziché Altezza Reale, resta il fatto decisamente eccezionale che un bambino di quell'età ne avesse costantemente uno a sua personale disposizione, un diciottenne di nome Richard Brown, e non ci volle molto a Carlo per scoprire che non si trattava di una dotazione naturale di ogni coetaneo: «Perché tu non hai un Richard?» chiese sorpreso a un nobile amichetto. Presto si rese conto che i suoi conoscenti non avevano nemmeno un poliziotto di scorta, che negli anni della sua infanzia era il sergente Kelly, primo di una lunghissima serie di detective di Scotland Yard incaricati di proteggere la sua augusta persona. In compenso, gli amichetti potevano vedere i loro genitori molto più spesso di quanto toccasse a lui. E certo potevano contare sulla loro presenza quando arrivava il felice momento di spegnere le prime candeline.

Per Carlo invece anche il quinto compleanno, nel novembre 1953, si risolse in un mesto appuntamento con nonna Elizabeth e zia Margaret. Il ragazzino, avvilito, passò la giornata con loro al castello di Windsor perché mamma e papà avevano preferito la pace di Sandringham per dare gli ultimi tocchi all'imminente tour del Commonwealth, che li avrebbe portati via per più di sei mesi. Elisabetta aveva avuto cura di ordinare da *Harrods* qualche giocattolo da consegnare ai suoi bambini a Natale, e una settimana dopo il compleanno prese congedo dal figlio che piangeva disperato, ma anche consapevole che mamma – come disse più tardi a un compagno di giochi – «ha un importante lavoro da fare. Lei è quaggiù», aggiunse indicando l'Australia sul mappamondo appositamente installato nella nursery per consentirgli di seguire le tappe del viaggio reale. Da questa lunga assenza nasce la passione di Carlo per la geografia, conservata per tutta la vita, anche se il bimbo che era all'epoca patì profondamente – riferiscono le tate – la mancanza della madre.

La rivide finalmente mezzo anno dopo, quando la famiglia si riunì sul panfilo reale al largo di Tobruk, in Libia. Non vedeva l'ora di buttarle di nuovo le braccia al collo, tanto che i cerimonieri di Corte faticavano a impedirgli di mischiarsi agli alti dignitari in fila per salutare la regina che saliva a bordo. Lei se ne accorse, e le prime parole che rivolse al figlio che non vedeva da sei mesi furono: «No, tu no, caro».

Quando finalmente fu il turno dei suoi bambini – Carlo di cinque anni, Anna di tre –, si limitò a stringere loro la mano.

7
Incontro col nemico: la stampa

ARRIVATI a questo punto di un'affollata (di servitori) ma solitaria infanzia, diventa più facile capire perché parecchi decenni dopo, quando tutto il mondo lo giudicava – e condannava – per il suo comportamento con Diana, Carlo sentì il bisogno di vuotare il sacco sulla sua infelicità di fanciullo. Era il 1992, e il principe si affidò alla penna di un biografo assai empatico come Jonathan Dimbleby. Non è chiaro cosa l'abbia spinto a simili confidenze in pubblico. Forse sperava di trovare giustificazione e comprensione. Invece l'esercizio di pubbliche relazioni si rivelò un disastro, confermando i maggiori difetti che i critici indicavano nella sua personalità: debolezza di carattere e pari inclinazione all'autocommiserazione e all'autoindulgenza.

In cima alla lista dei suoi accusati figurava papà. Esattamente come lui oggi è sul banco degli imputati agli occhi del figlio minore. Da bambino – confessò Carlo a Dimbleby, cioè a tutto il regno – era stato «facilmente intimorito dalla potente personalità del padre». Filippo era brusco, «benintenzionato ma senza immaginazione, e i suoi rimproveri per una mancanza di comportamento o di atteggiamento [...] spesso lo riducevano in lacrime». Gli amici autorizzati dal principe a parlare con il saggista furono anche più espliciti, sostenendo che il duca di Edimburgo era uso «sminuire» il figlio, e addirittura «tiranneggiarlo con la prepotenza di un bullo». Senza che mamma, peraltro, mettesse bocca. Verso Sua Maestà l'erede, ormai ultraquarantenne, era certo meno severo ma tutt'altro che assolutorio: non che «lei fosse indifferente, quanto piuttosto distaccata».

È facile immaginare l'effetto che questi rilievi ebbero a Palazzo. Certamente contribuirono a creare la leggenda di un'Elisabetta contraria alla successione di Carlo, e anzi attivamente impegnata a sabotarla saltando magari una generazione. Ricordo bene che Londra in quegli anni si riempì di voci continue sulla «guerra sotterranea» tra Buckingham Palace e la «Corte alternativa» di Carlo a St James's Palace. In parte si trattava di pettegolezzi infondati o, come si direbbe oggi, di *fake news*. C'è poco da dubitare invece che l'evidente risentimento del primogenito ferì profondamente i genitori. Tanto da spingere la beniamina (soprattutto del padre) Anna a correre in soccorso con dichiarazioni pubbliche.

Era chiaro ai figli che «nostra madre aveva un importante lavoro da fare», sottolineò la principessa, «ma io so che ogni volta che avevo bisogno di lei, lei c'era». Perciò suggerire, come faceva il fratello maggiore, che la regina fosse incurante «è qualcosa che semplicemente rasenta l'incredibile».

Com'è ovvio, l'interessata non disse verbo in pubblico, ma i cortigiani inorriditi furono autorizzati a condannare come *nonsense* l'idea che Sua Maestà fosse una cattiva madre, concedendo al più che si trattasse forse «di una percezione del principe»: un modo per ribadire l'abituale immagine derisoria di un bambinone sempre pronto a piagnucolare.

Nell'altrettanto ovvio silenzio di Filippo, fu la cugina Patricia, figlia di «zio Dickie», ovvero lord Louis Mountbatten, a prendere le sue difese ufficiali. A dispetto dell'aura burbera che circondava il principe, la parente giurava che fosse «molto buono coi bambini, e non è affatto vero che non gliene importasse. Lui cercava di aiutare Carlo a formarsi un carattere forte, ben sapendo che genere di vita avrebbe dovuto condurre». Queste parole forniscono forse la chiave migliore per comprendere il complicato rapporto tra padre e figlio, due uomini che non avrebbero potuto essere più diversi.

Timido e sensibile in maniera quasi morbosa Carlo, naturalmente dotato di un gusto estetico e un temperamento artistico che in età adulta avrebbe avuto modo di manifestare. Estroverso, prepotente e ruvido Filippo, nato principe di Grecia ma nella rovina della famiglia diventato presto un «parente povero», letteralmente senza un penny in tasca. Solo uno strenuo sforzo di volontà l'aveva condotto a risalire la corrente fino a sposare la donna (allora) più ricca del mondo, ma difficoltà e umiliazioni avevano lasciato una cicatrice profonda sul suo carattere all'apparenza esuberante.

Soprattutto sembrava che a irritarlo fosse l'incredibile buona sorte di questo figlio maggiore, destinato senza sforzo a una vita di privilegio coronata dall'ascesa al trono. Tutte le testimonianze concordano che il duca fosse incapace di resistere a un rilievo sgarbato o a una battuta sarcastica all'indirizzo dei pargoli, e non solo di Carlo. Ma Anna, che aveva il suo stesso carattere sfrontato, sapeva resistergli e perfino rispondergli a tono, mentre il più sensibile maschio si ritraeva ferito nel suo guscio, provocando con la sua timidezza l'ulteriore furia del padre. Filippo era convinto, e inorridito, che l'erede della Corona fosse un *whimp* – un incapace, peggio una «scamorza» – e si mise di buzzo buono a «indurirne» la natura. Animato solo dalle migliori intenzioni, assicura ancora la cugina Patricia: era preoccupato che «le persone attorno a Carlo lo viziassero e pensava di dover contrastare questo atteggiamento».

C'è da chiedersi se Filippo si sia mai interrogato sui danni permanenti che in questo modo rischiava di infliggere al figlio. O sull'immagine di lui che il bambino si sarebbe formato. In un'intervista concessa a vent'anni, il principe del Galles ormai prossimo all'investitura ufficiale si sentì chiedere che genere di padre fosse stato Filippo, se una specie di cerbero fanatico della disciplina, abituato a ordinare: «Stai seduto e zitto». «Sempre, sì», rispose di getto Carlo. E quest'attitudine era destinata a pesare anche di più a causa dei costanti impegni della regina, che spinsero di fatto in famiglia a una divisione del lavoro rovesciata rispetto al solito. Con Elisabetta a occuparsi dello Stato, la routine quotidiana di Anna e Carlo era affidata alle tate, ma le più importanti decisioni che li riguardavano erano affare di Filippo. E, come presto vedremo, potevano produrre effetti devastanti.

Con mamma e papà spesso lontani, e distanti pure quando erano presenti, il focus della vita affettiva dei due figli maggiori (Andrea seguì dodici anni dopo il primogenito, Edoardo addirittura sedici) si concentrò inevitabilmente sulle *nannies*. Per Carlo in particolare la giovane scozzese Mabel Anderson, un anno meno della regina, diventò «il porto di sicurezza», la madre surrogata capace di insegnargli come stare a tavola, come fare conversazione, come guardare sempre negli occhi gli interlocutori, severa quando necessario ma pure sempre disponibile, pronta ad ascoltare e consolare, a correggere e incoraggiare. Insomma, ciò che fanno le madri di tutti i mammiferi ma non la regina d'Inghilterra. Perfino uno dei più fedeli collaboratori, Martin Charteris, suo consigliere per oltre tre decenni, osservava intrigato: «Carlo deve essere sempre stato perplesso su come sia in realtà il rapporto madre naturale-figlio».

Le manifestazioni di affetto e il calore del contatto fisico di cui i genitori erano così avari il piccolo li trovava per sua fortuna nella nonna materna. Elizabeth Bowes-Lyon, che la morte del marito Giorgio aveva ormai trasformato nella vedova Queen Mum a soli cinquantun anni, stravedeva per il primo nipote. Lo inondava senza remore di coccole, in diretta contraddizione con il credo educativo del genero (non le erano mai troppo piaciuti, né l'uno né l'altro). D'altro canto, aveva frequenti possibilità di farlo, visto che anche prima di essere assorbiti da impegni reali i giovani duchi di Edimburgo le affibbiavano spesso il piccolo. E lui, che sicuramente non era mai stato ammesso nel letto di mammà, a due anni poteva giocare a suo piacimento in quello della nonna, perfino imbrattarlo di rossetto, visto che era autorizzato a giocare coi lipstick dell'anziana sovrana per soddisfare la sua passione (poi di tutta una vita) per i colori.

A Windsor, dove la regina vedova alloggiava nello stesso cottage condiviso con il marito da giovani sposi, il Royal Lodge, Carlo poteva essere finalmente un bambino della sua età. A cinque anni la Queen Mum lo lasciò esplorare la Shaw Farm, una delle fattorie all'interno del vastissimo Windsor Home Park, e lui se la godette un mondo arrampicandosi sulle balle di fieno, inseguendo le galline e dando da mangiare alle vacche. Da adulto, del resto, sarebbe diventato un appassionato agricoltore «bio» nella sua tenuta di 30.000 ettari nel ducato di Cornovaglia.

L'affetto tra i due sarebbe rimasto inalterato per tutta la vita. Per lui, lei era «la nonna più magica che uno possa avere». Per lei, come scrisse alla figlia Elisabetta, il tempo passato con il bimbo e la sua sorellina erano «i soli momenti di felicità», e sapeva bene che specialmente il maschietto le era «intensamente affezionato». Apprezzava, e incoraggiava, la natura gentile e generosa di Carlo. Chi lo ha conosciuto e frequentato da adulto può stupirsi di questi due aggettivi, visto che il principe non ha mai nascosto di vivere la sua accidentale condizione reale come segnata da un destino eccezionale, e di considerarsi di conseguenza un essere umano fuori dall'ordinario. Questo atteggiamento, che ai critici appare il residuo di una mentalità feudale – con annesso diritto divino dei sovrani –, è certamente il risultato di decenni di adulazione cortigiana e ossessiva attenzione dei mass media. Si può invece credere a chi lo ha conosciuto nei primi anni Cinquanta, ancora non viziato, e lo descrive come un bambino sempre pronto a dividere le sue caramelle con gli altri e a prendere le difese dei più deboli. Era questo aspetto del suo carattere che piaceva a nonna Elizabeth, e lei era sempre pronta a stimolarlo.

C'è anche un altro lato della personalità di Carlo che deve molto alla regina madre. Fu proprio lei che gli aprì le porte di quel mondo dell'arte così poco frequentato e valutato dai genitori. È noto che mamma Elisabetta non amava il teatro e viveva l'opera come un sacrificio. Gradiva di più il balletto, ma i suoi gusti in fatto di musica e pittura erano decisamente semplici (credo che il suo straordinario ritratto firmato da Lucian Freud l'abbia fatta rabbrividire). Quando ha potuto, ha sempre preferito la puntata in tv dell'amato tenente Kojak (al secolo Telly Savalas) a una serata al Covent Garden.

Filippo, per parte sua, era sempre stato un lettore onnivoro. Bazzicava con gusto filosofia e saggistica, aveva perfino scritto a quattro mani con un alto prelato anglicano un dialogo su metafisica e teologia, ma certo nemmeno lui si sarebbe mai lasciato definire un intellettuale. Che è invece quello che Carlo ha sempre ambito a essere, e in buona misura è. Certo anche grazie ai favolosi racconti di viaggio della nonna, che era felice di vederlo ascoltare rapito i resoconti delle sue visite giovanili in Italia, a inizio secolo, la sua scoperta di quella Firenze sempre tanto amata dagli inglesi colti, la meraviglia di quell'Italia del Rinascimento che il principe avrebbe potuto ammirare coi suoi occhi per la prima volta solo a trentacinque anni suonati.

«Mia nonna è stata la persona che mi ha insegnato a guardare le cose», ha ricordato un Carlo riconoscente, da quell'appassionato pittore dilettante e critico dell'architettura che è diventato anche grazie a lei. Di sicuro non grazie alla mamma, sebbene sia lei, da sovrana, la custode pro tempore di quei fantastici giacimenti d'arte che sono la pinacoteca di Buckingham Palace e la biblioteca del castello di Windsor. Una volta che il principe adolescente cercò di condividere con la famiglia l'entusiasmo che aveva provato di fronte ai disegni di Leonardo conservati a Windsor, si accorse che, lungi dal mostrarsi interessati, tutti gli altri lo guardavano «perplessi». Gli sembrò, confessò più tardi al biografo Dimbleby, di sentirsi colpevole «di avere, in qualche indefinibile modo, deluso la famiglia».

Non era un rischio che correva con la nonna, anzi. La regina madre fu lesta ad accorgersi anche di un'altra importante passione del bambino: quella per il mondo naturale. Notò fin dai primi anni la sua «capacità di vagare per le splendide colline della Scozia e di osservare il cambiamento dei colori mentre le nuvole ci passavano sopra, o di gioire per la qualità della luce sopra i grandi acquitrini del Norfolk», la regione che ospita la tenuta reale di Sandringham. In questo universo verde rischiarato da fiotti di luce e colori cangianti, Carlo deve aver conosciuto i momenti più felici della sua infanzia, almeno in parte coincidenti con i tre mesi estivi in cui la famiglia era finalmente riunita nel castello scozzese di Balmoral, in mezzo alla natura incantata del Royal Deeside.

Lì sua madre gli insegnò a cavalcare, quando aveva quattro anni. Ma anche questa pratica sportiva deve aver contribuito ad affondare la sua autostima, giacché tanto lui era timoroso in sella quanto Anna era coraggiosa. La bravura equestre della piccola (che sarebbe diventata una campionessa olimpica) riempì di piacere la regina e confermò in Filippo l'idea che la figlia fosse la sua anima gemella per coraggio e fiducia nei propri mezzi. Carlo, invece, temeva mortalmente il salto col cavallo e aspettò i trent'anni – quando già pilotava un aereo e si lanciava col paracadute – prima di provarci e di riuscire infine a domare le sue paure.

* * *

Né la voce della nonna, né quella della ragione riuscirono comunque a prevalere sulla testardaggine di Filippo quando arrivò infine per il piccolo principe l'età dell'istruzione. Il duca di Edimburgo si era già fatto delle idee molto precise in merito, tutte centrate sulla necessità di raddrizzare la schiena del suo *boy*, che gli sembrava chiaramente smidollato. Lo preoccupava la mancanza di quell'energia così evidente in Anna: Carlo era troppo tenero. Era certamente il caso di affidarlo alla cura ricostituente di una *boarding school*, lontano dalle mollezze famigliari, e Filippo era convinto di sapere quale fosse la scuola giusta: quella che aveva frequentato lui, naturalmente.

Questa scelta rappresentava comunque una rivoluzione, su cui la regina concordava, rispetto al tradizionale metodo di educazione del sovrano attraverso cui anche lei era passata: lezioni personali (di solito brevi) di istitutori privati rigorosamente tra le pareti della reggia, senza alcuna commistione con altri scolari. Elisabetta era acutamente consapevole della scarsa preparazione di cui questo sistema l'aveva dotata per il suo alto e difficile incarico. Da qui la decisione, tenuta per il momento segreta, di provvedere invece il figlio di un regolare, e certo più attrezzato, curriculum scolastico.

Ma prima bisognava pensare all'alfabetizzazione di base: a cinque anni suonati (compiuti il novembre successivo all'incoronazione della madre) il principe ne era ancora penosamente privo. Sapeva scrivere il suo nome in stampatello e contare fino a cento, fare l'inchino alla nonna e comportarsi da adulto in un salotto, ma riusciva a leggere a stento e non mostrava alcuna inclinazione sportiva, a parte la passione per le classi di danza organizzate per lui e altri nobili coetanei a Buckingham Palace. Elisabetta si convinse che il suo ragazzo, all'epoca decisamente paffutello, fosse uno *slow developer*, si sviluppasse insomma più lentamente dei coetanei.

Per prepararlo all'ingresso in una scuola vera, la coppia reale – prima di partire per il lungo tour del Commonwealth del 1953-'54 –

provvide ad assumere una governante, un'altra scozzese di nome Catherine Peebles. In verità nemmeno Miss Peebles, subito ribattezzata «Mispy» dai reali (ossessivi creatori di nomignoli), aveva una qualificazione formale per l'insegnamento. Non un diploma né un tirocinio, o almeno qualche buona idea particolarmente innovativa. Ma mostrava una promettente mescolanza di buonsenso e severità, e alla regina sembrarono sufficienti. Probabilmente temeva che un insegnante di maggiori pretese finisse con l'accrescere l'intima insicurezza di un ragazzino che ne era nato afflitto.

Il problema vero è che, a dispetto di ogni tentativo di spacciarlo per un bambino «ordinario», come tutti gli altri, Carlo era acutamente per quanto confusamente consapevole di essere entrato nella vita in modo del tutto diverso da chiunque altro. I valletti potevano pure chiamarlo Charles anziché Altezza Reale, ma gli era chiaro che lui era speciale. Certo non capiva perché, però sapeva che tutti si aspettavano da lui che si comportasse in un certo modo, con l'educato interesse che un reale in visita è tenuto a manifestare verso qualsiasi cosa gli venga mostrata. La pressione che tutto questo esercitava su un bambino naturalmente timido lo rendeva nervoso, agitato, morbosamente sensibile.

Nei primi report di «Mispy», Elisabetta trovò conferma dei suoi timori: «Se qualcuno alzasse la voce, lui si ritrarrebbe nel suo guscio, e per un po' di tempo non si riuscirebbe a ricavare più niente da lui». Era del resto quello che aveva già notato la tata Mabel Anderson, sottolineando che il principino «non è mai stato turbolento o chiassoso come la principessa Anna. Lei ha una personalità molto più forte, molto più estroversa».

Fedele all'indicazione di Elisabetta di «non forzare» il regale allievo, Miss Peebles riuscì comunque a impartirgli la necessaria istruzione di base. Soprattutto fu capace, grazie a un sistema di calcolate ricompense, di suscitare in Carlo i suoi interessi più autentici. Per esempio, dopo aver cominciato ogni mattina le tre ore di lezione con una lettura della Bibbia, il piccolo principe era autorizzato a soddisfare la sua passione per la pittura. La geografia era l'altra materia che lo affascinava, e che grazie all'abitudine di seguire sul mappamondo i viaggi dei genitori riuscì rapidamente a padroneggiare, al punto da collegare correttamente ai diversi Paesi gli ambasciatori che ogni tanto incontrava. La storia invece presentava alla tenace «Mispy» un bel busillis educativo: come raccontare dei re a un bimbo destinato a diventarlo ma a cui doveva insegnare a pensarsi – le avevano raccomandato – come un bambino normale? La sua ingegnosa risposta fu l'invenzione della materia «Bambini nella storia», che riportava le grandi figure alle loro origini, nobili o umili che fossero.

La parte più affascinante delle lezioni dev'essere stata comunque quella pomeridiana, che Miss Peebles dedicava alle escursioni educative. Per il ragazzino cresciuto in un ambiente superprotetto – la nursery della reggia –, in mezzo a un gruppetto di non più di una decina di persone, in grande maggioranza donne, questo significava uscire dalla gabbia dorata e scoprire l'esistenza del mondo. Le passeggiate servivano a incasellare nella sua mente non solo i luoghi ma anche le storie che vi erano connesse: una visita a Windsor coincise con l'investitura di Winston Churchill a cavaliere dell'Ordine della Giarrettiera, il più alto riconoscimento reale; un salto alla Torre di Londra fu l'occasione di un po' di storia della monarchia normanna grazie a una gentile guida dei Beefeaters, secolare corpo di guardia dei sovrani. E prima di andare a vederne la storia a teatro (da sempre un classico per i bambini inglesi), «Mispy» condusse il suo allievo su per le stradine di Highgate Hill sulle tracce del famoso Dick Whittington, il povero bimbo di campagna divenuto nel Medioevo il primo sindaco di Londra, grazie anche al suo leggendario gatto. Le tappe successive furono i maggiori musei londinesi, meta assai apprezzata dallo spirito artistico che covava nel piccolo. Fu in queste circostanze che si presentò per la prima volta il problema che avrebbe angustiato Carlo per il resto della sua vita.

Presto infatti la notizia delle escursioni principesche raggiunse Fleet Street, allora sede delle redazioni di tutti i maggiori giornali. E i direttori non ebbero remore a sguinzagliare cronisti e fotografi sulle tracce dell'erede in libera uscita. Elisabetta cominciò a nutrire seri dubbi sulla realizzabilità del suo progetto di un'educazione regolare per il figlio. Se la pressione della stampa si esercitava perfino su una semplice passeggiata del bambino, o sulla sua apparizione in un museo, che cosa sarebbe successo il giorno in cui si fosse presentato a scuola?

La risposta, poco edificante, sarebbe arrivata presto, ma per il momento la regina non intendeva abbandonare i suoi piani e incaricò l'addetto stampa Richard Colville di passare all'azione. Da ex capitano di Marina, lui scelse l'attacco frontale e l'11 aprile 1955 diffuse un lungo comunicato – «su ordine della regina», specificava la prima riga – che equivaleva a un avviso ai naviganti, in questo caso i giornalisti. I quali venivano cortesemente ma fermamente invitati dalla coppia reale a consentire che «il duca di Cornovaglia possa godere della visita ai musei e altri luoghi di interesse utili alla sua istruzione allo stesso modo degli altri bambini, senza l'imbarazzo di una pubblicità costante», fastidiosa per lui ma anche per la vita normale di tutti gli altri attorno. In piena «età della deferenza», i direttori dei giornali chinarono il capo e richiamarono i loro segugi. Per qualche mese governante e allievo poterono vagare per Londra, perfino giù nella metropolitana, in perfetto anonimato, con la sola familiare compagnia del sergente Kelly.

Questo periodo di grazia nell'ancor breve vita di Carlo si concluse nell'autunno 1956. A Elisabetta sembrò che il bambino fosse maturato abbastanza da azzardare il gran passo che aveva in mente:

mandarlo a scuola coi suoi futuri sudditi. Beh, in Parlamento quei pericolosi sovversivi dei laburisti avevano in effetti già chiesto che il futuro sovrano fosse iscritto come un qualsiasi bimbo inglese a una scuola elementare statale, ma non era certo questo che Sua Maestà aveva in mente. La sua scelta era caduta ovviamente su un istituto privato riservato ai figli dell'élite. La Hill House School era stata fondata cinque anni prima a Hans Place, giusto dietro l'elegantissimo *Harrods* e a due passi dalla reggia, dal colonnello Henry Townend, un quarantenne che era stato giocatore di football a Oxford e atleta di punta del movimento olimpico inglese.

Il programma della scuola, addirittura affisso sul muro che costeggiava i gradini d'ingresso, presentava quegli accenti marziali così graditi al duca di Edimburgo, accompagnati da un inno alla competizione che avrebbe potuto intonare, qualche decennio dopo, la signora Thatcher. «Un senso di rivalità deve essere incoraggiato», scriveva il preside-colonnello, «e un ragazzo deve essere guidato a scoprire qualcosa in cui può eccellere. Deve essere addestrato a reagire rapidamente nelle emergenze, avere un buon senso di equilibrio e controllo, avere la forza e l'abilità di tirarsi fuori da una situazione pericolosa, e la spinta a vincere.» L'impero era svanito, ma i tipi alla Kipling abbondavano ancora.

Nell'autunno 1956 Carlo cominciò a frequentare la scuola ma solo part-time, nel pomeriggio, unendosi alle attività sportive dei coetanei in modo da abituarlo gradualmente a mescolarsi con gli altri bambini. L'esperimento sembrò funzionare e la stampa non si mostrò invadente, accontentandosi di un paio di foto dell'erede sgambettante su un campetto di calcio (non che il gioco gli sia mai piaciuto). Ma la moratoria per il principino stava per finire.

A novembre compì otto anni e a Natale dovette dire addio a «Mispy», preparandosi ad affrontare la scuola a tempo pieno e anche uno dei maggiori choc della sua infanzia. Non era infatti solo Miss Peebles ad aver terminato il suo lavoro: anche l'amatissima tata Helen Lightbody andò in pensione poco dopo, e così in un sol colpo Carlo perse le due principali figure di riferimento dei suoi anni verdi, con le quali aveva passato molto più tempo che con i genitori. La loro partenza non fece che aumentare il suo senso di isolamento e di abbandono, lasciandolo in uno stato d'animo agitato e ansioso di fronte all'esperienza – potenzialmente traumatica per tutti i bambini – del primo giorno di scuola.

Per lui, anche questo semplice rito universale di passaggio diventava in effetti una pagina di storia, a dispetto di tutta la retorica sulla sua pretesa «normalità». Ma cosa c'era di normale in un ragazzino che a quattro anni era già stato inserito dalla stampa tra i dieci uomini più eleganti del mondo (tra gli altri il maresciallo Tito, Charlie Chaplin e Fred Astaire)? Che viveva in una reggia, e addirittura nel suo appartamento privato con valletti e maggiordomo? Che aveva macchina, autista e guardia del corpo? E non aveva mai preso un bus, mai contato spiccioli, mai comprato una bottiglia di latte? Per la prima volta, il 28 gennaio 1957 un erede al trono inglese metteva piede a scuola. Ma, inevitabilmente, ci arrivava sulla berlina Lincoln Zephyr guidata dallo chauffeur, accompagnato dalla governante e accolto sui gradini dal preside Stuart Townend felice come una Pasqua.

Il primo giorno filò via liscio come l'olio. Il colonnello aveva già avvertito i suoi centoventi privilegiati allievi di accogliere il nuovo compagno come uno di loro, chiamandolo semplicemente Carlo (ma per il personale, e il registro scolastico, era invece il «principe Carlo»). Lui prese posto tra i compagni nell'aula della Form Six, apprezzò il pasto di manzo bollito e carote concluso da una fetta di torta di mele, e dopo pranzo eseguì il suo primo disegno scolastico, un acquerello della Torre di Londra firmato Carlo. Alle tre e mezzo la Zephyr lo riportò a casa, dove poté riferire alla mamma tutto quello che aveva fatto. Sua Maestà si convinse, sollevata, che la sua scelta era stata giusta. Ma il sollievo durò solo mezza giornata.

L'indomani mattina una folla enorme assediava la scuola. Giornalisti e fotografi, certo, ma anche genitori e parenti degli altri bambini, nonché gli abitanti del quartiere, l'elegante Knightsbridge. Avevano appreso dai giornali dell'illustre presenza sui banchi e non volevano rinunciare a una sbirciatina. Elisabetta esitò a mandare il figlio in classe in quelle condizioni, ma infine si lasciò convincere dal preside Townend. Carlo arrivò all'istituto con trentacinque minuti di ritardo e per entrare dovette sottoporsi alle forche caudine di reporter e curiosi. Stessa scena all'uscita e poi ancora il giorno seguente. Era chiaro che così non si poteva andare avanti, né per il reale scolaro, né per i suoi compagni, né per la pace del quartiere.

La regina tenne il figlio a casa e mandò di nuovo in campo il comandante Colville, che chiamò al telefono uno per uno i direttori della grande stampa, ricordando loro il comunicato da lui emesso un anno e mezzo prima e l'impegno che avevano assunto; alla fine chiese l'immediato richiamo degli importuni segugi che stazionavano sul marciapiede di Hill House rifiutando di sgombrare il campo. I giornali furono costretti ad arrendersi e Carlo poté completare il primo capitolo della sua complicata educazione.

8
Riccardo III in pantaloni corti

Nell'agosto 1957 tutti i leali sudditi di Sua Maestà Elisabetta II furono scossi e indignati dall'attacco frontale alla sovrana mosso niente di meno che da un Pari del regno, peraltro ardente monarchico. Ma a lord John Altrincham, proprio perché il trono stava profondamente a cuore, sembrò ormai impossibile tacere che la regina aveva «deplorevolmente mancato di vivere al passo coi tempi», i suoi discorsi sembravano quelli di «una scolaretta boriosa» e la sua Corte, a differenza della società che avrebbe teoricamente dovuto riflettere, rimaneva «una piccola rinserrata enclave di *ladies* e *gentlemen* inglesi». Come ricompensa per la sua impudenza, il benintenzionato lord Altrincham (che avrebbe in seguito abbandonato il titolo per diventare semplicemente John Grigg) rimediò da un fanatico monarchico uno schiaffo in pieno viso, ripreso dalla tv. Ma le sue critiche, ed esortazioni, non passarono senza accendere una riflessione nella loro illustre destinataria.

Più di qualcuno vide un effetto dell'intemerata di Altrincham nella decisione di Elisabetta di rivolgere per la prima volta dalla televisione gli auguri di Natale di quell'anno. Così come sembrò evidente un mutamento di accenti nei discorsi reali che, per quanto sempre pronunciati nel tono acuto e *cut-glass* delle classi alte, mostrarono meno condiscendenza e minori concessioni agli stereotipi ottocenteschi. Su un punto, tuttavia, la regina e il marito non erano disposti a transigere.

Il lord ribelle non aveva tralasciato di occuparsi anche dell'educazione dell'erede al trono, commentando l'annunciata decisione della sovrana e di Filippo di «mandare il figlio a scuola con i suoi coetanei per imparare», aveva sottolineato il duca, «a vivere con gli altri ragazzi e ad assorbire fin dall'infanzia la disciplina imposta dall'essere educati con altri». Ottima idea, secondo Altrincham, purché Elisabetta non pensasse a una delle esclusive scuole primarie private per i rampolli dell'élite. «Avrà la saggezza», aveva scritto sulla sua rivista, la *National and English Review*, «di dare ai suoi figli un'istruzione molto diversa dalla sua? Farà in modo, soprattutto, che il principe Carlo sia attrezzato con tutta la conoscenza che può assorbire senza pregiudizio per la sua salute, e che durante i suoi anni formativi si mescoli con ragazzi che un giorno saranno autisti di bus, scaricatori, tecnici eccetera, e non soltanto con futuri proprietari terrieri o agenti di Borsa?»

Ai Comuni la minoranza di sinistra del Partito Laburista raccolse al volo l'assist e tirò in porta: traducendo la letteratura in politica, chiese né più né meno che il futuro sovrano fosse spedito in una scuola statale, per mischiarsi con i meno ricchi e privilegiati dei suoi sudditi. La risposta di Elisabetta fu intransigente come sempre accadeva quando le sembrava che volessero imporle qualcosa. Carlo sarebbe andato in una *boarding school*, un collegio privato scelto tra quelli in cui si è sempre formata l'élite aristocratica, economica e intellettuale della società britannica.

L'idea del trasferimento in un convitto, secondo i tradizionali modelli di educazione dell'*upper class*, non era stata ovviamente discussa nemmeno da lontano con il diretto interessato, che nel caso avrebbe di certo opposto il suo flebile no. Nella scuola di Hill House si era dopo tutto ambientato, se la cavava bene a leggere e scrivere, meno bene in matematica, benissimo a disegnare e dipingere – due attività che «semplicemente ama», riporta il giudizio scolastico –, e mostrava una buona attitudine musicale. Soprattutto, a metà pomeriggio Carlo poteva tornare nel rifugio sicuro e confortevole della sua residenza reale, senza le tate ma pur sempre in famiglia, con mamma, sorella e nonna a portata di mano. Per quanto ormai prossimo ai nove anni, il principe rimaneva una creatura eminentemente insicura e vulnerabile. Ed era precisamente questo che il padre intendeva «curare» spedendolo in un ambiente «spartano e disciplinato» che gli avrebbe finalmente raddrizzato la schiena.

La scuola prescelta dal duca di Edimburgo era, manco a dirlo, la sua. La Cheam è un pezzo di storia inglese, la più antica *prep school* dell'isola, fondata nel 1645 per «i figli dei nobili e della *gentry*» (la classe dei proprietari terrieri della nobiltà minore). Filippo ci era arrivato negli anni Trenta grazie alla generosità dei parenti materni, i principi Battenberg anglicizzati Mountbatten, gli unici a prendersi cura di lui. Provenendo da una disastrosa situazione famigliare, con la madre in una clinica psichiatrica e il padre totalmente assorbito dalla *débauche* patrizia, la scuola gli era parsa perfino accogliente, e comunque si era adattato benissimo. Il figlio, che fece il suo ingresso il 23 settembre 1957, aveva invece vissuto tutti i suoi quasi nove anni in una reggia o nell'altra, e dopo due giorni alla Cheam era già divorato dalla nostalgia di casa. Anzi, anche prima d'arrivarci.

È sua madre a ricordarlo tremante di spavento all'inizio del lungo viaggio in treno da Balmoral a Londra, e poi in auto fino a Headley, nell'Hampshire, la nuova sede del collegio distante un centinaio di chilometri dalla capitale. Carlo scese dall'auto nell'uniforme grigia della scuola, salutò compitamente il preside Peter Beck onorato di accogliere i reali, e restò fermo in cortile a vedere allontanarsi la berlina che riportava i genitori a Londra.

David Munir, l'insegnante di matematica incaricato di tener d'occhio il principino, ha raccontato al biografo Dermot Morrah di averlo cercato poche ore dopo in giro per la scuola. E di aver finalmente visto un ragazzo piccolino «molto bisognoso di un taglio di capelli», che se ne stava in un angolo, una figura solitaria e profondamente avvilita. È un'immagine che si sovrappone al ricordo che il giovane Carlo dichiarava di quei primi giorni a Cheam: «I più infelici della mia vita».

La routine quotidiana in cui era adesso costretto a immergersi confermava le peggiori aspettative della prima visita che aveva fatto alla scuola in estate, assieme ai genitori e alla sorella. Come ha raccontato al suo biografo Anthony Holden, la mamma aveva dato un'occhiata ai letti di legno vecchi di due secoli e privi di molle, sormontati da rigidi materassi di crine, e lo aveva avvertito in tono asciutto: «Non potrai saltare su e giù su questi letti». Ma non era nemmeno il male maggiore. Per la prima volta in vita sua l'erede al trono, abituato alle comodità e ai privilegi del Palazzo, era costretto a dividere una stanza dal pavimento di legno senza moquette con altri ragazzi, a rifarsi il letto, a lucidarsi le scarpe, a servire i compagni a tavola e a tenere tutti i suoi abiti in una cesta di vimini sotto il letto (nel gergo scolastico «la cesta del cane»). Se era un'educazione spartana quella che papà Filippo voleva per lui, beh, non c'è dubbio che l'aveva trovata.

Non era soltanto questione di comodità domestiche. I nuovi compagni di scuola a Cheam erano decisamente più grandi di quelli di Hill House. E quanto quelli si erano mostrati accoglienti e disponibili, tanto questi altri si facevano quasi un punto d'onore di mostrarsi sgarbati e ostili nei confronti dell'erede al trono. Nonostante le istruzioni del preside Beck di accettare di buon grado il nuovo arrivato e di trattarlo come uno di loro, ben pochi erano disposti a farlo. Più numerosi quelli che combinavano qualche birichinata e cercavano di far ricadere la colpa su di lui, nell'aspettativa sicura di godersi un certo numero di colpi di canna inflitti alle terga reali. Per la prima volta in vita sua Carlo si trovò a sperimentare la condizione dell'escluso, spesso anche umiliato. E dal momento che non gli era mai toccato niente del genere, non aveva nemmeno idea di come imporre la sua presenza agli altri. Così le prime notti nel dormitorio di Cheam furono soprattutto un tempo di pianti silenziosi e inconsolabili, in cui si sfogava tutta la nostalgia di casa.

La famiglia non faceva certo molto per attenuare la sua *home-sickness*. La regina si atteneva alla regola della scuola di tre visite per ogni trimestre, e non sembra che abbia mai pensato di richiamare il figlio a casa in occasione di speciali ricorrenze reali. L'unica eccezione fu nel 1960, per il matrimonio della sorella Margaret con il fotografo alla moda Tony Armstrong-Jones, poi elevato al titolo di conte Snowdon. Il legame con i genitori, nell'era della felice assenza dei telefonini, si condensava nell'abituale lettera settimanale, però è proprio questo il tempo in cui si consolidò invece il rapporto con «zio Dickie». Lord Mountbatten, lo zio di Filippo che era stato anche l'astuto Cupido del matrimonio reale, diventò allora per Carlo l'unica figura maschile di riferimento alternativa a quella caporalesca del padre.

La corrispondenza epistolare tra i due mostra l'affetto e il calore che il principe cercava inutilmente nei suoi famigliari più stretti. Negli anni, il rapporto si sarebbe sviluppato fino a trasformare Mountbatten in una specie di «nonno putativo», e anche molto manipolativo, del giovane principe. Nel frattempo, se ne guadagnò l'eterna riconoscenza facendogli arrivare una bicicletta come regalo di un Natale particolarmente triste.

L'importanza che il conte di Burma (titolo concessogli in riconoscimento delle sue imprese belliche) aveva acquisito nella vita dell'erede al trono appare confermata dalle reazioni di Carlo alla sua tragica morte. Mountbatten, com'è noto, fu ucciso dai miliziani nazionalisti dell'IRA il 27 agosto 1979 con un bomba collocata sulla sua barca da pesca *Shadow V*, giusto di fronte alla costa irlandese del Donegal. Con lui c'era un gruppo di parenti, in vacanza nel castello di famiglia sulla costa occidentale dell'Irlanda. Il conte, il nipote Nicholas Knatchbull, la consuocera Doreen Brabourne e il giovanissimo mozzo irlandese Paul Maxwell rimasero uccisi sul colpo, i corpi ridotti a brandelli da 25 chili di tritolo. La figlia Patricia, il marito John e l'altro figlio Timothy riportarono ferite gravissime, che li costrinsero a una lenta e dolorosa guarigione. L'IRA rivendicò l'attentato definendolo «un'esecuzione» per la continua occupazione dell'Ulster da parte degli inglesi, ai quali i terroristi intendevano «strappare il loro sentimentale cuore imperialista».

Quello di Carlo l'avevano sicuramente lacerato. Il principe ricevette la notizia, certo la più traumatica della sua vita, mentre era in vacanza con amici in Islanda per una battuta di pesca. Fu devastato dal dolore, che lasciò tracimare senza remore nel suo diario, scrivendo che semplicemente non poteva «credere che fosse realmente successo» e consegnando alla pagina le emozioni del momento, «sofferenza, incredulità, una specie di disperato intorpidimento» seguito da una feroce determinazione a vedere il delitto punito: «La vita deve andare avanti, immagino, ma questo pomeriggio devo confessare che volevo si fermasse. Mi sono sentito completamente inutile, impotente». Si era legato oltremisura al prozio sin dal primo incontro, quando a soli cinque anni era stato suo ospite a Malta. Più tardi, nel 1958, Mountbatten si era sentito toccato dal privilegio di essere il primo a condurre l'appena creato principe del Galles nelle terre ora diventate sue, in crociera sul panfilo *Britannia* fino all'isoletta di Holyhead, di fronte alla più nota Anglesey.

Padre di due figlie avute dalla moglie Edwina, una protagonista della mondanità del tempo, il conte vedeva forse nel piccolo Windsor il maschio che gli era stato negato. «Uno sente la mancanza di un figlio...» si lasciò sfuggire una volta. Rimediò adottando, almeno nell'affetto, il pronipote. Che a sua volta, con una madre a dir poco distante e un padre severo fino alla brutalità, era ben felice di farsi adottare.

Il legame tra i due divenne, non a caso, particolarmente stretto durante l'adolescenza di Carlo, quando il ragazzo trovò nell'anziano ascolto, comprensione, incoraggiamento. Lui c'era sempre, ed era il solo che potesse muovere critiche anche aspre sicuro comunque di essere ascoltato, perché era anche quello che non lesinava le lodi quando erano meritate. Per il principe, in lui si combinavano i ruoli di «nonno, prozio, padre, fratello e amico». Un anno prima della morte, in una lettera scherzosa gli aveva scritto: «Non so proprio come farò senza di te quando tu alla fine deciderai di andartene». E quando, inatteso, il momento arrivò, il principe annotò sul diario che la vita senza di lui non sarebbe «mai più stata la stessa».

Sembra incredibile che negli anni più formativi Carlo abbia dovuto cercare in un parente lontano le attenzioni che ogni famiglia normale riserva ai suoi piccoli. Eppure era evidente a tutti, amici e parenti compresi, che si trattava di un ragazzino estremamente sensibile, molto gentile, molto dolce. Peccato che un padre egocentrico scambiasse questo per debolezza e fosse deciso invece a fare del primogenito quella specie di gladiatore che lui stesso aveva dovuto diventare per sopravvivere. E che la madre a sua volta fosse troppo impegnata per dare un bacio o un abbraccio, per offrire insomma quel genere di contatto che conferma fisicamente l'amore materno.

Che il figlio «esiliato» nel piovoso Hampshire fosse «totalmente infelice» non sfuggiva certamente a Elisabetta. Tanto che in una lettera all'ex premier Anthony Eden a inizio 1958, sul finire delle vacanze invernali, scriveva: «Carlo ha appena cominciato a tremare per il ritorno a scuola la settimana prossima. Il secondo trimestre sembra molto peggio!» Ma come sempre, di fronte ai nodi emotivi che non sapeva sciogliere, la regina semplicemente si astenne dall'intervenire.

Costretto a lottare per farsi accettare, a Cheam il ragazzo imparò comunque, assicura il preside Beck, a mescolarsi con gli altri, anche se nelle descrizioni dei compagni del tempo lui continua ad apparire piuttosto come un lupo solitario. Al branco chiassoso dei coetanei preferiva la compagnia più ristretta di uno o due di loro, confermando l'abituale difficoltà a fare amicizia. Che lui stesso, da adulto, ha spiegato come il risultato di una diffidenza incrociata: spesso i ragazzi che lui giudicava più interessanti si tenevano lontani per evitare di essere bollati come «leccapiedi», mentre a cercare di spacciarsi per amici erano tipi che a lui non piacevano.

La cosa certa è che, per quanto ferito dai molti episodi di bullismo ai suoi danni, Carlo non si faceva mettere sotto, e imparò a reagire. Era molto sensibile alle prese in giro dei suoi difetti fisici, soprattutto della sua rotondità. Ha raccontato di aver impiegato giorni a riprendersi dopo che in una mischia di rugby uno dei giocatori finito sotto di lui nel mucchio, gli strillò: «Oh, togliti di mezzo, grassone!» Ma se le prendeva, le sapeva anche restituire, come conferma la testimonianza di un barbiere di *Harrods*, Cecil Cox, che visitava regolarmente la scuola. Uno dei ragazzi più grandi costrinse il principe a mettere la testa sotto il rubinetto dell'acqua fredda. Appena liberatosi, lui corse a riempire di acqua gelida una vasca da bagno e ingaggiò un corpo a corpo con il suo assalitore finché non riuscì a gettarlo dentro tutto vestito, anche a costo di finirci pure lui. Questo succedeva nel primo trimestre, e quando l'episodio fu doviziosamente riportato dalla stampa il principe Filippo diede sfogo alla sua rabbia: «Perfino il barbiere della scuola è a libro paga dei giornali».

* * *

In effetti, la pretesa «normalità» di Carlo non s'impigliava solo nel misto di freddo ossequio e calda animosità che gli riservavano i compagni di scuola, ma ancora più nella caccia spietata della stampa. Il tentativo dei dirigenti di Cheam di venire a patti con i segugi di Fleet Street aveva prodotto risultati patetici. Ai cronisti era stato concesso di fare un tour della scuola prima che il principe cominciasse a frequentarla, ma loro, anziché accontentarsi, avevano sfruttato l'occasione per una ricognizione attenta delle opportunità di intrusione. E nel vasto perimetro della tenuta, le falle erano tante. Il detective incaricato di proteggere il reale alunno teneva alla larga gli intrusi, ma non sempre ci riusciva.

In spregio dell'impegno assunto a rispettarne la tranquillità, i giornali sembravano letteralmente affamati di storie sul principino. Un esame statistico delle diverse testate ha rivelato che sugli ottantotto giorni del primo trimestre scolastico, ben sessantotto videro la pubblicazione di storie riguardanti Carlo sull'uno o sull'altro giornale. Per riuscirci, allora come oggi, gli editori dei tabloid erano pronti a pagare profumatamente, come sospettava non senza ragione il principe Filippo. A scuola cominciarono a spargersi voci molto antipatiche su alunni o perfino personale docente già «comprati» dalle bustarelle dei cronisti. Il clima si stava facendo velenoso e Sua Maestà entrò urgentemente in azione.

Alla fine del primo trimestre, durante le vacanze di Natale, l'addetto stampa della regina convocò a Palazzo per un incontro i direttori di tutti i giornali britannici. Da buon stratega, il comandante Colville diede subito la parola a Peter Beck. Il preside della Cheam descrisse in toni indignati la situazione in cui la scuola era stata sprofondata dall'invadenza di cronisti e fotografi. La fastidiosa sensazione di essere costantemente spiati, i tentativi di corrompere ragazzi e docenti, anche se nessuno apparentemente andato a buon fine. Insomma, a causa della stampa l'esordio scolastico di Carlo era stato infelice non solo per lui ma anche per tutti quelli attorno a lui. Fu a questo punto che Colville calò l'asso. O la caccia si fermava, e i giornali si impegnavano a pubblicare solo le notizie di effettivo rilievo sul principe, oppure la regina avrebbe abbandonato il progetto di educare il figlio fuori dalle mura del Palazzo. Sulla stampa sarebbe ricaduta interamente la colpa di aver fatto fallire il primo esperimento di allevare il futuro sovrano in modo «democratico». Era un ricatto morale al quale gli editori non potevano che inchinarsi, anche se Carlo sarebbe stato loro grato del contrario.

È pure vero che sei mesi dopo, nell'estate 1958, sarebbe stata proprio Elisabetta ad attirare l'attenzione del *press pack* sul capo del figlio come mosche sul miele. Era la fine del trimestre estivo, il suggello del primo anno del principe a Cheam. Il 26 luglio la sovrana era attesa a Cardiff per la cerimonia di chiusura dei Giochi del Commonwealth ma, a causa di un'operazione di sinusite, non poté presentarsi. Mandò in sua vece Filippo con un messaggio registrato su nastro, da ritrasmettere per altoparlante nello stadio di Arms Park. Il principino e pochi suoi amici si erano raccolti nello studio del preside Beck per seguire l'evento in tv. E fu lì che, dopo aver udito la voce incorporea della madre anticipare «un atto che darà, spero, tanto piacere ai gallesi quanto ne dà a me», la sentì aggiungere nell'eccitato brusìo dell'arena: «Oggi intendo creare mio figlio Charles principe del Galles». Lo stadio esplose in una vera ovazione, che costrinse gli organizzatori a bloccare il nastro della registrazione. Alla ripresa, quando clamore e applausi si furono finalmente calmati, la voce leggermente stridula della regina poté riprendere: «Quando sarà cresciuto, ve lo presenterò a Caernarvon».*

Solo un fulmine avrebbe potuto produrre lo stesso effetto sul faccino di Carlo, mentre gli amichetti si univano agli applausi e

* Secondo la tradizione, il castello simbolo della sovranità gallese prima della conquista inglese. E dove, per volere di Giorgio V, per la prima volta fu coreografata l'investitura del futuro Edoardo VIII, nel 1911.

agli urrà della televisione. Molti anni dopo, nel 1969, in occasione della cerimonia formale dell'investitura, lui stesso avrebbe ricordato quel momento in un'intervista tv: «Ero profondamente imbarazzato [...]. Penso che per un ragazzino di nove anni fosse piuttosto sconcertante. Tutti gli altri si voltavano a guardarmi sbalorditi». Lì per lì non capì nemmeno il significato preciso dell'annuncio, ma crescendo gli risultò chiaro che cosa quel titolo volesse dire, assieme agli altri che lo accompagnavano automaticamente: la dignità di conte di Chester, la più antica di tutte, conferita per la prima volta nel 1254 al futuro Edoardo I, e quella di Knight Companion del Nobilissimo Ordine della Giarrettiera, il più vetusto ordine cavalleresco d'Europa. Nello studio del preside di Cheam, quel pomeriggio, lo scolaro a cui si fingeva di insegnare a essere «come tutti» si era definitivamente trasmutato, senza saperlo, nel simbolo stesso dell'anacronismo monarchico.

Per irritato che fosse con la stampa, papà Filippo aveva comunque qualche ragione di congratularsi con se stesso per la scelta della scuola. In un modo o nell'altro il carattere dell'erede si irrobustiva, e anche il curriculum scolastico segnava qualche punto. Tranne che in matematica, per lui sempre *terra incognita*, più o meno come greco e latino. Eccelleva invece in geografia, e anche la storia, così densa di sovrani che erano dopo tutto suoi antenati, restava uno dei suoi punti forti. L'attività sportiva invece non lo entusiasmava. Lento, grassoccio e poco coordinato, era ben lungi dal brillare come il padre sui prati del cricket o sui campi di calcio e rugby: non era, e non è mai stato, adatto al gioco di squadra, polo a parte. Durante le vacanze a Balmoral il duca cercava di fargli fare pratica di cricket, ma il ragazzo non segnava un punto. Fu invece una vera scoperta, per lui e per gli altri, il talento che tirò fuori sul palcoscenico di Cheam, dove il teatro era apprezzata attività ricreativa. E certamente esercizio utile per un uomo destinato a «recitare» in pubblico per il resto della vita.

Qui lascio il resoconto di una «prima», particolarmente significativa, a una critica pregiudizialmente favorevole ma colorita: la nonna. «Dopo pochi minuti sul palcoscenico avanzò zoppicando una creatura di aspetto orribile», scrisse la Queen Mum alla figlia, come sempre assente, «un individuo volgare e maligno, con una smorfia tremenda sulla bocca storta. E con mio orrore, mi resi conto che questi era il mio caro nipote!» L'interpretazione di Riccardo III, nel collage shakespeariano dal titolo *The Last Baron*, incentrato sull'ultimo re Plantageneto, fu un autentico trionfo per Carlo, come certificato dal critico teatrale del *Cheam School Chronicle*: «Il principe Carlo ha recitato il tradizionale Gloucester con competenza e profondità. Aveva buona voce ed eccellente dizione, e ha reso molto bene l'ambizione e l'amarezza del perverso gobbo». Si direbbe quasi una premonizione, visto che la parte gli imponeva anche questo verso: «E possa io presto ascendere al trono...»

9
La mistica della doccia gelata

ALLA fine dei suoi cinque anni a Cheam, i tratti caratteriali che avrebbero accompagnato Carlo anche nell'età adulta erano ormai fissati. Ancora insicuro di sé come al momento in cui era entrato nella scuola, il principe mostrava però già i primi segni dell'uomo riflessivo che sarebbe diventato. Quasi sempre, almeno, giacché non si è mai liberato delle occasionali fitte di rabbia che ha palesato perfino al momento di firmare l'atto di successione, quando è esploso per l'inopportuna presenza di un calamaio sulla traiettoria della mano. A Cheam ha anche maturato il preciso senso del dovere che l'avrebbe guidato da adulto, e all'epoca manifestava nello svolgimento dei suoi compiti in collegio, anche quelli più umili come spazzare la camerata o rigovernare dopo il pranzo. Un'altra caratteristica che non avrebbe mai perso è l'estrema gentilezza, benché sul campo di calcio producesse effetti anche comici: non mancava mai di scusarsi con l'avversario dopo averlo buttato a terra con un maschio *tackle*.

Questa cavalleresca cortesia mi avrebbe molto colpito quarant'anni dopo, quando gli fui presentato per la prima volta al ricevimento nel castello di Windsor di cui ho raccontato all'inizio del libro. Giocherellando coi gemelli dei polsini, come fa sempre per tenere le mani occupate, il futuro sovrano si arrestò davanti a me e mia moglie con l'aria di una persona genuinamente curiosa degli altri. Lo sguardo, il sorriso indicavano una personalità aperta e disponibile, improntata alla gentilezza con cui poneva le domande e interloquiva sulle risposte. Per il primo incontro con uno sconosciuto, per di più appartenente alla detestata categoria dei giornalisti, mi sembrò uno straordinario esercizio di buone maniere. All'apparenza, un bell'esempio di mancanza di albagia in un discendente di innumerevoli generazioni di re.

Mi chiesi allora, conoscendo le vicende della sua educazione, quanto avessero influito sulla sua formazione i colpi di canna dispensati dagli insegnanti di Cheam. La risposta l'aveva già data lui stesso in un'intervista a *Radio Times*, nel 1981: «Io sono uno di quelli per i quali le punizioni corporali di fatto hanno funzionato. Avevamo due presidi che si davano il turno a picchiarci...» Qualunque fosse la ragione della punizione, «non l'ho fatto mai più». Come fumare, per esempio. Ci provò dietro le siepi della scuola e fu subito beccato. La successiva sculacciata deve aver contribuito alla sua permanente avversione al fumo, alla cui schiavitù ha sottratto anche Camilla: dopo tutto, gliel'ha chiesto come dono di nozze.

Se dal punto di vista del profitto scolastico l'allievo che lasciava Cheam era totalmente nella media (ma al di sopra per intelligenza, giuravano gli insegnanti), non c'è dubbio che socialmente fosse un ragazzo molto più maturo della sua età. Aveva proprietà di linguaggio, maniere compite e un senso del decoro assorbito direttamente dalla sua augusta famiglia. Non sono tanti i giovinetti di tredici anni che, invitati a pranzo a Buckingham dalla mamma regina con personaggi eminenti, sono in grado di sostenere una conversazione con un paio di vescovi, un direttore di giornale, il presidente della BBC, un leader sindacale e via elencando.

Giunto all'adolescenza, Carlo sembrava anche aver stabilito un legame con il padre che aveva disertato la sua infanzia, ma che lui comunque idoleggiava. Ne imitava inconsciamente gli atteggiamenti e cercava di guadagnarsi la sua approvazione obbedendogli ciecamente in tutto e per tutto. Il duca, da parte sua, incoraggiava il suo entusiasmo per gli sport tipici dell'aristocrazia terriera, dalla caccia a cavallo alla pesca nei fiumi. A dieci anni lo portò con sé per la prima spedizione insieme a sparare alle folaghe, negli acquitrini di Hickling Broad, non lontano da Sandringham. E ad appena dodici anni gli insegnò a guidare una Land Rover. In un'intervista alla BBC, l'erede ormai ventunenne riconosceva che il genitore aveva avuto su di lui «un'influenza particolarmente forte, e molto buona per me. Mi fidavo completamente del suo giudizio».

Forse avrebbe fatto bene a fidarsi di meno, perché nemmeno i rigori di Cheam l'avevano preparato alla destinazione dove il padre stava per spedirlo, nel bel mezzo della gelida brughiera scozzese. La sua sventura aveva un nome: Gordonstoun. Per Filippo non c'era mai stato il minimo dubbio che, dopo aver frequentato la sua stessa *prep school*, il figlio avrebbe seguito i suoi passi anche per le superiori.

Il passaggio di Carlo a Gordonstoun, e il racconto che lui ne ha fatto, hanno contribuito a diffondere una certa immagine da caserma della scuola affacciata sul Moray Firth, oggi peraltro tanto cambiata da aprirsi anche alle donne. Ma la sua origine e i suoi dichiarati obiettivi educativi l'hanno sempre resa alquanto diversa, come spirito, dalle abituali *public schools* riservate ai figli dell'élite britannica, tipo Eton, Harrow, Winchester. Gordonstoun nasce come ideale prosecuzione della scuola fondata in Germania negli anni Venti, nel castello-monastero di Salem, dal principe Max di Baden, ultimo cancelliere del Kaiser tedesco trasformatosi in ardente pacifista. Il suo scopo, dopo essere stato corresponsabile della catastrofe nazionale nella Grande Guerra, era di ricostruire la gioventù tedesca addestrando «soldati che sono al contempo amanti della pace». Da qui metodi educativi severi e fisicamente impegnativi, ma radicati in un ethos pacifista e indirizzati a formare «uomini d'azione e di visione, capaci di immaginare le conseguenze delle loro decisioni».

Con l'arrivo di Hitler al potere nel 1933, a Kurt Hahn, segretario-assistente del principe Max e per di più ebreo, non era rimasto che scappare in Inghilterra. Grazie al sostegno di amici britannici, aveva potuto negoziare un lungo contratto d'affitto per una residenza signorile del Settecento circondata da oltre 100 ettari di bosco e brughiera vicino a Elgin, nella contea scozzese del Morayshire. Lì Hahn decise di riprendere, nell'estate 1934, l'esperimento di Salem, con appena una trentina di allievi tra i quali il principe Filippo, che sarebbe diventato lo studente più illustre nonché il più encomiastico propagandista dell'istituto.

La vita a scuola era durissima, centrata su un vero e proprio culto dell'esercizio fisico che andava ben oltre la pratica sportiva tipica delle *public schools* inglesi. Per Hahn era essenziale che i suoi pupilli trascorressero la maggior parte del tempo all'aria aperta, non solo per rinvigorire il corpo ma per ripulire la mente dalle idee inquinanti della decadente società contemporanea. Gli antidoti a questa «civiltà malata», come il nuovo Mosè la definiva in una conferenza a Glasgow nel 1962, erano «semplice esercizio fisico, addestramento alle imprese avventurose e allenamento alle attività di soccorso e salvataggio». Il valore essenziale, ben più delle nozioni scolastiche, era il senso di servizio alla collettività, e questo veniva instillato nei ragazzi grazie al loro volontariato nella vicina cittadina di Elgin, dove si dividevano tra i pompieri, la guardia costiera e il pronto intervento in montagna. Molto più che una tradizionale *boarding school*, il fondatore di Gordonstoun ambiva a creare in mezzo alla brughiera una minirepubblica platonica all'insegna dell'ideale classico di armonia tra corpo e mente, e del sognato connubio tra potere e filosofia.

Nel perseguimento di questi sublimi scopi educativi, la capacità, l'inventiva, le risorse – fisiche e intellettuali – degli allievi venivano severamente testate, con prove di resistenza a terra e in acqua fino ai limiti estremi. Per i tipi tosti, estroversi, ansiosi di affermazione sociale come Filippo, Gordonstoun poteva anche essere un ambiente ideale. Per un ragazzo sensibile e introverso come il figlio poteva solo essere, per usare le sue parole, *absolute hell*, puro inferno.

Eppure, a dispetto della repulsione per l'ambiente dov'era predicata, l'utopia platonica della scuola fece presa su Carlo come l'aveva fatta sul padre. Ancora nel 1987, il principe del Galles andava sostenendo l'introduzione di un servizio obbligatorio alla comunità in luogo del servizio militare, che in Gran Bretagna era già stato abolito, a differenza degli altri Paesi europei. Ma l'influenza di Hahn non è rimasta limitata a questo. È chiaramente rintracciabile nelle idee di Carlo sull'architettura, l'urbanistica, l'ambiente, e in generale nell'evidente diffidenza che manifesta verso la «degenerazione» della contemporaneità. L'interesse giovanile per Platone suscitato negli anni di Gordonstoun è diventata la passione della maturità. Ora che ha finalmente ereditato la Corona, gli sarà facile per forza di cose riportare l'idea del re filosofo nell'ambito dei miti. Da sovrano, Carlo è obbligato a evitare antiche suggestioni che presentano il rischio di alimentare una pericolosa tentazione: l'«attivismo» reale nella monarchia costituzionale britannica rasenta l'eversione.

Quando le prime indiscrezioni sull'imminente iscrizione a Gordonstoun del principe del Galles raggiunsero la stampa, i giornali si fecero un dovere di informare i lettori della filosofia e delle condizioni di vita nella mistica scuola tra il gelo e l'erica delle Highlands scozzesi. Le descrizioni contribuirono a far correre parecchi brividi lungo la schiena di Carlo. E gli incubi raddoppiarono dopo una visita esplorativa della scuola assieme ai genitori. Se Cheam era spartana, Gordonstoun era addirittura siberiana, e non solo per la temperatura: dormitori scrostati con pavimento di ruvido tavolaccio di legno, al posto dei letti giacigli spaiati duri pure per la truppa, e l'illuminazione affidata a nude lampadine appese al filo. Più che camerate, sembravano capanne esposte ai venti gelati del Mare del Nord, che gli allievi affrontavano del resto a gambe nude e in maglietta.

L'impressione che la scuola fece su Carlo fu «decisamente macabra». Ma anche la regina ne fu alquanto sconvolta, tanto più che stavolta si trattava di sbattere il figlio in mani sconosciute letteralmente in cima al mondo, o all'isola quanto meno, visto che Elgin si trova al capo opposto di Londra, a oltre 900 chilometri di distanza. La prospettiva di trovarsi così lontano da casa era terrorizzante per il principe, ma la sua aria da agnello sacrificale produsse un qualche effetto, se non su papà, sugli altri adulti in famiglia. La prima a sollevare apertamente dubbi sull'opportunità della scelta fu la sempre protettiva regina madre.

In una lettera inviata alla figlia nel maggio 1961 sostenne con forza che Eton, l'esclusiva *public school* della classe dominante inglese, era «ideale per uno con il carattere e il temperamento» del nipote. Se fosse andato a Gordonstoun, ed era una scozzese che parlava, «allora tanto varrebbe mandarlo a scuola all'estero!» Né gli argomenti si limitavano a questi: la missiva ricordava poi che i figli degli amici della regina erano tutti a Eton – le stesse persone che Carlo avrebbe poi frequentato da adulto – e in più, essendo la scuola a un tiro di sasso dal castello di Windsor, il ragazzo avrebbe potuto vedere regolarmente i genitori e rimanere a contatto con gli affari di famiglia. Erano tutte osservazioni molto ragionevoli, rafforzate dall'asso calato alla fine che faceva leva sul profondo senso religioso di Elisabetta. Il futuro re, ricordava la nonna, sarà anche Governatore Supremo della Chiesa d'Inghilterra e Difensore della Fede, e certamente «uno non sarà mai coinvolto in controversie dottrinali in un posto risolutamente protestante come la Cappella di Eton».

Gli argomenti fecero presa sulla regina. Perfettamente consapevole dell'infelicità patita dal figlio a Cheam, decise di sollevare la questione con il marito. Filippo non reagì bene. Raddoppiando il valore di un'educazione virilmente rude, provò a sostenere che proprio la timidezza di Carlo rendeva Gordonstoun il posto ideale per lui. Cercò perfino di smontare la preoccupazione della suocera sul «mal di casa» del ragazzo, sostenendo che ne avrebbe sofferto meno in Scozia che a Londra, sotto la costante molestia della stampa. E poiché la reale consorte non sembrava affatto convinta, calò sul tavolo il suo, di asso: l'accordo alla base del matrimonio non prevedeva forse che lei si occupasse degli affari di Stato e lui di quelli di famiglia? Perciò la decisione su Carlo era sua e di nessun altro.

Sua Maestà chinò il capo, sconfitta, e il 1° maggio 1962 Filippo pilotò personalmente l'aereo che conduceva il figlio affranto alla sua «imminente carcerazione». Solo pochi giorni prima i giornali avevano riferito che lord Rudolf Russell, figlio del duca di Bedford, era scappato dalla scuola dichiarando: «Gordonstoun non è posto per me».

Non lo era nemmeno per l'erede al trono, ma il senso del dovere gli inibiva perfino l'idea della fuga. Il solo privilegio che gli fu concesso il giorno dell'arrivo fu di poter quietamente pranzare con il padre e il preside. Subito dopo Filippo tornò al suo aeroplano a Lossiemouth e decollò verso Londra, con un'ampia virata sulla scuola per salutare il figlio. Carlo lo vide abbassare le ali, poi riprendere quota e sparire all'orizzonte mentre lui rimaneva abbandonato a se stesso e ai bulli che lo aspettavano nella notte. «Il bullismo era praticamente istituzionalizzato e molto duro», ha ricordato l'ex compagno di classe John Stonborough, con buona pace della Repubblica dei saggi di platonica memoria.

Il principino era stato assegnato al dormitorio chiamato Windmill Lodge, una specie di rudere con il soffitto di asbesto che divideva con quarantanove dei quattrocento studenti. L'insegnante a capo della «casa» si chiamava Robert Whitby, ricorda ancora Stonborough, «un vero tipaccio. Era malvagio, il classico bullo, un uomo debole. Se non gli piacevi, te la faceva pagare. Non era giusto per Carlo».

Whitby, come quasi tutti i colleghi *housemasters*, se ne lavava le mani affidando la gestione della camerata agli allievi più grandi, che in tutto il collegio avevano imposto una specie di legge marziale ai danni delle matricole e dei ragazzini più piccoli. Il romanziere William Boyd, che è stato allievo a Gordonstoun, ha dipinto un vivido quadro di un vero e proprio «regno del terrore», con bande di rapaci teppisti che «picchiavano i ragazzi più piccoli ed estorcevano cibo e soldi». Gli abusi fisici e psicologici seguivano un rituale sadico particolarmente violento con le matricole: si usava un paio di pinze per lacerare i muscoli dell'avambraccio, oppure si infilava la vittima nuda e legata in un cesto della biancheria e la si lasciava sotto la doccia gelata.

A Carlo fu risparmiata questa umiliazione ma non il trattamento particolarmente ruvido che i bulli erano ben felici di poter infliggere senza conseguenze al loro futuro re. Veniva molestato o insultato con malignità e senza sosta per i suoi difetti fisici. Il risultato fu quello abituale: passava la maggior parte del tempo desolatamente solo. E chi cercava di essergli amico diventava a sua volta vittima del bullismo. I soli compagni che già conosceva erano il nipote di Mountbatten, Norton Knatchbull, e i due cugini stranieri, i principini Welf di Hannover e Alexander di Iugoslavia. Perfino loro, colpevoli di esserselo fatto amico nei primi durissimi giorni, furono etichettati dai coetanei come sanguisughe e scrocconi. Pochi studenti osavano andare in mensa o in classe con Carlo. Chi ci provava veniva accompagnato dagli insulti e da derisori versacci che alludevano alla «leccata». Lui stesso, molti anni dopo, ricordava con evidente angoscia che «fin dai giorni di scuola le persone si erano sempre tenute lontane da me perché non volevano essere etichettate come leccapiedi».

Come già a Cheam, le sue orecchie a sventola attiravano i lazzi e gli scherzi più pesanti degli altri ragazzi. «Zio Dickie» aveva sollecitato i genitori a risolvere il problema chirurgicamente ma non gli avevano dato retta. Del resto non erano l'unica parte del corpo soggetta a schiaffi e strattoni. Le partite di rugby tra le squadre dei vari dormitori offrivano una magnifica occasione a compagni di squadra e avversari per bersagliare il povero principe di dolorosissimi colpi nello scroto. Perfino riuscire a dormire era diventato per lui una difficile prova, visto che i bulli non mollavano la presa nemmeno di notte. Nelle lettere che scriveva ad amici e famigliari si coglie tutta la disperazione che non poteva mostrare né ai coetanei né agli insegnanti: «Difficilmente riesco a dormire almeno un po'», si lamentava nel primo anno, «perché russo e mi danno botte in testa tutto il tempo. È un vero inferno».

Filippo rispondeva ai suoi racconti, che erano di fatto un grido d'aiuto, esortandolo a mostrarsi tosto e a resistere. A chi gli chiedeva come se la cavasse Carlo a Gordonstoun rispondeva con una levata di spalle: «Almeno non è ancora scappato», commentava sarcastico. Ma dopo il secondo trimestre Elisabetta, finalmente preoccupata della stabilità mentale dell'erede, prese in considerazione la possibilità di trasferirlo a Westminster, una scuola diurna di Londra, o in un altro collegio come Eton. Per il marito la sola idea di ritirarlo era una bestemmia: avrebbe confermato al mondo che suo figlio era un debole. La regina come al solito si piegò alla volontà del consorte e le tribolazioni di Carlo si trascinarono per altri quattro anni.

Anche senza le torture dei bulli, la routine quotidiana di Gordonstoun era tale da far rimpiangere perfino le durezze di Cheam. Gli alunni che ci sono passati raccontano che già metter piede nella scuola era profondamente deprimente, «con i suoi bagni e gabinetti di cemento e mattonelle, i dormitori verde pallido, le brandine verde pallido». Di notte, racconta il giornalista Ross Benson, che la frequentò negli stessi anni del principe, «le finestre rimanevano aperte tutto il tempo, il che voleva dire che gli allievi più vicini si svegliavano con le coperte inzuppate di pioggia o, d'inverno, spruzzate di neve fresca». Superfluo specificare che alla matricola «Prince Charles» (così era iscritto nel registro) fu immediatamente assegnato un lettino sotto la finestra.

La giornata cominciava alle sette con il grido del *waker*, lo studente incaricato di dare la sveglia. Seguiva una corsa intorno al giardino in calzoncini e canottiera, estate o inverno, senza differenza. Quindi era il momento della prima delle due docce fredde del giorno: Carlo e i suoi quarantanove compagni di camerata avevano a disposizione sei docce e un bagno. Poi i ragazzi dovevano rifare il letto e lucidarsi le scarpe prima di poter sedere a colazione. Subito dopo cominciavano le lezioni, ma la giornata era ben lungi dall'esaurirsi con la loro fine. Fuori dalla classe, come specificato da un riassunto delle attività preparato dal preside, li aspettava «una sessione di allenamento (corsa, salto, lancio del disco e del giavellotto eccetera) sotto la direzione dell'insegnante di educazione fisica», inoltre pratica di «marineria o lavoro manuale nella tenuta». L'obbligo del «volontariato» comportava inoltre svariate ore di servizio attivo come vigili del fuoco, scout, osservatori della guardia costiera, membri delle squadre di soccorso in mare o in montagna.

Carlo fu subito sedotto da ogni genere di attività marinare. Il suo compagno di spedizioni era soprattutto Welf di Hannover, che si era iscritto con lui al team di soccorso e salvataggio in mare. Insieme ottennero anche il certificato di competenza il giorno del quattordicesimo compleanno del principe, nel novembre 1962. E insieme corsero anche un serio rischio, troppo elevato perfino secondo i canoni avventurosi della scuola. Uscendo in canoa da

Hopeman Beach fino alla baia di Sandhorn incapparono in un'improvvisa tempesta. Coprire le dodici miglia marine del viaggio richiese l'intera giornata e i due ragazzi rientrarono a scuola esausti.

A lezione Carlo era «abbastanza brillante», dice il compagno di banco John Stonborough alla biografa Sally Bedell Smith. «Ma non era il tipo che si metteva in mostra alzando la mano o facendo il primo della classe. Si applicava ed era molto diligente. Però era difficile parlargli perché era molto timido e impacciato, mai a suo agio nello stabilire rapporti. Era molto riservato.»

La difficoltà dell'erede al trono a mescolarsi coi compagni raggiunse presto le pagine dei quotidiani, grazie anche alle testimonianze di altri allievi comprate senza risparmio dai tabloid. Ne seguirono gli interrogativi rilanciati con grande risalto da uno dei giornali domenicali a massima tiratura: «Come fai a trattare da tipo qualunque un ragazzo quando l'immagine di sua madre è sulle monete che spendi nel negozio della scuola, sui francobolli che incolli sulle buste delle lettere, e quando un poliziotto lo segue ovunque vada? La maggior parte degli allievi tende a evitare l'amicizia con Carlo. Il risultato è che lui è molto solo. È questa solitudine, piuttosto che la durezza della scuola, che deve pesargli maggiormente».

Era proprio così. E tutto quello che papà riusciva a suggerirgli era di trovare conforto rifugiandosi ogni tanto nella vicina Balmoral, il castello delle vacanze estive della famiglia: «Lì c'è sempre il fattore. Puoi andare a stare con lui. E tua nonna va lì a pescare. Puoi andare a trovarla». Era precisamente quello che il principe faceva ogni volta che gli era permesso. Birkhall, il maniero che la vecchia signora rimasta vedova aveva trasformato nella sua casa ai confini della tenuta, diventò allora uno dei luoghi più cari a Carlo, non a caso quello dove nel 2005 passò la luna di miele con Camilla, e dove continua a trascorrere tutte le estati. Dal Natale 2022, si è capito, non solo quelle.

Finiti i festeggiamenti natalizi a Sandringham con tutti i famigliari, il re e la consorte si sono infatti affrettati a volare in Scozia nel castello ereditato da nonna Elizabeth. È stata una scelta che ha spezzato una tradizione vecchia un secolo. I reali amavano restare nella residenza del Norfolk ben oltre l'inizio dell'anno, di solito fino a metà febbraio, spendendo le giornate nella caccia, in lunghe passeggiate, nelle cavalcate sulle vicine dune del Mare del Nord. Non a caso proprio a Sandringham Giorgio VI si era improvvisamente spento nel fatale 6 febbraio 1952. Dopo la morte del padre, al quale era molto legata, per Elisabetta rimanere nel vecchio maniero fino alla data dell'anniversario era un modo di ricordarlo e rendergli omaggio. Con la scomparsa della regina anche questo consolidato rituale dei Windsor è venuto meno.

Per re Carlo e la consorte Camilla, Birkhall è la vera e propria casa coniugale. Il posto dove riposare, essere se stessi protetti dalla lontananza e dall'isolamento, ricaricare le batterie. Il giardino, piccolo per gli standard reali ma pieno di fascino, incastonato com'è tra i boschi e le acque tumultuose del torrente Muick, porta il segno della passione del sovrano per l'arte tutta inglese del disegno paesaggistico. Carlo ne parla sempre con toni elegiaci: «È un posto talmente speciale, particolarmente perché è stato creato da mia nonna. È il giardino della mia infanzia, tutto quello che ho fatto è stato solo migliorarlo un po'». In realtà, secondo gli esperti di giardinaggio, il suo intervento è stato molto più incisivo, a riprova di un legame che si è forgiato nei decenni.

In quell'angolo remoto di Scozia all'ombra del massiccio del Lochnagar, con il suono argentino del Muick che riempie l'aria, il ragazzino infelice di Gordonstoun trovava nella nonna un'ascoltatrice attenta e compassionevole delle sue pene, una voce di conforto e incoraggiamento. Era l'unica di fronte alla quale potesse lasciarsi andare e piangere senza ritegno. E nel nipote favorito lei rivedeva tante delle qualità del marito perduto troppo presto: «È un ragazzo molto gentile», diceva di lui, «e con un gran cuore, che penso sia l'essenziale». Ma nemmeno lei poteva sottrarlo all'«incarcerazione» nella scuola che sarcasticamente chiamava «quel glorioso salubre letto di rose conosciuto come Gordon's Town».

Oltre alla nonna, non erano molte altre le persone sul cui sostegno Carlo poteva contare. Un benedetto rifugio dalla miseria di quei tempi lo trovò nella casa del presidente del consiglio di amministrazione di Gordonstoun, il capitano Iain Tennant, che aveva sposato lady Margaret, sorella del tredicesimo conte di Airlie, molto amico di Elisabetta. Erano loro a offrirgli ospitalità durante i week-end, rari momenti in cui il ragazzo poteva sfogare l'amarezza.

Un'altra figura semipaterna, ma fortunatamente comprensiva e solidale, la trovò nel poliziotto che gli era stato assegnato come guardia del corpo, Donald Green, un gigante di un metro e novantacinque sempre molto elegante e dall'aria vagamente alla James Bond, che raccoglieva le confidenze del ragazzo sugli abusi subìti in camerata, anche se non poteva far nulla per impedirli. Divenne comunque un amico per il resto della vita, anche dopo l'incidente che interruppe il loro rapporto quotidiano.

Nel giugno 1963, al suo secondo anno nel Morayshire, Carlo con una ciurma di compagni era a bordo della barca a vela della scuola, la *Pinta*. Erano diretti all'isola di Lewis e, una volta arrivati nel porticciolo di Stornoway, i ragazzi furono condotti nel pub del villaggio. Il quattordicenne principe ordinò un bicchierino di *cherry brandy*, la zuccherosa acquavite di ciliegia, che gli fu servito senza domande. In realtà, confessò lui più tardi, aveva semplicemente chiesto la prima bevanda che gli era venuta in mente, perché l'aveva già bevuta, semiassiderato, durante una partita di caccia. Sfortunatamente per lui, in mezzo alla folla attratta dalla notizia del suo arrivo c'era anche Frances Thornton, la reporter di un tabloid che da allora Carlo avrebbe chiamato per sempre «quell'orribile donna». E l'alcolico servito al minorenne si trasformò in titoli scandalizzati su tutta la stampa nazionale.

Perfino il *Times* invocò l'applicazione della bacchetta sulle natiche reali. Ma la punizione fu anche peggiore di una sculacciata. Il principe venne privato della promozione che, nella complicata scala gerarchica della scuola, lo avrebbe tenuto al riparo dalle costanti gentilezze dei bulli. Il prezzo più pesante, tuttavia, lo pagò il detective Green, licenziato in tronco da Scotland Yard. Con la sua partenza, il suo illustre protetto perse anche un confidente e un alleato. Carlo ne fu devastato, come dichiarò lui stesso molti anni dopo: «Mi sembrò la fine del mondo». Ma a Green rimase sempre legatissimo, ogni Natale gli inviava un cartoncino d'auguri e alla sua morte una splendida corona di fiori accompagnata da un biglietto affettuoso.

Nel corso tempestoso degli anni a Gordonstoun, la scoperta della musica classica fu un balsamo che non l'avrebbe più lasciato per il resto della vita. Non a caso da adulto estese il suo reale patrocinio alla Purcell School of Music, una delle più nobili istituzioni musicali dell'isola, e oggi ai ricevimenti che tiene non manca mai un arpista o un piccolo *ensemble* di musica da camera. Ancora una volta, fu la nonna a introdurlo a un piacere spirituale: lo portò a un concerto di Jacqueline du Pré, mitica violoncellista degli anni Sessanta. Per il principe quattordicenne fu una vera rivelazione. «Il suono ricco e profondo», come lo definì, lo stregò al punto da spingerlo subito a prendere lezioni dello strumento. Dovette purtroppo, dopo un anno di corso, arrendersi al fatto di essere «senza speranza». Abbandonò il violoncello, se non per tornarci sporadicamente, e passò alla tromba.

Il prussiano avamposto sulle Highlands minacciò soprattutto di spegnere per sempre la sua passione per il teatro e per Shakespeare. Provvidenzialmente, l'arrivo nel 1964 di un nuovo insegnante di inglese, giovane e pieno di entusiasmo, riaccese la fiammella di

Tespi nel petto reale. Eric Anderson avrebbe occupato un posto di primo piano tra gli educatori della classe dirigente britannica del secondo Novecento, visto che sarebbe stato il preside di Tony Blair nel collegio di Fettes, per progredire ancora nella carriera alla testa di Eton e quindi del Lincoln College a Oxford. A Gordonstoun divenne il principale impresario teatrale del giovane principe, inducendolo a interpretare una dopo l'altra le sue parti favorite. Se nell'*Enrico V* era ancora immaturo per il ruolo del titolo e dovette accontentarsi del duca di Exeter, per il *Macbeth* del novembre 1965 gli toccò la parte del protagonista. La sua interpretazione, nel giudizio di Anderson, presentava «un'anima sensibile che si comporta in un modo che non gli appartiene a causa di altre forze».

Carlo era eccitatissimo all'idea che *mummy and papa* avrebbero assistito alla terza rappresentazione. Ce la mise tutta ma, mentre stava «lì steso sul palcoscenico a strisciare e contorcersi», avrebbe ricordato dopo, «la sola cosa che sentivo era mio padre e la sua risata».

«Perché ridevi?» gli chiese dopo.

E Filippo, incoraggiante come al solito: «Mi ricordava i Goons», ovvero il gruppo di comicità demenziale che aveva furoreggiato qualche anno prima.

Per il temperamento artistico del figlio, davvero una bella iniezione di fiducia. O forse, ancora una volta, il duca aveva ceduto all'insuperabile gelosia per l'erede. Dopo tutto, quando lui trent'anni prima aveva recitato nella stessa tragedia non era andato oltre la parte di servitore del protagonista.

A dispetto di tutti i suoi sforzi, Carlo sembrava destinato a essere una costante fonte di disappunto per il padre, per esempio per la scarsa inclinazione verso i giochi di squadra nei quali invece l'altro eccelleva. Quattro anni di ruvido cameratismo a Gordonstoun non solo non avevano scalfito il carattere solitario del principe ma lo avevano, se possibile, rafforzato. Non a caso aveva sviluppato una notevole abilità nel riservato piacere della pesca, assieme alla tradizionale passione delle classi alte per il fucile da caccia.

Ansioso di imitare il genitore, aveva anche cominciato ad applicarsi seriamente al polo. Che è sì uno sport da praticare in gruppo, ma almeno il cavallo non deve saltare gli ostacoli e, a differenza del cricket – dove Carlo era sempre stato cacciato dal *green* per scarso rendimento –, il cavaliere che smonta resta comunque sul terreno di gioco. Sotto l'occhio vigile di papà, che figurava tra i migliori giocatori da torneo, fece tali progressi che gli fu concesso di unirsi a lui nelle partitelle d'allenamento sul terreno dell'Household Brigade Polo Club, nel Gran Parco di Windsor.

A diciassette anni, la fine della sua «condanna al carcere» in mezzo all'erica scozzese si avvicinava e, sebbene con parecchie cicatrici (fisiche e morali), il principe era sopravvissuto. Adesso il duca di Edimburgo stava escogitando un altro piano per dare spina dorsale al futuro re d'Inghilterra. Ma stavolta, per fortuna, l'esercizio si sarebbe rivelato tutto tranne che spiacevole.

10

Pure un Windsor diventa dottore

Con la sola eccezione del viaggio a bordo del *Britannia* in Libia e a Malta a cinque anni, quando era andato ad accogliere i genitori di ritorno dal tour del Commonwealth, Carlo non aveva mai viaggiato in giro per il mondo. Per i ragazzi inglesi è costume, una volta finite le scuole superiori, godersi un *gap year*, un anno di pausa prima dell'università, in cui fare esperienze molto diverse e soddisfare le proprie curiosità. Per quanto fosse il primo erede al trono a sperimentare un regolare curriculum scolastico, un passo del genere non era ancora immaginabile per Carlo (sarebbero stati i suoi figli a sperimentarlo). Ma Filippo elaborò una soluzione di compromesso capace di soddisfare l'ansia di evasione del rampollo e la necessità di farlo maturare in un ambiente protetto e sotto controllo.

Dieci anni prima, visitando l'Australia, Elisabetta aveva risposto all'entusiasmo dei lontani sudditi degli antipodi con una promessa: «Vi manderò mio figlio, il principe del Galles, quando avrà l'età per viaggiare». Così, con il pieno consenso della moglie e del governo, il duca di Edimburgo decise di spedire l'erede diciassettenne nella lontanissima Australia, a passare due trimestri scolastici a

Timbertop, succursale nel deserto della Geelong Grammar School con sede a Melbourne.

Per accompagnare il principe *Down Under*, ovvero giù sotto, come gli esploratori inglesi chiamavano il continente oceanico «sotto» l'Asia, la scelta cadde su David Checketts, scudiero di Filippo, cioè responsabile della sua logistica. E per quanto si trattasse di un uomo di fiducia del reale consorte, era comunque il tipo adatto a conquistarsi la confidenza di Carlo e a metterlo a suo agio. Il trentaseienne Checketts era tra i pochi cortigiani non di estrazione aristocratica ma decisamente *middle class*, e dopo aver studiato in una normale scuola statale aveva servito con onore nella Royal Air Force. Nel primo biglietto che scrisse al principe per presentarsi sottolineò che qualunque cosa si fossero detti sarebbe rimasta solo ed esclusivamente tra loro due. Insomma, non era lì per fare la spia a papà.

Agli inizi del febbraio 1966 Carlo e il suo chaperon sbarcarono in Australia, accolti da un esercito di oltre trecento giornalisti e fotografi. La stampa, che a casa non aveva dato respiro al ragazzo, non aveva alcuna intenzione di cambiare registro nemmeno adesso che era a 17.000 chilometri di distanza. Anzi, c'era tanto più da raccontare agli avidi lettori dei tabloid. Quando mai s'era visto un principe del Galles andare a completare la sua educazione tra i bovari australiani, in una scuola nel bel mezzo dell'*outback*, lo sconfinato deserto centrale del continente?

Anche il diretto interessato, del resto, aveva inizialmente reagito alla novità con sospettosa cautela, raddoppiata dall'abituale insicurezza e paura di fronte all'ignoto. Aveva sentito dire che gli australiani erano piuttosto «critici» verso la monarchia e temeva un'accoglienza contrastata. Quelli che seguirono furono invece sette mesi tra i più felici della sua vita, come dichiarò lui stesso guidando più di vent'anni dopo – nel 1988 – le celebrazioni per il bicentenario.

L'informalità della vita *Down Under* presto ebbe la meglio sulle riserve del principe e sortì un effetto liberatorio sulla sua personalità. Lo riconobbe esplicitamente nei ringraziamenti al momento della partenza: «L'Australia mi ha aperto gli occhi. Qui avere un titolo e appartenere alle *upper classes* spesso depone contro di te... L'Australia ha sconfitto la mia timidezza». Il merito era dell'inattesa gentilezza della gente ma anche del clima scolastico a Timbertop. Pure lì l'ambiente era spartano, poco più che capanne nel paesaggio aspro ma affascinante del deserto. Però lì il ragazzo che era stato respinto brutalmente dai bulli tutt'altro che platonici di Gordonstoun si scoprì invece benvoluto dai nuovi compagni. Nulla gli risultò tanto gradito quanto il coro che lo accolse una sera di ritorno al dormitorio dopo una noncurante passeggiata sotto la pioggia con l'ombrello chiuso sottobraccio, l'immagine stessa del gentiluomo inglese: «*Pommy bastard!*» gli gridarono ammirati gli altri ragazzi, appioppandogli senza riguardi il nomignolo coniato dai locali per gli inglesi. Non si era mai sentito così accettato.

A Timbertop divideva l'alloggio – una camera da letto e un salottino – con l'*head boy*, cioè il prefetto dei ragazzi della Geelong School, ma era il suo unico privilegio. Per il resto allievi e insegnanti lo trattavano davvero come uno di loro, mentre il sadismo di Gordonstoun non aveva fatto altro che rimarcare la sua differenza, e Carlo si sorprese a non provare alcuna nostalgia di casa. L'altra sorpresa per lui fu il piacere con cui si trovò a misurarsi con le sfide fisiche che erano la principale caratteristica del programma educativo della scuola, molto più dello studio libresco. Il giovane che non era mai stato troppo amante delle attività sportive affrontò entusiasta imprese come la traversata del *bush* – la steppa semidesertica australiana – in un'aria rovente con il sole e gelida di notte, quando il solo riparo era il sacco a pelo in cui dormire poche ore. In queste condizioni si fece oltre 100 chilometri in tre giorni, e nelle pause riuscì anche a scalare cinque ripidi picchi.

Nell'*outback* il ragazzino timoroso si trasformò in uomo. Il suo chaperon Checketts si era sistemato con la famiglia nella città più vicina, a 120 chilometri di distanza, e le visite dell'augusto pupillo nei week-end erano per tutti allegre occasioni di svago, con il principe impegnato ai fornelli o a giocare coi tre bambini della coppia. Ma il resto del tempo non c'era nessuno a proteggerlo dagli incontri con serpenti, formiche giganti, ragni velenosi e sanguisughe (vere, non metaforiche). Imparò perfino a mangiare con gusto le *witchetty grubs*, le larve di una grossa falena che gli aborigeni estraggono dall'interno dei cespugli desertici e consumano come una specie di caramella.

Con gli altri studenti raccoglieva e spaccava la legna, provvedeva all'eliminazione delle immondizie, si occupava di riempire il truogolo dei maiali e in generale non si ritraeva di fronte agli obblighi più umili, e talvolta anche rivoltanti. Si trattava di una pratica fisica che al confronto faceva di Gordonstoun un parco giochi ma che, a differenza della caserma scozzese, alimentava un clima di vero cameratismo e di allegra soddisfazione. Insomma, per dirla con le sue parole, un'esperienza «dannatamente buona per il carattere, per molti aspetti l'ho amata e ho imparato molto». Adesso anche suo padre aveva la prova che non era affatto una «scamorza».

Ma la scoperta più confortante arrivò alla fine del primo trimestre. La scuola organizzò un viaggio di quattro giorni in Papua Nuova Guinea, e il contatto con gli eredi di una cultura profondamente diversa contribuì a stimolare gli interessi antropologici che Carlo avrebbe coltivato all'università. Prima ancora di questo, però, l'escursione produsse qualcosa di molto simile a un effetto terapeutico. La notizia dell'arrivo del principe aveva suscitato una comprensibile eccitazione nella sonnacchiosa comunità di Port Moresby. Così, quando l'aereo coi ragazzi toccò terra, dai finestrini del velivolo il reale turista si rese conto che una vera folla si era radunata all'aeroporto, in attesa di poterlo vedere. Non gli era mai successo niente di simile, perciò il suo primo istinto fu di rimanere inchiodato al suo sedile.

Checketts, come ricordavano bene entrambi negli anni successivi, dovette «più o meno cacciarlo giù a calci», e al ragazzo non restò che solcare la pista in preda all'ansia, diretto verso la festante congregazione degli indigeni. Ma una volta che si trovò a diretto contatto con i fan, e si rese conto di quanto gli riuscisse facile parlare con la gente, cominciò a piacergli. In pochi minuti sparirono l'insicurezza e l'ansia di due decenni di vita. La sintesi più poetica della trasformazione l'ha offerta una delle religiose della missione anglicana presente alla scena: il principe «era arrivato tra di noi come se fosse in una gabbia, e davanti ai nostri occhi era diventato libero».

Quell'incontro – avrebbe poi ricordato lui stesso – «improvvisamente dischiuse una sensazione completamente diversa, e in seguito fui capace di comunicare e parlare molto di più con la gente». Sui sudditi australiani, spesso riottosi nella loro lontananza fisica dalla Corona, il futuro re lasciò una duratura buona impressione. Il preside di Timbertop, Thomas Garnett, dichiarò che si era dimostrato «un leader ammirevole» ogni volta che nelle escursioni gli erano stati affidati allievi più piccoli, e in definitiva i suoi connazionali avevano scoperto nel principe «un ragazzo schietto, amichevole, intelligente e con un buon senso dell'umorismo, qualcuno che non ha affatto un compito facile davanti a sé nella vita».

Nel luglio 1966 Carlo riprese la strada di casa con un velo di rammarico che non si sforzò di dissimulare: «Sono molto triste di dover partire». A strappargli un largo, felice sorriso ci pensarono i compagni di scuola con il fragoroso coro al momento dell'addio: «Tre urrà per il principe Carlo, un vero *Pommy bastard*!»

* * *

Il ritorno in patria significava, purtroppo per il giovanotto, la riammissione a Gordonstoun. Misericordiosamente, però, la sua permanenza nella temutissima scuola era ormai solo questione di mesi, o più precisamente di tre trimestri. Inoltre, lo sconforto era grandemente alleviato dalla promozione a «Guardiano», il termine platonico usato per il molto più prosaico incarico di capoclasse, come era stato anche il padre. Infine, l'evento più significativo lo regalava il calendario: nel novembre 1966 il principe, compiendo diciotto anni, avrebbe raggiunto la maggiore età legale per regnare. Mentre lui studiava accanitamente per prepararsi alla maturità, il compleanno veniva celebrato con i rintocchi a festa delle campane in tutto il Paese e coi giudici del tribunale dell'Old Bailey vestiti nelle toghe scarlatte di gran gala.

Il rito di passaggio era tanto politico quanto personale. Secondo la legge Carlo aveva raggiunto l'età per regnare da solo. Se mai qualcosa, Dio ne scampi, fosse accaduto alla regina, la corona sarebbe passata direttamente sulla sua testa. Non ci sarebbe stato insomma alcun bisogno di una reggenza del duca di Edimburgo. Che lo volessero o meno, questo spostava anche gli equilibri nel rapporto tra padre e figlio. Certo, Filippo avrebbe continuato ancora a lungo a esercitare la sua volontà dominante sull'erede, ma la tensione sotterranea tra i due era destinata ad aumentare. Diventava evidentemente più difficile indirizzare a piacimento la vita di un ragazzo ritenuto già capace di sedere sul trono.

Da quel momento Carlo avrebbe presieduto direttamente le riunioni amministrative del suo ducato di Cornovaglia e avrebbe partecipato coi genitori agli impegni pubblici. In altre epoche avrebbe forse cominciato a complottare per agguantare al più presto la corona. Va presa invece come prova del suo buon carattere o della prepotenza paterna la circostanza che a decidere del suo futuro di giovane adulto avesse già provveduto, come vedremo, un Consiglio Privato da cui lui era escluso?

L'impegno di studio dell'ultimo anno di scuola trovò il meritato riconoscimento nel buon esito dell'A Level – l'equivalente della nostra maturità – in francese e storia. A suo onore, bisogna sottolineare che Carlo poteva vantare l'invidiabile record di essere il primo erede al trono nella storia britannica a essersi guadagnato di diritto, e non per deferenza, un posto all'università. Nel luglio 1967 il giovanotto poteva finalmente lasciare la «prigione» di Gordonstoun. «Arriva un momento in cui uno ne ha abbastanza», concesse perfino il padre, ma l'interessato – al solito obbediente – non si scostò dalle righe concordate, ringraziando la scuola per avergli insegnato autocontrollo e autodisciplina, e per aver dato «forma e ordine» alla sua vita.

Frasi di circostanza smentite a sorpresa dagli stessi reali genitori, quando autorizzarono il biografo ufficiale Dermot Morrah a riportare che l'esperimento di Gordonstoun si era rivelato al di sotto delle loro aspettative, e che lì il figlio si era trovato come «un piolo quadrato in un buco tondo». Incapace di dimenticare, lui si sarebbe lamentato per il resto della vita dell'infelicità patita tra l'erica delle Highlands. Anche se probabilmente proprio Gordonstoun, molto diversa dalla tradizionale *boarding school* inglese, ha contribuito a rendere Carlo un tipo meno convenzionale e a offrirgli una maggiore fermezza di carattere.

Ce n'era bisogno nei tempi nuovi, tumultuosi e incerti.

Lasciamo per un momento il principe in un'attesa della corona che si preannunciava decisamente lunga (sebbene certo non immaginasse quanto...) e diamo un'occhiata alla Gran Bretagna degli anni Sessanta. Il Paese attraversava una fase di straordinario cambiamento, non inferiore a quello che ne avrebbe mutato i connotati verso la fine del secolo. Con la scomparsa dell'impero erano tramontati anche i vecchi modelli sociali di soggezione e deferenza verso le classi alte e il loro pinnacolo, la monarchia. La funzione dei mass media si rivelava cruciale nell'apertura democratica della società, e la rivoluzionaria *Swinging London* di metà decennio anticipava tra minigonne e fumo d'hashish la rivoluzione giovanile del '68. Il consenso per i Windsor restava massiccio ma, per la prima volta, una larga minoranza riusciva a far passare l'idea che fossero un anacronismo.

Quale carta migliore per la dinastia di un giovane erede al passo con i tempi, capace di traghettare la Corona nella modernità dei suoi coetanei? Questa almeno era l'idea dei consiglieri reali più svegli e attrezzati per le novità. Il capofila degli innovatori era il fresco addetto stampa di Sua Maestà, l'australiano William Heseltine, deciso a cambiare completamente la filosofia di comunicazione del Palazzo. Fino ad allora i *press officers* di Corte si erano preoccupati soprattutto di impedire la pubblicazione di notizie sui loro «principali». Heseltine, al contrario, puntava a «vendere» il suo prodotto come si fa con un qualsiasi marchio, collocandolo nella migliore luce possibile. I suoi obiettivi si sposavano perfettamente con le idee di David Checketts (che da chaperon australiano di Carlo si preparava a diventare il suo più duraturo segretario privato) per far coincidere un rilancio della monarchia con l'ingresso del principe nella vita pubblica.

Ignari di questi progetti, Elisabetta e Filippo si muovevano invece secondo i binari della consuetudine reale. Il 22 dicembre 1965, mentre il ragazzo preparava i bagagli per la lunga trasferta australiana, avevano invitato a cena a Buckingham Palace i ranghi più alti dell'establishment allo scopo specifico di discutere il futuro dell'erede. Attorno al tavolo dei reali sedevano il premier Harold Wilson, l'arcivescovo di Canterbury Michael Ramsey, lord Mountbatten come rappresentante delle forze armate (era a capo della flotta), il segretario privato di Sua Maestà sir Michael Adeane, il decano di Windsor e il presidente del Comitato dei vicecancellieri delle università. Sebbene fosse l'oggetto dell'incontro, Carlo non era stato invitato. Fu informato solo a colazione dai genitori, la mattina seguente, che la discussione si era protratta fino a notte fonda e che il sinedrio aveva deliberato di rimanere nel solco della tradizione. Dal momento che lui aveva espresso il desiderio di studiare all'università, sarebbe andato al Trinity College, a Cambridge, lo stesso del nonno Giorgio VI, dopodiché sarebbe entrato nella Royal Navy per un periodo di addestramento da concludere con il comando personale di un vascello della Marina reale.

Insomma, niente di nuovo sotto il sole. Da tre generazioni questo era l'abituale tirocinio dei sovrani Windsor. Nessuno dei quali, per inciso, aveva particolari curiosità intellettuali né interesse per lo studio. L'università era solo un'occasione di *débauche* autorizzata. Per il timido Carlo, al contrario, il contatto con le idee e con i libri rispondeva molto di più alla sua natura riservata e riflessiva che una bella bevuta o una notte di baldoria con le ragazze. Naturalmente nemmeno per lui, né tanto meno per i suoi genitori, si poneva il problema del conseguimento di una regolare laurea. Anzi, i «saggi» del sinedrio erano inorriditi alla possibilità che il giovane dovesse affrontare gli esami: e se l'avessero bocciato?

All'inizio anche il principe, come molti giovani della sua età, aveva le idee confuse. Pensava a una specie di curriculum multidisciplinare, incluso uno sconfinamento nella medicina, che avrebbe reso impossibile un esame finale. Il padre sconsigliò, suggerendo piuttosto degli studi che gli lasciassero aperte diverse opzioni, e la matricola reale decise per archeologia e antropologia. Credeva che soprattutto quest'ultima avrebbe potuto prepararlo per il trono, perché – sosteneva – «se più gente può essere aiutata a valutare e comprendere il proprio comportamento sociale, migliore e più salubre sarà la società». Certo, non aveva in mente grandi traguardi accademici. Per lui i tre anni di università significavano essenzialmente l'ultima, irripetibile occasione di godersi un po' di quiete prima di essere interamente risucchiato dai doveri reali, e di dedicarsi all'approfondimento di discipline che non avrebbe più avuto tempo di frequentare. Se sul secondo punto i risultati furono lusinghieri, sul primo non poteva che rimanere deluso.

Carlo arrivò a Cambridge nell'ottobre 1967, giusto alla vigilia di quel grande sommovimento generazionale che fu il '68. Nelle università di tutta Europa, Cambridge in testa, erano i tempi delle manifestazioni di protesta contro la guerra americana in Vietnam, e per gli studenti non c'era nulla di meno popolare che farsi vedere in giro con un principe ereditario. Come era successo a Cheam e a Gordonstoun, Carlo sperimentò di nuovo la solitudine in mezzo ai suoi coetanei. Nessuno voleva mostrarsi accanto a lui per non essere etichettato come «reale leccapiedi». Ma c'erano anche altre ragioni per la sua difficoltà a fare amicizia.

In pieni anni Sessanta, nel bel mezzo della rivolta di un'intera generazione contro l'autorità e la tradizione, Carlo non avvertiva alcuna simpatia per quelle idee. Anzi, si dichiarava sempre più disgustato «dall'industrializzazione della vita» e attratto dalla rete di valori e costumi del passato. Per lui gli studenti che scendevano in piazza dovevano sentirsi «così inutili e anonimi nella vita e nella società» che si aggrappavano alla prima rumorosa occasione per esprimere se stessi. Il giudizio su molti giovani, e meno seri, dimostranti coincideva con quello della stampa di destra più conservatrice: partecipano alle manifestazioni «forse perché è divertente», anche se il risultato è «pura isteria di massa». In definitiva «le loro richieste di un cambiamento per amore del cambiamento, dal mio punto di vista, sono prive di senso».

Questo conservatorismo improntava anche il suo abbigliamento. Secondo le testimonianze dei compagni di corso al Trinity, il principe si mostrava sempre «incredibilmente abbottonato», senza mai abbassare la guardia. E negli anni in cui eskimo e trasandatezza erano la divisa della gioventù, lui andava in giro «sempre vestito in pantaloni di velluto e pesanti scarpe ben lucidate». Ben diverso, in breve, da quegli studenti «capelloni, sudati e a piedi nudi» che descrive con evidente disgusto in una missiva ai suoi nel 1969. Concetto reiterato in uno sfogo con «nonno» Mountbatten, dove non si mostra troppo ansioso, dopo paradisiache vacanze a Balmoral, di tornare «in mezzo a corpi studenteschi irsuti e non lavati». Forse anche perché i loro dormitori non disponevano delle sue stesse comodità.

Nella sistemazione di Carlo a Cambridge la pretesa della sua normalità fu finalmente abbandonata, sia pure senza dichiararlo. Al giovane principe furono riservati appartamenti privilegiati: una scelta suite al secondo piano della New Court, residenza molto raramente assegnata a uno studentello del primo anno. Lì poteva disporre di salotto, camera da letto e pure una piccola cucina. È vero, l'arredamento era standard, quindi al solito spartano, a cominciare dalla dura brandina di ferro. Ma il cuore di mamma stavolta si lasciò intenerire. Dopo aver dato un'occhiata all'appartamento in agosto, prima che il figlio si installasse, la regina ordinò al suo factotum di Sandringham di rendere gli arredi più confortevoli, aggiungendo moquette, tende e un materasso meno assassino. Soprattutto, Carlo non era costretto a usare i servizi comuni nei sotterranei dell'edificio. Gli amministratori di Corte ordinarono la costruzione di un bagno privato nel suo alloggio. E per rendere più accogliente l'ambiente, nonna Elizabeth si preoccupò di inviargli un quadro del pittore Edward Seago, uno dei suoi favoriti.

Separato dai coetanei anche dall'incancellabile marchio del privilegio, il giovane uomo – come il ragazzino che era stato – non trovò di meglio che rinchiudersi ancora una volta nella solitudine, raccontando tanto a sé che ai famigliari, nelle malinconiche lettere a casa, di preferire la compagnia della natura a quella degli uomini. O, se proprio costretto, quella degli uomini più anziani. E nel caso di Cambridge si trattava prevalentemente del preside di Trinity, quel peculiare intellettuale-politico che fu R.A. Butler, comunemente chiamato «Rab», fidato e stimato amico dei genitori di Carlo. Era stato Cancelliere dello Scacchiere, ministro degli Interni e degli Esteri nei governi conservatori, e solo un complotto di MacMillan (che lo odiava) lo costrinse a passare alla storia come «il più grande primo ministro che non abbiamo mai avuto».

Per l'erede al trono fu invece l'amico, il faro, il guru degli anni universitari. Il che non impedì a Carlo, un decennio dopo, quando Butler in una biografia mise in luce la sua influenza sull'augusto studente, di sminuire grandemente questo ruolo. È una delle costanti meno piacevoli del carattere principesco: sfruttare fino in fondo l'ispirazione che può trovare negli uomini che elegge a maestri, salvo poi negarla se diventa pubblica. Come se, consapevole della propria insicurezza, reagisse con ingratitudine ed egocentrismo a ogni percepito affronto all'amor proprio.

La verità è che Butler contribuì in modo determinante alla maturazione del principe in quegli anni. Cercò insistentemente di strapparlo all'esclusiva frequentazione dei soliti amici del polo, i figli dell'aristocrazia terriera o militare provenienti dalle *public schools* e chiusi nel loro mondo dorato. Dopo tutto, i tre quarti degli studenti del college venivano invece da normali scuole statali, ma si contavano sulle dita di una mano quelli con cui Carlo stabilì un rapporto. Uno era Hywel Jones, un gallese di estrazione *working class*, socialista appassionato che sarebbe diventato un noto economista. Portava il principe in giro per tutti i club studenteschi dell'università, e anche in seguito restò a lungo suo ospite abituale in pranzi utili a migliorare la sua comprensione dell'economia. Ma bastò che venticinque anni dopo Jones parlasse di lui in un paio di programmi televisivi perché l'erede si risentisse, e di nuovo rinnegasse l'amicizia giovanile, relegandola a personale illusione dell'altro.

Forse il maggior fattore di maturazione del principe a Cambridge fu il rituale che Butler aveva creato per cercare di rispondere fuori dalle aule alla lodevole curiosità intellettuale del futuro re. Ogni sera il preside riservava mezz'ora prima di cena per una chiacchierata col giovanotto, che aveva fornito di una chiave per un ingresso laterale del suo alloggio, dal quale accedere direttamente allo studio. In modo del tutto informale, quest'uomo di vasta conoscenza – dei libri e del mondo – cercava di rispondere ai molti interrogativi di un ragazzo che si affacciava alla vita pubblica sapendo che lo aspettava un compito difficile. «Lui è cresciuto qui», ha dichiarato Butler a Anthony Holden con evidente orgoglio. «Quando è arrivato era fanciullesco, piuttosto immaturo, e forse troppo suscettibile all'influenza della sua famiglia.»

Il *master* di Trinity, del resto, non si era preoccupato solo della crescita intellettuale. Si era pure assegnato, a quanto pare, il ruolo di paraninfo. Dieci anni dopo fecero sensazione le sue rivelazioni sull'incoraggiamento che aveva dato alla relazione intima tra il principe ancora innocente e la sua assistente ricercatrice Lucia Santa Cruz. Figlia dell'allora ambasciatore cileno a Londra, dotata di intelligenza anche superiore al suo notevole sex appeal, è ingiustamente entrata nella storia minore solo come la donna che tolse Carlo dall'imbarazzo della verginità. E con il suo ingresso nell'agone amoroso il romanzo di formazione di un impossibile «uomo comune» si arricchisce, e si complica, della variante che introduce la tragedia nella sua vita.

11
Un Cesare tra le bombe gallesi

La tranquilla vita di Cambridge subì una brusca interruzione per un'entrata a gamba tesa della politica nei destini dell'erede al trono. Dopo tutto, questo è il ruolo della monarchia costituzionale: un membro della famiglia reale è in fondo come qualunque impiegato pubblico alle dipendenze del governo eletto. E il governo, in questo caso quello del laburista Harold Wilson, aveva fortemente bisogno di rilanciare la sua popolarità. Il 1969, con il mandato ormai agli sgoccioli, era un anno particolarmente travagliato per il Gabinetto del Labour, costretto a una politica di austerità e tagli alla spesa pubblica che avevano acceso forti proteste, soprattutto nelle aree più povere come il Galles.

Per questo il premier concepì ciò che lo storico A.J.P. Taylor subito battezzò come «una sordida manovra per sfruttare il principe Carlo [...] fatta per ragioni politiche, e quel che è peggio, ragioni di partito. [...] Mr Wilson sta imponendo al principe Carlo un sacrificio che non si sognerebbe mai di imporre a suo figlio». In breve, aveva stabilito che l'erede al trono avrebbe speso il trimestre estivo del '69, ovvero i mesi immediatamente precedenti la sua investitura formale a principe del Galles il 1° luglio, a studiare gallese presso l'University College of Wales, nella cittadina di

Aberystwyth. Con il nazionalismo gallese resuscitato dalla crisi economica, e passato a un'offensiva non solo verbale, un autentico azzardo.

In realtà, i piani del governo si sposavano con quelli di Heseltine e Checketts, il duo dei cortigiani innovatori decisi a cogliere l'occasione per lanciare sul mercato il «prodotto» Carlo. L'investitura nel castello di Caernarvon, che Elisabetta aveva preannunciato ben undici anni prima, avrebbe dato la spinta a lungo attesa. E intanto il giovanotto, che nel novembre precedente aveva doppiato il capo dei vent'anni, aveva già fatto il suo ingresso nella vita pubblica con il suo primo discorso ufficiale, la sua prima intervista radiofonica, le sue prime *royal walks* – le passeggiate tra la gente – e in genere tutto quell'impalpabile lavoro di rappresentanza che a Cambridge irritava molto il preside Butler: al punto da definirlo sprezzantemente *balcony jobs*, con ovvio riferimento alle apparizioni sulla balconata di Buckingham Palace. Ma naturalmente una cosa era misurarsi con il primo ricevimento estivo dei sudditi nel giardino della reggia, un'altra affrontare l'ostilità dei nazionalisti gallesi in tutte le sue possibili gradazioni, dagli insulti degli studenti alle bombe.

Il 17 novembre dell'anno precedente una bomba a orologeria era esplosa a Cardiff nel Tempio della Pace, proprio mentre lord Snowdon, il cognato della regina incaricato di allestire la giostra dell'investitura, faceva il suo ingresso in città per un meeting con i delegati gallesi. Alla prima esplosione seguì, nei mesi successivi, una lunga serie di attentati contro edifici pubblici: altre quindici bombe. Senza vittime, per fortuna, ma gli scoppi echeggiavano ancora all'arrivo dell'erede al trono ad Aberystwyth. Ad accoglierlo in città, un fallito tentativo degli studenti di segare via la testa dell'ultimo principe del Galles, il prozio Edoardo VIII.

Lo Special Branch, la divisione antiterrorismo di Scotland Yard, fu costretta ad assegnare a Carlo una squadra di sorveglianza ventiquattr'ore ore su ventiquattro. E sebbene i gallesi condannassero pressoché universalmente la strategia violenta dei bombaroli, non provavano neppure alcuna simpatia per la sceneggiata ordita a Londra: il principe spedito a imparare qualche parola di un linguaggio semimorto nella più inglese delle università locali. Uno dei docenti dell'ateneo di Aberystwyth sintetizzò ottimamente lo stato d'animo generale sul *Daily Sketch* del 13 marzo 1969: «Non ci sarebbe dispiaciuto se fosse venuto per tutti e tre gli anni d'università, ma non ci piace che piombi qui per un accademico lavaggio rapido giusto prima di Caernarvon».

Nella prima seria crisi della sua vita pubblica Carlo riuscì a dare il meglio di sé. Aveva solo otto settimane davanti, prima della cerimonia dell'investitura. Si chiuse nel laboratorio linguistico dell'università e si seppellì nello studio del gallese, con l'aiuto decisivo del suo tutor Edward Millward, che era tra l'altro un convinto nazionalista (e la circostanza certo giovò al principe). In breve si dimostrò capace di padroneggiare qualche frase in un gallese ragionevolmente forbito, ma soprattutto fu abilissimo a dichiarare di comprendere la preoccupazione che una lingua e una cultura giudicate uniche e speciali potessero sparire. «Io penso però che se qualcosa è unico e speciale, sia degno di essere preservato.» Il suo naturale conservatorismo si rivelò arma utilissima a conquistare il cuore dei gallesi, così come il suo evidente coraggio di fronte alle ripetute minacce dei gruppuscoli più estremisti. Perfino il sempre critico Filippo se ne mostrò orgoglioso con parole cesaree: «Venne, vide e conquistò il Galles», si vantò con gli amici.

In realtà fu parecchio più difficile. E più rischioso. L'ex fotografo Snowdon, nominato connestabile del castello di Caernarvon, si tuffò nella preparazione di un'elaborata scenografia finto-medievale per l'evento che sarebbe stato anche la prima diretta a colori in mondovisione. Ma l'opposizione alla costosa mascherata ribolliva nel Paese e in Parlamento. Il castello era lo stesso in cui re Edoardo I, il conquistatore inglese del Galles, nel 1282 aveva nominato principe della regione il figlio infante dopo aver ucciso l'ultimo sovrano locale, Llewelyn ap Gruffydd. Questo fu sufficiente al deputato Emrys Hughes per lanciare ai Comuni una furiosa filippica contro «una cerimonia da tenersi in un castello costruito da lavoratori gallesi schiavi sotto gli ordini degli intrusi, i conquistatori».

I sondaggi tra gli abitanti della regione confermarono che, come accusava il partito nazionalista Plaid Cymru, il 44 per cento delle persone considerava lo show dell'investitura «un inutile spreco di denaro». E mentre le bombe continuavano a lacerare la quiete di alcuni tra i panorami più idilliaci dell'isola, il Plaid Cymru invitò ufficialmente i connazionali a boicottare «questo esempio di raggiro inglese».

Nelle segrete stanze della reggia Elisabetta contemplava molto preoccupata le perniciose conseguenze dell'incauto annuncio fatto nel 1958. Ora appariva evidente tutta la gravità di quell'errore politico. Solo un decennio più tardi, uno dei principali organizzatori dell'evento, l'allora speaker della Camera dei Comuni George Thomas, rivelò quanto vicini si fosse andati alla cancellazione del progetto. Agli inizi del 1969, tra proteste politiche crescenti, sinistri rumori di bombe, proclami di gruppetti nazionalisti che si armavano a imitazione dei repubblicani irlandesi, era stata convocata una riunione d'emergenza dell'Ufficio Gallese in seno al governo per valutare se posporre l'investitura. Di fatto, equivaleva a cassarla. Thomas si oppose con forza, sostenendo eloquentemente che non si poteva permettere a nessun angolo del regno di diventare una *no-go area* per la famiglia reale, un luogo con accesso vietato ai Windsor. Ma il suo asso nella manica fu il messaggio ricevuto dal giovane principe, in cui l'erede al trono esprimeva il desiderio che la cerimonia avesse luogo come previsto.

Fu solo poco prima della scadenza del 1° luglio che Carlo azzeccò le mosse destinate a cambiare il clima. In un'intervista congiunta a BBC e ITV dichiarò di «non biasimare la gente che dimostra. Non mi hanno mai visto prima. Non sanno come sono. Raramente sono stato nel Galles, e non ci si può aspettare che le persone siano troppo entusiaste che un cosiddetto principe inglese arrivi tra di loro, e si mostrino particolarmente eccitate dalla circostanza». Era un modo intelligente di tendere la mano ai contestatori, che furono definitivamente conquistati, almeno nella loro ala pacifica, dal discorso tenuto da Carlo alla fine del trimestre ad Aberystwyth. Trecento parole gallesi decentemente pronunciate di fronte ai giovani fanatici dell'Urdd Gobaith Cymru, la Lega della Gioventù Gallese, fecero il miracolo.

Non subito, in verità. Aveva di fronte seimila persone arrivate per il festival della cultura locale, dalla poesia al dramma alla musica. Quando il principe cominciò a parlare, un centinaio di attivisti per l'indipendenza del Galles inscenarono una protesta: salirono sulle sedie sventolando bandiere e strillando insulti all'illustre oratore. Lui seguì la gazzarra con un sorrisetto sulle labbra, riferì la cronaca del *Daily Telegraph*, e quando infine pubblico e poliziotti misero a tacere i contestatori Carlo riprese e, stando al giornale, «non sembrava assolutamente scosso e ha pronunciato il suo discorso di sette minuti con voce calma e sicura». Alla fine si guadagnò un'autentica ovazione. Quando rese omaggio al mitico principe Llewelyn di settecento anni prima, impegnandosi anche a lavorare per salvare l'amata lingua locale, perfino i nazionalisti del Plaid Cymru decisero di sospendere la protesta e revocare il boicottaggio dell'investitura.

I gesti di conciliazione non bastarono a evitare che alla vigilia della cerimonia a Caernarvon la tensione fosse alle stelle. Il treno reale in arrivo da Londra con la regina e il duca di Edimburgo fu costretto a fermarsi per un'ora fuori da Chester, sui confini del Galles, mentre gli artificieri controllavano un sospetto pacco bomba sui binari. Per fortuna era solo uno scherzo sinistro ma non lo era affatto la bomba che esplose la mattina stessa dell'evento ad Abergele, una sessantina di chilometri a nord di Caernarvon. I due uomini che tentavano di piazzare l'ordigno sul muro di un edificio governativo rimasero uccisi sul colpo. E l'eco di un'esplosione, chiaramente un'altra bomba, fece sobbalzare Carlo sulla carrozza di Stato diretta al castello: «Che cos'era?» chiese a Thomas che gli sedeva accanto. «Oh, una salva di saluto reale», mentì lo speaker. «Strano saluto», commentò nervosamente il principe. «Strana gente da queste parti», replicò Thomas, mentre la carrozza proseguiva il suo viaggio sulle strade sorvegliate da polizia in assetto di guerra ed elicotteri a volo radente, e per soprammercato due navi da guerra all'imboccatura del porto.

Finalmente al sicuro dentro le mura del castello, i reali si rilassarono, offrendo un sontuoso spettacolo a colori ai cinquecento milioni di spettatori sparsi per il mondo, tutti lì a godersi il tuffo in un Medioevo da favola quando Carlo pronunciò l'antico giuramento feudale di fedeltà e lealtà al suo signore, cioè la mamma. Nessuno sapeva, nemmeno il principe, che il pomeriggio precedente un gruppo di giornalisti che l'avevano conosciuto e intervistato, come Jack de Manio e Denis Marrian, si erano riuniti in uno studio televisivo della BBC per registrare il loro omaggio funebre nel caso l'avessero ammazzato.

Con l'investitura formale a ventunesimo principe del Galles ed erede al trono Carlo entrava a pieno titolo nella vita pubblica. Il breve tour delle contee gallesi intrapreso subito dopo la cerimonia ebbe su di lui un effetto galvanizzante, di fronte alle folle in attesa anche nei villaggi più piccoli e alle strade decorate con allegri striscioni di benvenuto. Di ritorno a Windsor, dove per converso non trovò nessuno della famiglia ad accoglierlo, annotò nel diario che gli sembrava «strano non dover salutare centinaia di persone».

Ammesso che fossero orgogliosi della sua performance, comunque i genitori evitarono di dirglielo. E ancora una volta Carlo poté contare soprattutto sulle lodi e il sostegno di «zio Dickie» Mountbatten, che lo elogiò per la sua condotta ma lo ammonì anche sulla volatilità del sostegno popolare. Come sempre dubbioso e autodeprecatorio, il giovanotto si preoccupava che la gente potesse «aspettarsi troppo» da lui.

Di lì a breve anche il complicato e travagliato «esperimento di educazione reale», coronato da una formazione accademica, sarebbe terminato. Lasciato l'ateneo gallese, il principe tornò a Cambridge per l'ultimo anno dei suoi studi universitari. Ma prima raggiunse la famiglia per le vacanze lungamente sospirate nella quiete di Balmoral, e soprattutto per l'annuale crociera nelle isole occidentali della Scozia a bordo del panfilo reale *Britannia*.

Fu in quei giorni che Carlo scrisse il suo primo libro, *Il vecchio del lago*, anche se poi il volume fu pubblicato solo un decennio più tardi con le illustrazioni di sir Hugh Casson, uno dei mentori artistici del principe. È un racconto per bambini, ispirato dalla montagna che si eleva per 1.000 metri sopra la tenuta di Balmoral, in cui l'autore racconta la vita di un eccentrico vecchio che vive ai piedi del monte e si gode il suo romitaggio. Nella storia si possono cogliere molti lati del complicato carattere del principe: la sua ricca immaginazione assieme alla pungente solitudine, un'attitudine tanto melanconica quanto capricciosa, una forte predisposizione all'osservazione della natura.

Alla ripresa dell'anno accademico – l'ultimo – al Trinity College, Carlo cambiò appartamento, evidentemente alla ricerca di qualcosa di più adeguato al suo nuovo status. Si stabilì in una più ampia suite di camere rivestite di legno e lì preparò la tesi di dottorato, sebbene intanto gli impegni ufficiali lo coinvolgessero sempre di più. Il 1969 fu l'anno della sua formale presentazione alla Camera dei Lord, e a novembre arrivò infine quel giro di boa nella sua vita che era il compimento del ventunesimo anno, evento che lo avrebbe reso non solo del tutto indipendente ma anche molto ricco.

La regina decise di festeggiare il compleanno con un grande party per oltre quattrocento invitati a Buckingham Palace, il luogo della nascita. Arrivarono parenti reali da tutta Europa, dignitari britannici, artisti coetanei del principe. In apertura della serata il grande violinista Yehudi Menuhin e la sua Festival Orchestra di trentadue elementi eseguirono, su richiesta del festeggiato, un programma di brani scelti di Mozart. Seguì una cena a base di melone, aragosta, fagiano, soufflé di caffè e champagne, dopodiché entrò in scena una rock band e tutti si lanciarono nelle danze. Perfino Elisabetta, che aveva sempre adorato ballare, fu vista scatenarsi a piedi nudi. Non aveva, del resto, che quarantatré anni.

Il regalo di compleanno fece di Carlo uno dei giovani più ricchi del pianeta. Come da tradizione, era stato creato duca di Cornovaglia nel momento stesso dell'ascesa della madre al trono, nel 1952, ma aveva dovuto aspettare la maggiore età legale per entrare formalmente nella disponibilità dell'enorme fortuna che si accompagnava al titolo. Il ducato era stato stabilito nel 1337 da re Edoardo III, proprio per dotare di una rendita adeguata l'erede al trono. Non c'erano solo i 70.000 acri (quasi 30.000 ettari) di terra pregiata che si estendevano per oltre 300 chilometri quadrati, ma anche cave di granito, letti di ostriche nel fiume Helford, pregiate proprietà londinesi, spiagge, isole e perfino la prigione di Dartmoor.

Finché è rimasto erede al trono, dall'affitto delle terre e dalla commercializzazione dei prodotti Carlo ricavava annualmente tra i 20 e i 25 milioni di sterline, su cui ha goduto (quando finalmente ha cominciato a pagare le tasse, nel 1992) di un'imposta agevolata al 20 per cento. Quel che restava era impiegato per metà in beneficenza e l'altra metà per l'attività di rappresentanza, le spese personali e il mantenimento dei figli.

Così, quando gli mancavano ancora tre trimestri per concludere l'università, il principe si ritrovò a essere già uno degli uomini più facoltosi del regno, e l'indipendenza economica rafforzò la sua tendenza a intervenire nella vita pubblica offrendo punti di vista molto determinati. Specie in tema di ambiente. Il suo primo discorso ufficiale sull'argomento lo tenne il 18 febbraio 1970 a Cardiff, in qualità di presidente-fondatore del Comitato Gallese del progetto Countryside, un programma a favore della campagna. Era un dettagliato grido d'allarme, scritto di suo pugno in stampatello, e c'erano in nuce tutte le posizioni ambientaliste che avrebbe assunto negli anni a seguire. Bisogna riconoscere che in tempi in cui l'ambientalismo era ancora ben lungi dall'affermarsi, la visione di Carlo era tanto iperbolica quanto profetica.

Il principe descrisse «gli effetti orripilanti dell'inquinamento in tutte le sue forme cancerose»: il petrolio sversato in mare, i prodotti chimici nei fiumi, i gas di scarico dei motori a combustione diffusi nell'aria. Bottiglie di plastica indistruttibile e immondizia – profetizzò – avrebbero costruito «montagne di rifiuti». In breve, nell'orazione erano sinteticamente indicati tutti i temi ambientalisti del secolo a venire, assieme all'esplicito interrogativo sull'effettiva disponibilità delle persone a pagare il prezzo che la guerra all'inquinamento esigeva. L'opinione pubblica cominciò a farsi un'idea – nel bene e nel male – di un «principe filosofo», che non si peritava di offrire le sue idee anche se non richiesto, spesso con tale insistenza da sfiorare la petulanza.

Il primo incidente arrivò presto, al suo debutto nel maggio 1970 alla studentesca Cambridge Union. Il tema della serata era la minaccia insita nei progressi della tecnologia, e il principe esordì allertando l'audience sul rischio che in futuro gli studenti dovessero rivolgersi ai computer chiamandoli «sir». Poi si dedicò all'attualità, e qui – come molto spesso gli sarebbe successo in seguito – si spinse decisamente troppo oltre, con un attacco frontale all'aereo supersonico Concorde, sviluppato congiuntamente in quegli anni da Francia e Regno Unito. Certamente gli sarebbe piaciuto provare quell'esperienza, ma «se è qualcosa destinato a produrre inquinamento acustico, se è qualcosa che butta giù chiese e frantuma vetri con il suo boom supersonico... beh, è davvero questo che vogliamo?» Con tipica incoerenza, ci avrebbe fatto non meno di tre viaggi transatlantici. Ma il suo intervento provocò la ferma protesta dei costruttori dell'aereo. «Il principe Carlo deve sentire entrambe le parti in una discussione», replicò stizzito il portavoce della British Aircraft Corporation.

L'intervento sul Concorde è tipico delle molte controversie che Carlo avrebbe suscitato da adulto con i suoi interventi inevitabilmente curvati sulla nostalgia del passato. L'aspirante monarca con una sensibilità più affine al diciottesimo secolo che al ventesimo, per riprendere il giudizio dello storico Cannadine, cominciò insomma ben presto a sviluppare quella forte diffidenza nei confronti dello sviluppo tecnologico che avrebbe in seguito sempre manifestato. La conclusione del suo curriculum scolastico non rispecchiò in effetti la vastità e profondità dei suoi interessi. Il 23 giugno 1970 il principe del Galles diventò il primo erede al trono britannico a conseguire il titolo di «Dottore», ovvero una laurea universitaria, per di più presso uno degli atenei più prestigiosi del mondo.

Peccato che il voto fosse solo 2:2, che nel sistema inglese significa «seconda classe, divisione due». Insomma, un voto nella media. Il preside Butler, che lo reputava *talented*, ne fu contrariato e attribuì il risultato piuttosto modesto alle frequenti assenze per doveri reali, soprattutto al trimestre speso in Galles. Restava il fatto che per la prima volta nella storia dell'isola un principe destinato alla Corona aveva affrontato una carriera universitaria e ne era uscito con il serto di lauro. Nessuno poteva negare che si trattasse di un risultato effettivamente eccezionale per un giovane nella sua posizione, e i tentativi dei critici pregiudiziali di attribuire il successo a occulte facilitazioni non sono onesti nei confronti del «Dr Galles». Semmai va sottolineata la tenacia nel condurre in porto «un esperimento di educazione reale» obiettivamente difficile: dagli anni dell'infanzia a quelli della giovinezza il protagonista aveva dovuto imparare a vivere, alquanto scomodamente, a cavallo di due mondi, quello rarefatto dei privilegi reali e l'altro dei *commoners*, i normali sudditi – per quanto ricchi o altolocati – con cui sedeva in classe. Era possibile tenere assieme questi due universi nella stessa personalità? Naturalmente no, e il primo ha ripreso inevitabilmente il sopravvento sul secondo.

Ma l'educazione del principe era tutt'altro che conclusa. Mancava ancora un capitolo di cruciale importanza, considerato che la primaria funzione istituzionale di un futuro sovrano consiste – com'è noto – nel riprodursi. La procedura che aveva sperimentato nell'*affaire* universitario con Lucia lo aveva riempito di entusiasmo. Purtroppo, quel che per la totalità degli esseri umani ordinari è un piacere, per un uomo destinato alla Corona è un dovere. Carlo però si sentiva, ed era, troppo giovane per assolvere al dovere, mentre certo non intendeva rinunciare al piacere.

Gli venne come sempre in soccorso «zio Dickie», ovvero lord Mountbatten, che gli consigliò di prendersi una specie di moratoria sentimentale. Sentimentale, non sessuale. Come avevano sempre fatto i suoi antenati. Mai come in quel periodo cruciale tra i venti e i trent'anni l'erede al trono si comportò precisamente come suggeriva negli anni Venti del Novecento lo scrittore satirico Logan Pearsall Smith: «Un re virtuoso è un re che si sottrae alla sua precipua funzione: di incarnare per i suoi sudditi un ideale di illustre dissipazione assolutamente al di là della loro portata».

Non seguiremo Carlo nella sfilza di libidinose avventure che precedono l'evento decisivo della sua vita, ovvero la richiesta della mano di Diana. Ma basti dire che fece del suo meglio per seguire il doppio consiglio dello scrittore defunto e del «nonno putativo», che non mancava certo di argomenti. Per lui – gli ricordava Mountbatten – la scelta della sposa non era affatto questione di chimica dei sentimenti ma un affare di Stato in cui contavano il lignaggio, l'aspetto e il carattere. E l'amore? È un affare per la servitù, avrebbe risposto Gianni Agnelli. Ma non è tutto. Il regale marito – insisteva il conte – deve anche trovare questa perla rara prima che la raccolga qualcun altro, altrimenti avrebbe sempre difficoltà ad amare senza riserve una moglie che avesse già esperienza sessuale. (E questo detto da un uomo sposato per tutta la vita a una delle gentildonne inglesi più libertine del secolo.)

La conclusione del ragionamento suonava dolce come il canto delle sirene alle orecchie di un giovane di vent'anni. In attesa di trovare questo fiore di virtù Carlo avrebbe fatto bene *to sow a few wild oats*, che letteralmente si traduce «seminare un bel po' di avena selvatica» ma in realtà vuol dire correre la cavallina. Ovvero consumare quante più avventure possibile in attesa di consegnarsi nelle braccia di una casta sposa (magari la nipotina sedicenne di Mountbatten, Amanda, molto gradita al principe, una volta raggiunti almeno i vent'anni). Dopo tutto, che cosa c'era di più regale che sedurre il maggior numero di suddite? E cosa poteva esserci di più facile nell'età della liberazione sessuale?

L'erede al trono prese alla lettera il consiglio e già negli ultimi mesi a Cambridge avviò un'intensa relazione con Sybilla Dorman, figlia del Governatore Generale di Malta. Dopo di lei venne presto Lucinda Buxton, figlia di un celebre naturalista, e a seguire un'inesauribile parata di belle bionde e titolatissime giovani Veneri di impeccabile «pedigree» aristocratico: la figlia del duca di Wellington, la nipote del duca di Westminster, ricche ereditiere, eteree modelle, irresistibili attrici... I tabloid ci sguazzavano. Con malcelato orgoglio maschilista elessero l'erede a campione del seduttore britannico e catalogarono l'intera tribù di fanciulle con il titolo di una serie tv: *Charlie's Angels*. Per il momento nessuno metteva fretta a Sua Altezza, e passò un intero decennio prima che la virginea fanciulla dell'ideale ritratto di Mountbatten prendesse le sembianze di lady Diana Spencer.

Per sua sfortuna, la sola donna capace di stregare Carlo si era già materializzata appena un anno dopo che lui aveva lasciato l'università. Non era la più bella tra le tante giovani amanti, ma come il principe avrebbe confessato a Dimbleby molti anni dopo, gli piaceva particolarmente il modo in cui rideva con gli occhi oltre che con la bocca. Nella sua descrizione era «graziosa, spumeggiante, affettuosa e per niente pretenziosa». Si chiamava, ovviamente, Camilla. Per amor suo Carlo avrebbe distrutto il matrimonio, violato decenza e convenienze, offeso l'intero Paese. E messo a rischio la sua futura Corona.

PARTE TERZA

Catastrofe

12
Una serata al *Ritz*

Era da almeno tre giorni che i primi fotografi e teleoperatori avevano preso posizione sul marciapiede di fronte al *Ritz*, sul lato di Arlington Street all'angolo con Piccadilly, sfidando il freddo di gennaio e il fastidio dei passanti costretti ad affrontare le forche caudine o a scendere sul trafficatissimo nastro stradale. Non c'è londinese o visitatore di Londra che, passando davanti a uno degli alberghi più sfarzosi e famosi del mondo, non sogni di spendere una piccola fortuna per un Martini cocktail nel suo dorato *Rivoli Bar*, disegnato per dare l'impressione di entrare in una scatola d'oro massiccio. O per far colpo sull'innamorata portandola a cena nel leggendario ristorante che, dai tendaggi agli arredi, sembra ancora celebrare i fasti della Belle Époque. Perciò nessuno si stupisce dei paparazzi costantemente appostati davanti all'albergo a caccia dei ricchi e famosi che lo frequentano. Ma stavolta era diverso.

L'allarme l'aveva suonato qualche giorno prima di quel 29 gennaio 1999 il rubricista mondano del *Daily Mail*: «Arriveranno o se ne andranno insieme?» L'interrogativo era il risultato della soffiata ricevuta da Mark Bolland, lo *spin doctor* arruolato da Carlo per riabilitare la sua immagine e quella dell'amata Camilla dopo la tragica fine di Diana nell'agosto 1997. Diciassette mesi dopo la morte che larga parte dell'opinione pubblica britannica imputava all'infedeltà del principe, il ghiaccio attorno alla coppia di amanti sembrava cominciare a sciogliersi. Merito della luciferina attività sottobanco di Bolland. Anziché antagonizzare i media, come Carlo era istintivamente portato a fare, lui sapeva come blandire e irretire la confraternita giornalistica. Quello era del resto il suo compito: trasformare i tabloid da nemici in alleati. Per riuscirci l'esca erano le informazioni, naturalmente solo quelle utili a rilucidare l'immagine dell'erede al trono.

Un colpo magistrale era stato quello di far arrivare al corrispondente reale del *Mirror*, James Whitaker, un pacco di presunte lettere di Carlo e Diana (alcune certamente autentiche, altre piuttosto dubbie) che i due avrebbero inviato tra il 1983 e il 1989 a un ignoto «parente stretto». Le missive servivano a dimostrare che, lungi dall'essere un marito distratto e cinicamente traditore come veniva dipinto dalla stampa pro Diana, il principe nutriva invece stima e affetto per la principessa. E la fine del matrimonio l'aveva lasciato depresso e in preda ai dubbi. A commento di questa misteriosa corrispondenza, Whitaker presentava Sua Altezza come «un uomo torturato, complesso», che sente sulle spalle «il peso dei problemi del mondo» e per la sua parte cerca disperatamente di «fare qualcosa, di fare il suo dovere secondo quanto gli sembra giusto».

Il peana del *Mirror* spinse Carlo a osare di più. La stampa ora poteva diventare un'alleata decisiva nella battaglia per piegare la resistenza della mamma regina a riconoscere pubblicamente la realtà della sua relazione con Camilla: un argomento che dopo la morte dell'ex nuora era diventato tabù per Elisabetta, ben consapevole del rischio che poteva rappresentare per la Corona. Fino ad allora ogni tentativo del figlio di avere ragione delle sue resistenze, in privato, era stato un fallimento. Adesso Carlo si decise a lanciarle il guanto di sfida in pubblico. Si trattava di allestire un evento spettacolare che stabilisse apertamente e una volta per tutte agli occhi del mondo il ruolo di Camilla come sua stabile compagna.

Nelle settimane precedenti numerosi giornali avevano pubblicato foto «rubate» della coppia all'ingresso di un teatro londinese. I commenti positivi che le avevano accolte costituivano un test incoraggiante. Ora bisognava pensare a un'immagine che rappresentasse quanto di più vicino a una foto ufficiale, non uno scatto più o meno fintamente occasionale. Il momento ideale per realizzare il piano era vicino: il 29 gennaio 1999. Quel giorno, Annabel Elliot festeggiava il cinquantesimo compleanno con una cena esclusiva al *Ritz*. Agli estranei alla scena sociale di Londra il nome non dice molto. Ma Mrs Elliot non è solo un'antiquaria e un'*interior designer* che il *Telegraph* classifica come la quinta più influente del regno, non è solo l'arredatrice che ha rinnovato gran parte delle proprietà immobiliari del ducato di Cornovaglia e allestito le venti camere da letto che accolgono gli ospiti del pub *Duchess of Cornwall*, a Poundbury. Lei è la sorella della duchessa di Cornovaglia, in carne e ossa.

«Il principe *deve* venire», gemeva senza sosta con Camilla mentre si occupava dei preparativi della gran festa al *Ritz*. «Sarebbe terribile se non venisse.»

Figuriamoci. Il piano di Carlo, affidato per la realizzazione all'astuto e spregiudicato Bolland, era proprio quello di trasformare l'uscita della coppia dall'albergo in un momento storico.

La soffiata al *Mail* restava volutamente nel vago, donde l'amletico interrogativo del suo columnist mondano: «Arriveranno o se ne andranno insieme?» Non aveva molta importanza, perché paparazzi e operatori avevano già cominciato ad assieparsi, come abbiamo visto, giorni prima. Bolland ovviamente non aveva lasciato niente al caso, e per essere sicuro che l'articolo del *Mail* non passasse inosservato aveva chiamato direttamente il principe dei fotografi reali, Arthur Edwards, l'occhio implacabile del *Sun*.

Da quel momento l'intera comunità giornalistica di Londra, corrispondenti esteri inclusi, fu messa in stato di allarme. Nessun fotografo, nessun cronista in città voleva perdersi l'attimo che immortalava l'incredibile *happy end* della contrastata storia d'amore, che la leggenda faceva cominciare ben ventisette anni prima.

Quando arrivai quella sera sul marciapiede davanti al *Ritz* non c'era posto ovviamente nemmeno per un gatto. Un esercito di oltre duecento fotografi e cameramen aveva preso posizione da giorni di fronte all'albergo, trasformando in un bivacco completo di sacchi a pelo e vivande non solo il marciapiede ma anche una larga fetta di Arlington Street. Si trattava di occupazione abusiva di suolo pubblico bella e buona, ma le obiezioni della polizia e del consiglio comunale di Westminster erano state tranquillamente tacitate dal *royal command*, la prerogativa reale. La serata era fredda ma per fortuna asciutta, e con l'aiuto del mio cameraman riuscii a sistemarmi nelle ultime file del plotone di obiettivi puntati sul *Ritz*.

Giusto pochi minuti prima di mezzanotte, ecco infine Carlo e Camilla apparire nella cornice della porta dell'hotel. Un'incredibile marea di luce accompagnata dallo scroscio incessante di centinaia di flash li investe e li segue giù per i pochi gradini fino all'auto in attesa. Davanti alla berlina i due si fermano brevemente a favore di camera. Carlo indossa un doppiopetto blu notte con cravatta azzurra a motivi geometrici e conserva un'aria seria. Camilla, anche lei in abito scuro con giacca e al collo un *choker* (un girocollo, in questo caso formato da un triplice giro di perle) con un grosso smeraldo sul fermaglio, esibisce una vaporosa acconciatura bionda e appare raggiante. È fatta. Il legame clandestino di un paio di decenni ha finalmente un timbro semiufficiale. Ma come reagirà l'opinione pubblica?

La risposta va oltre le più rosee speranze della coppia, soprattutto dopo gli ultimi due disastrosi anni. L'antipatia che aveva accompagnato l'amante quando Diana era viva (e la chiamava sprezzantemente «rottweiler») si era trasformata in disprezzo alla morte di Lady Di. «Ora avrà campo libero», era l'opinione della gente comune, che vedeva in lei l'arrivista con obiettivo Buckingham Palace. E il giudizio della regina era ancora più definitivo: «Quella donna malvagia», diceva, rifiutando di trovarsi sotto lo stesso tetto con lei. Ma le foto della coppia al *Ritz* fanno il giro del mondo, e le reazioni sono esattamente il contrario di quelle che si aspetta la vasta legione dei gufi. Invece che condanna, approvazione.

«*At Last!*» Finalmente! spara in prima il *Mirror* ormai convertito alla causa del principe. Il *Sun*, che non dimentica mai l'antipatia del proprietario Murdoch per i Windsor, è più freddo ma s'inchina al pubblico riconoscimento: «*Meet the Mistress*», Vi presento l'amante, titola sulla foto. Nessuno ancora si spinge a dire che l'amante potrebbe diventare qualcos'altro, ma a tutti appare chiaro che esercitandosi in previsioni sulla materia si rischia quasi sicuramente di essere smentiti. Non è forse vero che nel decennio precedente già fin troppi pronostici si sono rivelati sballati?

Si scommetteva che Carlo e Diana non si sarebbero mai separati. Poi che non avrebbero mai divorziato. Quindi che la relazione dei due adulteri non sarebbe mai stata ufficializzata. E adesso, quale sarà la prossima tappa? Nessuna, secondo gli indovini che prendono per oro colato il verbo di Buckingham Palace, e se il portavoce reale scarta perfino l'idea che Carlo sposi Camilla e liquida come semplicemente ridicola anche solo l'ipotesi che lei diventi regina consorte, beh, allora le cose stanno così e basta. E se si cerca una conferma, sembra eloquente il silenzio di Elisabetta davanti a quelle foto, con il consenso delle due persone di cui si fida di più: la mamma centenaria e il vecchio amico Porchy, ovvero il conte di Carnarvon, capo delle stalle reali e consigliere non solo in materie equine.

Eppure, a furia di previsioni sballate, la storia d'amore che non avrebbe mai dovuto essere arriva, quel 29 gennaio 1999, al punto in cui è ormai impossibile non tenerla pubblicamente in conto. Dove andrà da qui in avanti è ormai sotto gli occhi di tutti, ma vale la pena ripercorrerla dagli inizi perché in fin dei conti è il travagliato sviluppo della relazione con Camilla a determinare gran parte della vita di Carlo d'Inghilterra. Nelle mille tortuose giravolte del loro rapporto amoroso si riveleranno il carattere e le aspirazioni dell'esitante filosofo destinato al trono, così come i sentimenti e le aspettative della tipica ma controversa *country lady* diventata oggi regina.

La prima foto pubblica che li riprende assieme risale all'estate 1972, dopo un incontro di polo a Windsor, ed è un'immagine che – secondo un'efficace espressione inglese – *speaks volumes*, ovvero dice tutto. In maglietta bianca e pantaloni beige attillati da cavallerizzo – la sua divisa da giocatore – un aitante Carlo appena uscito dal campo appoggia rilassato la schiena contro una ringhiera, gli stivali di cuoio marrone incrociati alle caviglie. Di fronte a lui Camilla in posa assolutamente simmetrica: un vivace vestito stampato sotto un impermeabile verde scuro, un paio di scarpe beige con il tacco, capelli mechati e vaporosi come li porta ancora oggi, si appoggia all'auto alle sue spalle, gambe incrociate alle caviglie come il principe di fronte a lei, al quale scocca un sorrisetto complice e invitante.

Come si sono conosciuti è ormai materia di leggenda. La versione più piccante, e quindi più diffusa, è che i loro sentieri si siano incrociati un anno prima, nell'estate 1971, a un *match* allo Smith's Lawn, il più esclusivo e prestigioso club di polo dell'isola, nel Gran Parco di Windsor, sede ufficiale della squadra di polo delle Guardie reali. È lì che al primo incontro Camilla avrebbe pronunciato, a mo' di presentazione, la celebre battuta: «La mia bisnonna era l'amante del tuo trisavolo, e noi?» Se vera, solo una statua di marmo sarebbe rimasta immobile dinanzi all'evidente sottinteso, buttato lì da una ventiquatrenne che sprizzava vita e voglia di divertirsi da tutti i pori.

L'attuale forma fisica di Queen Camilla ha, com'è noto, molti detrattori. Ma non ce n'era nemmeno uno agli inizi degli anni Settanta, quando Camilla Rosemary Shand faceva vibrare le corde di tutti i giovani maschi dell'alta società londinese. Era una tipica ragazza dell'*upper class*. Bei lineamenti, occhi allegri di un blu profondo, capelli castani con mèches bionde, seno prosperoso, amici e amiche del tempo ancora ricordano l'effetto che faceva quando entrava in un salotto. Una delle regine dei *salons* londinesi dell'ultimo mezzo secolo, lady Annabel Goldsmith (la donna che ha dato il nome al night club più chic della capitale) l'ha raccontata così alla biografa Sally Bedell Smith: «Era chiarissimo quello che un uomo poteva vederci. Una creatura allegra, capace di ridere, intensamente calda e materna, con un enorme sex appeal». Carlo ci cascò come una pera cotta.

La versione del primo incontro offerta dallo stesso principe all'amico intervistatore Dimbleby è molto meno titillante. Nelle sue parole, a farli conoscere sarebbe stata la già citata Lucia Santa Cruz, vecchia conoscenza di Carlo dai tempi di Cambridge, diventata nota per averlo alleggerito della verginità. «Ho la ragazza giusta per te», gli avrebbe detto invitandolo a prendere un drink con lei e con la sconosciuta. Lucia ha confermato in un'intervista di aver fatto lei le presentazioni. Era amica di Camilla, e tutte e due vivevano, su piani diversi, in un condominio giusto dietro l'angolo della stazione dei bus a Victoria, in Cundy Street, noto per ospitare molte ragazze della buona società. Carlo accettò l'invito, e sull'esito di quel primo incontro tutte le versioni si ricongiungono e concordano.

Lui, ha scritto Dimbleby riportando le parole dello stesso principe, ne fu «conquistato quasi all'istante». Gli sembrò la ragazza più meravigliosa che avesse incontrato fino ad allora. Lo attrassero la sua vivacità e allegria, e apprezzava che non se la tirasse per niente, che non si curasse di mettersi in ghingheri per fare colpo. Si rese subito conto che condividevano lo stesso amore per la campagna, i cavalli, la caccia e il polo, oltre alla predilezione per le battute sceme e la comicità demenziale. Prigioniero dei formalismi di Corte, Carlo rimase ammirato dall'«irriverenza di una che sta coi piedi per terra» e ne apprezzò l'indifferenza ai dettami della moda e dello stile. Era graziosa senza essere una bellezza che intimidisce, era spiritosa e scoppiettante, dalla risata facile e contagiosa. In poche parole, aveva scoperto l'anima gemella, capace per di più di condividere con entusiasmo passioni molto più terrene.

Sulle vie dell'amore, di questo non c'è da dubitare, Camilla era già molto più esperta del fresco innamorato. Da cinque o sei anni era la fidanzata a corrente alternata del più noto dongiovanni della Londra di quegli anni, Andrew Parker Bowles, ufficiale delle Guardie reali e intimo della famiglia reale, al punto da annoverare tra le sue conquiste anche una giovanissima principessa Anna. Camilla ne sembrava totalmente presa, sebbene il rapporto fosse soggetto a frequenti interruzioni per via delle costanti infedeltà del bell'ufficiale. Ma lui sapeva perfettamente che l'avrebbe sempre trovata pronta a riaccoglierlo, sebbene sia parte della leggenda che a spingerla tra le braccia del giovane Carlo sia stata la voglia di rivincita per il tradimento di Andrew con la sorella del principe. Insomma, una specie di gioco erotico per punire e ingelosire l'amante di lunga data.

Un'accentuata disinvoltura sentimentale e sessuale non era solo il segno dei tempi ma scorreva nel sangue della fascinosa Miss Shand, che abbia pronunciato oppure no la famosa battuta sulla bisnonna (l'ex marito Parker Bowles la ritiene «maledettamente accurata»). La famiglia a cui appartiene è uno dei vecchi e potenti clan del regno, ma adulteri e divorzi si attaccavano come l'edera all'albero genealogico della casata, conformemente alla morale aristocratica molto lasca in materia di sesso. Come avrebbe confessato con ironia nelle sue memorie lord Mountbatten, la moglie «Edwina e io passavamo il tempo a entrare e uscire dal letto. Degli altri».

Alice Keppel, la bisnonna materna di Camilla, divenne famosa come «la Favorita» tra le molte amanti che allietarono la vita di quell'adultero seriale che era Edoardo VII. E fu anche quella che l'accompagnò fin sul letto di morte. Era nata in Scozia, nel castello di Duntreath, vicino a Loch Lomond, in una ricca e riverita famiglia di proprietari terrieri, nona e ultima figlia di sir William Edmonstone. La proprietà era stata donata dal sovrano all'omonimo capostipite della casata nel quattordicesimo secolo, quando aveva sposato Mary, figlia del re Roberto III di Scozia. Come dire che c'è abbondanza di sangue reale anche nelle vene di Camilla, e forse più antico di quello del marito. La ricchezza degli Edmonstone non veniva però dal favore reale ma dalle loro doti imprenditoriali. Avevano costruito un'enorme fortuna grazie alle miniere di carbone e alle ferrovie.

Nel ritratto offerto dalla figlia più piccola Sonia, futura nonna di Camilla, Alice appare come una donna non bella ma piacente, dalle curve generose e occhi blu «grandi, spiritosi, gentili e acuti». I tratti fisici l'avvicinano molto alla bisnipote. Che da lei ha ereditato anche la passione per il fumo, al punto che la voce arrochita dalle sigarette è diventata una sua precisa caratteristica. Almeno fino a quando Carlo non le ha estorto, con un tipico ricatto affettivo, l'impegno a smettere.

Naturalmente, ai tempi di Alice fumare era un gesto molto più audace per una giovane di buona famiglia come lei, ma fu presto chiaro che a questa donna dotata di uno spirito malizioso e una voce sonora, un po' mascolina, l'audacia certo non faceva difetto. A diciott'anni, dopo la morte del padre, si scelse per marito George Keppel, terzo figlio del settimo conte di Albemarle: discendendo direttamente da Arnold van Keppel, il favorito di re Guglielmo

III, lui aveva un «pedigree» molto più ricco, ma lei aveva molti più soldi. Non sufficienti tuttavia al tipo di vita sfarzoso a cui entrambi erano abituati e a cui nessuno dei due intendeva rinunciare. Per fortuna loro, «attraverso tutta la sua vita», ha scritto nelle sue memorie la figlia Sonia, «Mama è stata irresistibilmente attraente per i banchieri», incluso il più importante consigliere finanziario di Edoardo VII, sir Ernest Cassel. La sua principale biografa, Diana Souhami, racconta che «Mrs Keppel vedeva l'adulterio come una solida branca d'affari, un lavoro da donna», al punto da suggerirlo (ovviamente con un uomo ricco e influente) alla moglie di un giovane Winston Churchill per spingere la carriera politica del marito.

Alice incontrò Edoardo, ancora principe del Galles, alle corse di cavalli di Sandown Park, quando lui aveva cinquantasei anni e lei appena ventinove. Era accompagnata non dal marito ma da un altro ammiratore, sir John Leslie, che stava per presentarla a Sua Altezza quando questi lo interruppe dichiarando che si conoscevano già, e fece cortesemente capire a Leslie che la sua presenza non era più richiesta. Il gentiluomo si allontanò discretamente, non prima di aver notato – come riporterà – «quel certo sguardo, misto di apprezzamento e ammirazione, che HRH [His Royal Highness, Sua Altezza Reale] lasciava viaggiare sul volto grazioso e la figura convenientemente formosa di Mrs Keppel». Poco tempo dopo erano già amanti.

Da tempo la regina Alexandra – bella, decorativa, popolare e completamente sorda – aveva smesso di interessarsi alle amiche del marito: aveva protestato una volta, ai tempi della sua relazione con la contessa di Warwick, e lui l'aveva messa a tacere sfidandola a trascinarlo davanti al tribunale dei divorzi. Da allora Alex, com'era nota in famiglia, si limitava a chiamare il fedifrago «*my naughty boy*», il mio birichino. Così l'*affaire* del birichino Bertie (il nomignolo famigliare del re) con Alice poté fiorire tranquillamente sotto gli occhi dell'alta società londinese senza che i coniugi né dell'uno né dell'altra se ne curassero minimamente.

George Keppel, che Alice aveva sposato una decina di anni prima, era quello che i francesi chiamano *mari complaisant*, un marito compiacente. Per restare sul filo dei paragoni, il gran pettegolo Gyles Brandreth oggi lo definisce «l'Andrew Parker Bowles dell'Inghilterra edoardiana, un soldato e un gentiluomo anche lui ma più fortunato» del marito di Camilla, almeno per un aspetto: rimase sposato con Alice, e pure felicemente, per cinquantasei anni. E quando morì, nove settimane dopo di lei («Sempre il più cortese degli uomini», commentò la figlia Violet, «sembrò che odiasse farla aspettare»), i suoi encomiastici necrologi non facevano alcun riferimento né alla sua reputazione di cacciatore di gonnelle né alla lunga relazione adulterina della moglie con il re.

Con Alice, nella sua bella casa al 30 di Portman Square pagata e arredata grazie alla generosità reale, Bertie tenne in piedi un secondo *ménage* domestico, che andava ben oltre l'attrazione sessuale. L'amante gli offriva anche un affetto pressoché materno, una cura quasi da infermiera, comodità e tranquillità, e in cima a tutto un'assoluta discrezione, un orecchio fidato per i suoi segreti.

Con ogni evidenza, Mrs Keppel e la bisnipote Mrs Parker Bowles si somigliano come due gocce d'acqua. Uno dei numerosi biografi di Alice, Theo Aronson, ha riassunto perfettamente quel che l'amante aveva da offrire a Bertie: «Era abbastanza attraente da interessarlo sessualmente; divertente quando era annoiato, paziente quando era irascibile, premurosa quando era malato, discreta quando lui appariva in pubblico. In sua compagnia lei era allegra, calma, mai tentata di lamentarsi». Non si potrebbe descrivere meglio quel che, stando a tutti i testimoni, Camilla offre a Carlo.

Una tale somiglianza di caratteri e visione del mondo spiega forse anche come mai la bisnipote fosse tanto orgogliosa delle imprese erotiche dell'antenata, non precisamente il tipo di gesta che una famiglia normale tende a ricordare, figuriamoci esaltare. I vecchi amici della regina consorte ricordano invece come ancora da ragazzina, ai tempi della scuola, parlasse con entusiasmo della bisnonna e delle sue conquiste amorose. Non a caso nel suo salotto faceva bella mostra un ritratto dell'ardimentosa signora, ammirata dal vicino di casa a Firenze (dove morì), il grande collezionista d'arte sir Harold Acton, per l'«enorme charme, dovuto non solo alla sua vivacità e intelligenza ma anche al suo cuore generoso».

Quando nel 1900 nacque Sonia, la figlia minore dei Keppel, la Londra dell'*upper crust* – la crosta dorata della società – ronzava di pettegolezzi sull'effettiva identità del padre. La circostanza che il legame con Bertie fosse diventato ufficiale già da un paio d'anni metteva ovviamente in prima fila tra i sospetti proprio il reale amante. Il naso di Sonia era in verità inconfondibilmente Keppel, ma non si può escludere l'eventualità che aumenterebbe il tasso di regalità nel sangue di Camilla. Chiunque fosse il padre, la fanciulla diciottenne fece comunque un matrimonio da favola sposando Roland Cubitt, figlio del secondo barone Ashcombe. La nobiltà non era delle più illustri ma il patrimonio strabiliante.

Roland, Rolie in famiglia, era il nipote di Thomas Cubitt, l'imprenditore edile che nell'Ottocento costruì gran parte della Londra di proprietà dei duchi di Bedford e di Westminster, in particolare Belgravia, il quartiere più ricco e alla moda di tutti. Alla morte del padre Rolie ereditò titolo e fortuna della famiglia. E la felicità della coppia fu coronata nel 1921 dalla nascita di una bambina, Rosalind Maud, seguita nel giro di sei anni da due fratellini. Rosalind sarebbe diventata, ventisei anni dopo, la mamma di Camilla.

La vita dei giovani Cubitt era molto più ordinata e convenzionale di quella dei loro pittoreschi nonni materni. Rosalind ebbe l'onore di essere proclamata *Deb of the Year*, debuttante dell'anno nell'ultima *season* – la stagione mondana – di pace, nel 1939. E a conflitto mondiale terminato, a venticinque anni, impalmò il maggiore Bruce Middleton Hope Shand, due volte decorato come eroe di guerra e futuro padre di Camilla. Gli Shand non possedevano nulla che li avvicinasse anche lontanamente alla ricchezza dei Cubitt, ma vantavano invece una storia famigliare non meno disfunzionale e libertina di quella dei Keppel. Questi geni non si erano però trasmessi né a Rosalind né a Bruce. Lui rinomato mercante di vino della Londra bene e appassionato di caccia alla volpe tanto da diventare *master* della Southdown Hunt, lei più riservata e ritirata, il loro fu un matrimonio tranquillo, allietato da tre figli.

Era Rosalind a impugnare le redini e il borsellino della famiglia nella bella tenuta The Laines, nel Sussex orientale, dove si dedicava alla passione del giardinaggio e i ragazzi crescevano in una beata e spensierata libertà. L'atmosfera a The Laines, una magione del diciottesimo secolo con sette camere da letto, era molto simile a quella che Camilla avrebbe riprodotto molti anni dopo nella sua residenza di Ray Mill: file di stivali di gomma accanto alla porta, disordine dappertutto, i ragazzini a correre dentro e fuori con frequenti puntate alla spiaggia di Hove accompagnati dalla madre. Trascorrevano le giornate con pony e cani, tra gare di corsa, campeggi sulla spiaggia e picnic in collina. Come ha osservato una vecchia amica di casa, Jane Churchill, «la cosa strana per quel genere di famiglia è che sono stati educati nel modo meno snob possibile». Il risultato è che Camilla ha vissuto un'infanzia «assolutamente felice». L'esatto contrario del «puro inferno» sempre lamentato da quel suo giovane innamorato del 1971.

13
L'amazzone rubacuori

Se si vuole capire come ha fatto la regina consorte a sopravvivere a quattro decenni di insulti, denigrazione e odio per il suo rifiuto di «farsi da parte», come richiesto da decenza e convenienza, gli anni dell'infanzia offrono la chiave. «Milla», come la chiamavano a casa, era un estroverso maschiaccio, e andava matta per i cavalli esattamente come papà, rendendolo felice. Il maggiore Shand, all'epoca *master* della Southdown Hunt, la introdusse nel mondo della caccia alla volpe quando aveva appena nove anni. E la bimba bionda, elegantissima nella sua redingote su misura, cravatta bianca con spilla d'oro, lucidi stivali di cuoio – come prescritto dal codice d'abbigliamento dello sport prediletto dall'aristocrazia – fu sedotta all'istante dall'eccitazione dell'inseguimento della volpe: saltava siepi e fossati con coraggio e maestria, un'ardita cavallerizza non meno del padre. Era insomma un fegataccio, e tale è rimasta per tutta la vita.

Il suo curriculum scolastico non sembra essere un granché. Elementari a Dumbrells, una scuola privata in un villaggio vicino a The Laines, dove la massima fondamentale era: «Una ragazza pulita avrà una mente pulita». Questa lezione non sembra sia stata molto assorbita dalla bambina. Allora come da adulta, gli ambienti in cui vive si segnalano per il caotico disordine che vi regna. Perfino in mezzo allo sfarzo di Clarence House, dove ha abitato con Carlo prima del trasferimento a Buckingham Palace. Le amiche raccontano di salotti zeppi di libri ammonticchiati e maglieria, dipinti da appendere e scatole di vestiti, tutto stipato fra troppi mobili e arredi.

A undici anni andò in un collegio della vicina Lewes, ma ci restò appena un anno prima di essere iscritta alla Queen's Gate School di Londra, nell'elegante quartiere di South Kensington, il primo approccio agli ambienti in cui avrebbe vissuto. Cinque giorni la settimana in collegio e il week-end ritorno a casa a Plumpton, così che potesse cavalcare e andare a caccia: nelle sue parole, «il meglio di entrambi i mondi». Le ex compagne in quella dorata adolescenza la descrivono nei twin-set e filo di perle d'ordinanza nella scuola per privilegiate, ma ricordano anche che spiccava per un'eccezionale sicurezza di sé e per il carisma.

Tutto questo non si riversava negli studi. A sedici anni superò solo uno degli esami O Level, quelli che misurano le conoscenze di base degli allievi, e fu spedita a completare la sua istruzione in Svizzera, nel collegio Mon Fertile, dove tutto quello che si insegnava alle ragazze erano le arti domestiche utili – secondo i dettami dell'epoca e della classe – ad acchiappare un buon marito. A dare l'ultimo tocco a queste abilità provvide il finale soggiorno di sei mesi a Parigi all'Institut britannique, per apprendere almeno un francese rudimentale. Si era già a metà degli anni Sessanta, ma questo striminzito curriculum accademico era la norma per una ragazza dell'*upper class* come Camilla, manco fossimo ancora nel primo Novecento.

E fedele ai costumi della sua classe, Milla fece il debutto in società il 25 marzo 1965, quattro mesi prima dei diciott'anni, benché la stagione delle debuttanti con il conclusivo gran ballo reale fosse stata abolita da Elisabetta II già nel 1958. La festa fu un affare molto più contenuto rispetto al faraonico ricevimento che aveva segnato il debutto della madre, ma Rosalind, benché attenta amministratrice della fortuna famigliare, offrì un grande cocktail party per centocinquanta invitati da *Searcys Knightsbridge*. Nel cuore della Londra opulenta ed elegante Camilla avrebbe affondato le radici della sua vita sociale. Anche con il cospicuo aiuto di nonna Sonia.

La figlia di Alice Keppel, andata in sposa al ricchissimo Cubitt, probabilmente vedeva nella nipote non solo certi tratti fisici della madre ma anche un'identica determinazione di fronte alla vita. Quella che aveva guadagnato ad Alice perfino un ruolo nel celebre romanzo di Vita Sackville-West *The Edwardians*, tradotto qui da noi come *La signora scostumata*, dove compare con il nome di Romola Cheyne: «Era una donna coraggiosa e di forte personalità [...]. Per la sua tempra e il suo materialismo, era un'anima notevole». Dall'alto della sua fortuna, Sonia Cubitt si curava di non far mancare alcuna comodità alla nipote beniamina. Per non farla arrivare tardi al mattino al suo pseudolavoro di receptionist dal prestigioso decoratore d'interni Colefax, a Mayfair, le affittò addirittura una camera a poca distanza dal negozio, all'ultimo piano del *Claridge's*, il top degli hotel di Londra. Ma dopo un po' smise di pagare i conti delle fastose colazioni che Camilla offriva ogni mattina coi suoi soldi ai giovani amici altolocati.

Il primo *boyfriend* Kevin Burke, ovviamente uscito da Eton, che la ricorda come terribilmente «sexy e divertente», fu presto messo da parte all'apparire di Andrew Parker Bowles. L'irresistibile «ufficiale e gentiluomo» era di casa negli ambienti di Corte, imparentato direttamente con la Queen Mum Elizabeth, di cui era pure figlioccio. Camilla lo conobbe attraverso Simon Parker Bowles, il fratello minore che lavorava per il maggiore Shand nel commercio dei vini, e tutti, lei compresa, concordano che se ne innamorò all'istante. A Londra lui possedeva un appartamentino da scapolo nel modaiolo quartiere di Notting Hill, dove il lattaio poteva spesso incrociare Camilla nelle mattine dei week-end con addosso una camicia di Andrew e un aspetto alquanto sgualcito.

Che cosa vedeva la diciannovenne nell'ufficiale di sette anni più grande? Evidentemente il fascino dell'età giocò una buona parte. Lui era più esperto e più elegante di chiunque avesse conosciuto, più divertente e più impetuoso, anche a letto. In effetti, la fama di donnaiolo di Andrew Parker Bowles riposa in larga misura sulle sue prodezze sessuali descritte da una lady (comprensibilmente) senza nome al commentatore del *Mail* Nigel Dempster: «Il suo dono maggiore alle donne era la consapevolezza che la sessualità è sana, qualcosa da esplorare. Questa franchezza sul sesso fu il suo regalo a Camilla. Lei era molto innocente quando si incontrarono, ma trascorsero assieme molte, molte notti. Lui la istruì sulle cose del mondo».

Gli amici comuni concordano che fu «una storia veramente bollente», eppure insufficiente per placare gli ardori dell'instancabile cavaliere. Che donnaiolo impenitente era e tale rimase, alternando alla sua innamoratissima ragazza una sfilza di belle amanti in larga parte titolate, categoria per la quale aveva una speciale predilezione. Tra queste lady Caroline Percy, figlia del duca di Northumberland e già fidanzata a un baronetto, che pur avendo ceduto alla corte di Parker Bowles non ne offre un ricordo lusinghiero: «Andrew si comportava in modo abominevole con Camilla, ma lei era determinata a sposarlo. Quando stavo con lui scoprii che contemporaneamente aveva un *affaire* con una donna sposata».

In risposta alla promiscuità di Parker Bowles, secondo Nigel Dempster – altro pettegolo cui si devono pure le confidenze di lady Percy –, Camilla avrebbe partecipato anche lei al gran gioco della seduzione, portandosi a letto un certo numero di corteggiatori dell'alta società. Circostanza smentita parecchi decenni dopo dai suoi reali collaboratori: «Assolute sciocchezze. Parliamo di persone che avevano vent'anni nei mitici Sessanta e Settanta. All'epoca Andrew e Camilla non erano fidanzati, quindi erano liberi di vedere chi volevano. E lei avrà avuto al massimo due o tre *boyfriends*».

Non era insomma una mangiauomini, secondo i guardiani della sua immagine, la spigliata ventiquattrenne che sedusse il principe del Galles al primo sguardo. Che poi la relazione sia stata propiziata dalla gelosia di lei per Parker Bowles, e dal desiderio di rendergli pan per focaccia, è questione impossibile da chiarire. Certo l'assenza dell'amante infedele, di servizio in Germania col suo reggimento, favorì lo sviluppo della storia. L'attrazione tra Carlo e Camilla fu immediata e reciproca, anche appassionata quando si trasferì sul piano dei sensi, e in questo caso è probabile che sia stata lei a interpretare la parte dell'esperta nei confronti del più giovane principe, ancora timido e introverso.

A partire dal primo incontro nell'estate 1971, la coppia si frequentò costantemente per un anno e mezzo. L'attrazione iniziale si trasformò in una vera e propria storia d'amore solo negli ultimi sei mesi, durante i quali il sentimento si fece più radicato e profondo, soprattutto per lui. Sembra provarlo anche la circostanza che, quando erano lontani, era maggiormente Carlo a tenere vivo il legame. La subissava di lettere d'amore dal linguaggio fiorito e di telefonate notturne torrenziali, intime, del genere che sarebbe diventato di pubblico dominio vent'anni dopo allo scoppio del *Camillagate*, lo scandalo della famosa conversazione (intercettata) del Tampax.

Se invece si trovavano a portata di mano, e con Andrew sempre opportunamente lontano, non perdevano occasione per incontrarsi. Sui prati dello Smith's Lawn nel Gran Parco di Windsor per le partite di polo amate da entrambi. In ristoranti esclusivi per cenette romantiche. Assieme andavano da *Annabel's*, lo scicchissimo night club di Berkeley Square intitolato alla comune amica Annabel Goldsmith dal proprietario, che era pure suo marito. E naturalmente finivano la serata nell'appartamento di Camilla a Victoria. Si concedevano anche lunghi week-end in quell'Eden inglese di nome Broadlands, la tenuta dei Mountbatten nell'Hampshire. Perché «zio Dickie» giocò una parte di rilievo nella storia, in quanto unico adulto nel mondo di Carlo che fosse all'epoca informato di Camilla.

È facile intuire che nella disponibilità di Mountbatten a fare da paraninfo ai piccioncini, aprendo loro il suo remoto e riservato castello, ci fosse anche un elemento di calcolo. Dal suo punto di vista, Camilla si inquadrava perfettamente nel consiglio dato a Carlo di correre la cavallina prima di sistemarsi (sperabilmente, come abbiamo detto, con sua nipote Amanda). Nell'attesa che si materializzasse la donna giusta come moglie, la giovane donna divertente e senza grilli per la testa probabilmente appariva al conte una buona esperienza di apprendimento per il suo pupillo. Con lei avrebbe potuto esprimere senza complicazioni «le ovvie tipiche passioni di un giovane uomo in salute». E a Mountbatten l'ospitalità che offriva a Broadlands (replicata anche con le molte altre successive fiamme del principe) avrebbe arrecato l'ovvio vantaggio di tenere d'occhio Carlo.

Nel gennaio 1972, come richiesto dalla tradizione famigliare, l'erede al trono cominciò la carriera in Marina e fu assegnato in qualità di sottotenente alla nave *Norfolk* ormeggiata a Portsmouth, letteralmente a un tiro di schioppo da Broadlands, a sola mezz'ora d'auto. Per il giovane ufficiale Windsor fu un colpo di fortuna (non si sa quanto propiziato) che gli offriva la possibilità di rifugiarsi nella tenuta dei parenti in ogni momento libero. Mountbatten (che, ricordiamo, soffriva la mancanza di un erede maschio) ne fu felicissimo, come annotò nel suo diario: «È bello averlo qui.

Abbiamo fatto così tante chiacchiere intime. È veramente un affascinante giovane uomo!»

La frequentazione di Broadlands diventò residenza quando, nell'estate 1972, il sottotenente Galles fu trasferito sulla nave scuola *Dryad* per completare i corsi prima di prendere il mare. Anziché dormire in brandina nel quadrato ufficiali, gli fu permesso di stabilirsi dal prozio e fare il pendolare con la base navale.

Quell'autunno fu probabilmente tra i più felici di Carlo. Viveva in grande semplicità con il suo amato mentore, la figlia maggiore Patricia e il marito John Brabourne, entrambi cari amici, e la storia con Camilla era ormai pienamente sbocciata nei mesi precedenti. Era chiaro che il principe era sempre più felice con lei, sentendo – secondo quanto ha confidato al biografo Dimbleby – che «poteva essere un'amica e una compagna da amare e curare teneramente». E, con sua delizia, gli sembrava che questi sentimenti fossero reciproci. Perché, avrebbe detto molti anni dopo lady Patricia Mountbatten, «quel che più desiderava al mondo era una normale vita famigliare».

Per capire quanto forte potesse essere questo desiderio nel cuore di Carlo bisognerebbe sperimentare l'atmosfera rarefatta in cui si è svolta, tranne i periodi a scuola o in Marina, tutta la sua vita. Da bambino, appena in grado di stare sulle sue gambe, gli era stato insegnato a baciare la mano della bisnonna regina Mary prima di poterle dare un bacio sulla guancia. In famiglia, ogni volta che mamma entrava in una stanza tutti dovevano alzarsi, compresi figli e parenti. Quanto a lui, una volta divenuto principe del Galles, tutti (con una manciata di eccezioni) erano tenuti a chiamarlo «sir» e a salutarlo chinando il capo se uomini, facendo la riverenza se donne. Perfino a letto – hanno raccontato parecchie ex fiamme – Sua Altezza esigeva che lo chiamassero «sir», come del resto aveva dovuto fare pure Diana fino al fidanzamento ufficiale.

La barriera del protocollo tra lui e il mondo autentico rendeva un incubo anche la sua vita privata, e impacciati o imbarazzati i rapporti con le molte ragazze che corteggiava. Il rispetto dell'etichetta lasciava ben poco spazio alla spontaneità e all'abbandono, e a rendere le cose più difficili c'era la totale mancanza di privacy. Nemmeno in macchina Carlo poteva restare da solo, c'era sempre un agente della sicurezza con lui (e dopo il tentativo di rapimento della sorella Anna nel 1974 ci sarebbe sempre stata anche un'auto di scorta). Per facilitare le cose, la squadra di protezione preferiva prelevare le amiche dell'erede al trono e portargliele direttamente a destinazione, come pacchi. È facile comprendere che l'esperienza raffreddasse gli entusiasmi di molte giovani donne per una relazione con il principe. Tanto più che erano ragionevolmente certe di finire nelle cronache pettegole dei giornali.

Broadlands offriva invece la privacy sospirata da Carlo, e all'ombra di quella rassicurante protezione poté apprezzare la spontaneità di Camilla e la sua attitudine materna (lui che di materno aveva sperimentato così poco) a comprenderlo e appoggiarlo. A rendere più focosa la relazione contribuì forse anche la comune consapevolezza che il tempo a loro disposizione era limitato. Un periodo di diciotto mesi in mare aspettava il sottotenente Galles. Agli inizi del gennaio 1973 sarebbe partito per i Caraibi sulla fregata *Minerva*, e già ai primi di dicembre aveva dovuto raggiungere il vascello. Nel week-end del 9 e 10 era tornato a Broadlands da «zio Dickie», e ovviamente Camilla era stata invitata a raggiungerlo, nel ruolo riconosciuto di *girlfriend* fissa. Il principe aveva portato tutti e due a bordo per una visita e poi li aveva invitati a pranzo. Il fine settimana successivo, il 16-17 dicembre, Carlo e Camilla l'avevano trascorso ancora una volta insieme a Broadlands. Passato Natale, la *Minerva* avrebbe subito levato l'ancora. Era l'ultima volta, scrisse mestamente il principe a Mountbatten, che l'avrebbe vista per il successivo anno e mezzo. Non aveva idea che era l'ultima volta che l'avrebbe incontrata da donna single.

Tre mesi dopo, il 15 marzo 1973, Andrew Parker Bowles e Camilla Shand annunciavano il loro fidanzamento. Sin dall'inizio dell'anno, mentre Carlo navigava ignaro tra le ex colonie caraibiche, alternando i doveri di giovane ufficiale navale a quelli di informale ambasciatore di buona volontà della Corona britannica, a Londra aumentava la pressione su Andrew perché facesse la cosa giusta con Camilla. A fine febbraio i due padri, Derek Parker Bowles e Bruce Shands, si incontrarono, entrambi stufi del tira e molla del «capitano di cuori». E furono loro, stando a John Bowes-Lyon, cugino dello scapolo impenitente, a pubblicare sul *Times* del 15 marzo l'annuncio di fidanzamento di Andrew e Camilla. A quel punto per lui era ormai preclusa la via della ritirata, e da buon soldato chiese la mano di quella che era la sua ragazza da quasi sette anni. Lei non perse un minuto a pensare al suo lontano marinaio. Era al settimo cielo, «innamoratissima di Andrew», giura ancora il cugino Bowes-Lyon, «inoltre i suoi genitori erano convinti che lui dovesse sposarla».

Nel Mar delle Antille, all'oscuro di questi sviluppi, il sottotenente Galles aveva ottenuto a metà aprile una licenza dalla *Minerva* per trascorrere sette giorni con «zio Dickie», figlia e genero nella loro casa sull'isola di Eleuthera, alle Bahamas. Per il principe fu una settimana da sogno, come la raccontava Patricia Mountbatten: si alzava all'alba e passeggiava per chilometri da solo sulla spiaggia, osservando gli uccelli, o tuffandosi tra le onde senza nessuno attorno. Oppure si piazzava con gli acquerelli (altra sua grande passione oltre il violoncello) sotto il sole cocente a dipingere paesaggi marini e scene di spiaggia.

Non furono queste, in verità, le sole meraviglie ad attrarre il suo sguardo. Carlo si accorse anche (proprio come sperava il nonno) che Amanda, la nipote non ancora sedicenne di lord Mountbatten, era sbocciata in «una bellissima ragazza, molto intrigante», come scrisse a «zio Dickie» a vacanza finita, quando la chiamata del dovere lo costrinse a lasciare quel – parole sue – «paradiso in terra».

L'inferno lo aspettava poco lontano. Qualche giorno dopo, sbarcando all'English Harbour di Antigua, il principe venne a conoscenza delle notizie su Camilla e Parker Bowles. Ne rimase tramortito. E come sempre si rivolse per conforto al «nonno putativo», ovvero il vecchio «Dickie», che era stato anche testimone della storia d'amore nei suoi giorni dorati. Lui non riusciva a capire – gli scrisse – come «una relazione incantevole, dolce e reciprocamente felice» fosse finita in modo così brusco, dopo un inizio tanto promettente. Adesso, era la conclusione, «non ho nessuno da cui ritornare», anche se sperava che «il senso di vuoto alla fine passerà».

Lo sfogo amarissimo del Carlo abbandonato sorvola però su un punto cruciale. Il principe innamorato aveva mai seriamente pensato di sposare la ragazza di cui ora avvertiva l'assenza? Perché non l'aveva chiesta in moglie, quando ne aveva avuto tutta l'occasione? Qui valutazioni e ricostruzioni inevitabilmente divergono. L'opinione prevalente è che all'epoca l'opzione non fosse nemmeno immaginabile. La sposa del futuro re, secondo i bigotti della Corte di San Giacomo, doveva essere non solo aristocratica e protestante ma soprattutto vergine, e Camilla «aveva una storia», nell'ovvio senso che aveva già perso con altri la sua verginità.

Di certo nell'atteggiamento del principe, per quanto totalmente preso dalla compagna dell'ultimo anno e mezzo, si coglie come una riserva, un'esitazione a compiere un passo decisivo. Nell'ultimo week-end che trascorsero insieme a Broadlands, si intuisce che lui le dichiarò ardente amore ma non si spinse oltre. Non fece alcuna promessa, non prese alcun impegno, e nemmeno ne richiese. Semplicemente, procrastinò. Carlo aveva appena ventiquattro anni, non intendeva precipitarsi in un'unione irreversibile, voleva essere certo di aver trovato la compagna – come ha detto in un'intervista – con cui trascorrere i successivi cinquant'anni di vita. Pensava che i previsti diciotto mesi di servizio navale gli avrebbero permesso di essere più sicuro dei reciproci sentimenti, e immaginava di ritrovare Camilla al suo posto al ritorno. Invece lei non c'era più.

Gli amici di entrambi, come Carolyn Gerard Leigh, assicurano del resto che la questione di un matrimonio del principe con Camilla non si era mai posta: «Lui era molto più immaturo, semplicemente un simpatico ragazzo. Camilla era ben consapevole del suo status privilegiato ma non voleva certo essere regina». Voleva, sostiene un altro amico, diventare la signora Parker Bowles, e questo successe il 4 luglio 1973, quando il suo bell'Andrew la condusse all'altare in mezzo alla guardia d'onore dei colleghi ufficiali nella cappella delle Guardie reali, alle Wellington Barracks. Il matrimonio fu celebrato in grande stile, con ottocento invitati – in testa la Queen Mum, la figlia Margaret e la principessa Anna – al ricevimento a St James's Palace. Fu notata l'assenza di Carlo, ufficialmente trattenuto da precedenti impegni. Ma i pettegoli bisbigliavano che semplicemente non se la sentisse di guardare Camilla camminare verso l'altare.

A farlo sentire ancora più solo arrivò la notizia che anche la ventiduenne principessa Anna aveva ottenuto da mammà il permesso di sposare un altro affascinante cavallerizzo, il capitano Mark Phillips, suo compagno di sport equestri. Estroversa e sicura di sé, Anna aveva stabilito con il fratello maggiore un rapporto inversamente proporzionale all'ordine di anzianità: era lei a offrirgli comprensione, sostegno, incoraggiamento. Inevitabilmente, adesso, il matrimonio l'avrebbe allontanata da lui, perciò più che gioia Carlo provò rabbia davanti a quella che sentiva come la perdita della compagnia della sorella. La sensazione di abbandono lo angosciava a tal punto da confessarla nella lettera a un amico, per quanto nel suo abituale tono autoironico: «Presto sarò lasciato ad annaspare disperatamente su uno scaffale da qualche parte, avendo perso tutti!»

Finito il breve ma felicissimo viaggio di nozze in Costa Azzurra, Camilla e Andrew, più che mai innamorati (stando agli amici), cominciarono finalmente il loro *ménage* coniugale. Avevano acquistato, grazie all'eredità di uno zio di lui, un vecchio maniero di campagna nel Wiltshire, Bolehyde Manor. Parker Bowles, promosso maggiore, faceva il pendolare con il suo reggimento a Londra, lei arredava casa e dava sfogo alla passione per il giardinaggio. Per il momento, l'immagine della serenità coniugale.

Carlo, lontano, era invece divorato dai consueti attacchi di scarsa autostima, depressione e infelicità. Il completamento del turno di servizio sulla fregata *Minerva* gli pesava ormai come una condanna ai lavori forzati, da cui fu infine liberato a luglio con la promozione a tenente. Ma la sua rabbia e frustrazione si sfogavano in quei mesi sui primi innocenti bersagli che gli capitavano a tiro.

Gli intimi erano perfettamente consapevoli degli attacchi di nervi a cui era periodicamente soggetto, spesso per contrattempi irrilevanti. Questo spiacevole tratto (ereditato dal nonno Giorgio VI) è del resto diventato noto al largo pubblico televisivo quando, in piena diretta per la firma dell'atto di successione, Carlo si è infuriato con un valletto per il calamaio mal collocato. Mai come in quell'estate del 1973 questa «irritabilità e umor nero che sono parte dell'uomo», come racconta un suo ex collaboratore, trovarono tanti pretesti per esplodere. Memorabile l'episodio alle Bahamas, dove era stato spedito a rappresentare la regina alle celebrazioni per l'indipendenza.

Tra una cerimonia e l'altra, trovò tempo per una partita di polo. Quel giorno giocava male, e la cosa gli bruciava. Ma lasciò tutti di sasso quando a un certo punto uscì furibondo dal campo per rimproverare aspramente il commentatore ufficiale del match, l'americano Tom Oxley, che a suo dire si era permesso di prenderlo in giro. Effettivamente Oxley aveva finto di scordare il nome del principe, l'aveva chiamato Filippo un paio di volte e aveva ironizzato pubblicamente sulla scarsa precisione dei suoi colpi di mazza. Carlo la prese come un delitto di lesa maestà. Secondo la cugina Patricia Mountbatten, l'uomo che sognava una vita normale era però anche il fanatico del protocollo che non tollerava nemmeno qualche innocua impertinenza. Annotò infatti, indignato, nel diario, che Oxley si era «incredibilmente concesso battutine di spirito insipide e gratuite». Come il trisavolo Edoardo VII, Sua Altezza amava mostrarsi un uomo alla mano, ma se qualcuno scordava che era un principe ci pensava lui a ricordaglielo.

14
Ufficiale e playboy

La fine della relazione con Camilla e il matrimonio della sorella inevitabilmente destinato ad allontanarli produssero in Carlo l'abituale reazione di solitudine e autocompatimento, ma in più stavolta anche parecchia agitazione sulle sue personali prospettive matrimoniali. Come scrisse in quei mesi a un amico, «vedo bene che dovrò trovarmi alla svelta una moglie, altrimenti finirò abbandonato a me stesso e mi sentirò molto infelice». Sano proposito. La ricerca della compagna giusta protratta per l'intero decennio Settanta produsse però il risultato opposto, di trasformare l'erede in un infaticabile playboy in tutto e per tutto simile ai principi del Galles prima di lui. Il settimanale americano *Time* si sentì dire niente meno che da «Dickie» Mountbatten che Carlo «entrava e usciva in continuazione dal letto con le ragazze». Nessuno meglio di lui poteva saperlo (sebbene fosse non tanto saggio rivelarlo), visto che gli aveva messo a disposizione la sicura tenuta di Broadlands.

Martin Charteris, uno dei più stretti e duraturi collaboratori della regina, riassunse in una frase scultorea l'immagine prevalente del principe del Galles sulla stampa di quegli anni: uno scapolo senza pensieri «consumato dalla caccia alla volpe, dal tiro alla pernice, dal polo e dalla fornicazione». L'ultima attività era spesso favorita dalla penultima, visto il successo che il principe nella nuova versione «macho» riscuoteva tra parecchie mogli e partner dei compagni di gioco. Non molti in verità facevano caso alla solitudine che Carlo confidava alle pagine del diario o agli amici più stretti, soprattutto dopo la celebrazione in gran pompa del matrimonio della sorella Anna nell'abbazia di Westminster il 14 novembre 1973, lo stesso giorno in cui lui compiva venticinque anni.

Una settimana dopo, in licenza dalla Marina per quattro mesi, Carlo cercò distrazione in Spagna, inseguito dalla nuova versione della caccia al tesoro lanciata dai tabloid: scovare l'ipotetica sposa dell'erede. Lui ne era così irritato che, attraversando a settembre l'aeroporto scozzese di Aberdeen, si era voltato di scatto verso la muta di cronisti per ringhiare con un sorrisetto sarcastico: «E a proposito, signori, non sono fidanzato. Spero che vi sia ben chiaro. Sembra che ci siano centinaia di voi ovunque io vada».

Il viaggio a Granada, per un week-end di caccia, difficilmente avrebbe mancato di far drizzare le antenne ai reporter. Ufficialmente rientrava nel circuito autunnale degli sport venatori del principe, che d'abitudine prediligeva per la stagione le Highlands scozzesi popolate di cervi o le colline dello Yorkshire. La stampa non sapeva molto della fauna dei boschi spagnoli, ma non poteva sfuggirle che nella compagnia del fine settimana figurava anche la figlia del padrone di casa, l'ottavo duca di Wellington. E la biondina ventiduenne lady Jane Wellesley non era solo un'autentica, celebrata bellezza, ma vantava un «pedigree» che la rendeva materiale ideale per una sposa reale.

Diretta discendente del vincitore di Napoleone, il padre era stato un ufficiale pluridecorato nella Seconda guerra mondiale, poi un apprezzato diplomatico e restava un ottimo amico personale della regina. Nella vasta tenuta di Granada, dono dei grati spagnoli al primo duca liberatore dai francesi, i segugi di Fleet Street vennero tenuti alla larga dai cani da pastore di Sua Grazia. Ma quando a

Carlo a un mese, con una giovane Elisabetta, 15 dicembre 1948.

Infanzia reale: con nonna Elizabeth e il cane Pippin (sopra); nella tenuta di Balmoral (sotto a sinistra); con la madre e la sorella Anna (sotto a destra).

All'università: il primo giorno al Trinity College di Cambridge, l'8 ottobre 1967 (a sinistra); attore in uno spettacolo teatrale studentesco, il 23 febbraio 1970 (sotto).

Studio e relax nella sua suite nella New Court del Trinity College, 1969-70.

La carriera militare: tenente della Marina reale, a bordo del dragamine Bronington, nel 1976 (sopra); nella base della RAF a Wittering, 13 luglio 1977 (a destra); colonnello in capo del reggimento paracadutisti della base RAF a South Cerney, 25 aprile 1978 (sotto).

L'investitura a principe del Galles, al castello di Caernarvon, il 1° luglio 1969.

Le passioni del principe: durante la caccia alla volpe a Badminton, nel 1976 (a destra); in campagna a Balmoral, nel 1978 (sotto); in mezzo alla natura alle Isole Falkland, nel 1999 (in basso).

Flirt e amori: con Camilla Fane, una fiamma di breve durata, nel 1977 (a sinistra); Camilla Parker Bowles e Diana Spencer insieme alle corse di Ludlow, nel 1980 (sotto).

L'annuncio del fidanzamento con Diana, il 24 febbraio 1981 (sopra e a destra) e le nozze, celebrate il 29 luglio dello stesso anno (sotto).

Con Diana ad Abu Dhabi, nel 1989 (in alto); a Balmoral, nel 1981 (sopra); a Melbourne, nel 1985 (a destra).

Con Diana e William, di sette mesi, nel 1983 (sopra); con William e il piccolo Harry, nel 1985 (a destra); tutta la famiglia accompagna William il primo giorno di scuola a Eton, il 6 settembre 1995 (sotto).

Con i figli, il cognato Charles Spencer e il padre Filippo al funerale di Diana, il 6 settembre 1997 (a sinistra); davanti al Taj Mahal, ad Agra, nel 1980, nella stessa posa in cui dodici anni dopo si farà ritrarre Lady Di per rappresentare la propria solitudine (sotto).

Camilla mostra l'anello di fidanzamento, avvenuto il 10 febbraio 2005 (sopra); all'altare nel castello di Windsor, il 9 aprile dello stesso anno (a sinistra); per mano all'«amata moglie», al Giubileo di Diamante della regina, il 5 giugno 2012 (sotto), con William, Kate e Harry.

Al funerale del padre Filippo di Edimburgo, a Windsor, il 17 aprile 2021 (sopra) e a quello della madre, la regina Elisabetta II, a Windsor, il 19 settembre 2022 (sotto e nella pagina a fianco).

Re Carlo III con Camilla a Londra, nel novembre 2022 (a sinistra); la moneta commemorativa da 5 sterline coniata nel settembre 2022 dalla Zecca reale (sotto); in visita a Londra, nel febbraio 2023 (in basso); nella nuova stagione di risparmio inaugurata da Carlo, il calzino bucato esibito l'8 febbraio 2023 alla moschea di Brick Lane (in basso a sinistra) sarà rammendato?

fine dicembre lady Jane spuntò a Sandringham per il consueto party del nuovo anno, i reporter inglesi si presero la rivincita e scoppiò il finimondo. Le strade che portavano alla proprietà reale, quelle principali e i sentieri di campagna furono intasati da torme di curiosi mescolati ai paparazzi, tutti parimenti speranzosi di dare sia pure da lontano una sbirciatina alla coppia. Sforzi e frenesia del tutto inutili, perché il romanzo non sbocciò. Forse anche a causa dell'inferno scatenato a Sandringham dal *press pack*, in grado di mettere in fuga pure la più innamorata delle fanciulle al pensiero che quello poteva essere solo l'antipasto. Il principe comunque ne fu così irritato che sei mesi dopo, in un discorso all'associazione della stampa parlamentare, tornò sull'incidente per chiedere ai giornali maggiore «autodisciplina».

Svanita lady Jane, troppo bella e intelligente per lasciarsi rinchiudere nella gabbia reale, Carlo riprese il mare e, come si dice dei marinai, in ogni porto una donna... Nel gennaio 1974 il tenente Galles volò a Singapore per imbarcarsi sul cacciatorpediniere *Jupiter*, con l'incarico di ufficiale delle comunicazioni al comando di quindici aspiranti sottufficiali: li aspettava un lungo viaggio intorno al mondo, e la cura che il principe si prese dei suoi subordinati si sarebbe guadagnata un ruolo di spicco nelle note di carriera personali. Lo *Jupiter* puntò la prua verso il Pacifico per toccare lungo la rotta Australia, Nuova Zelanda, le remote isole di Suva e Tonga, spingendosi poi oltre le Samoa occidentali. Per coincidenza, nello stesso periodo in Nuova Zelanda si tenevano i Giochi del Commonwealth alla presenza di Elisabetta, Filippo, la figlia Anna, il genero Mark Phillips e l'immancabile Mountbatten. Per parecchi giorni il principe si unì alla compagnia. E fu proprio quella la circostanza in cui il perennemente intrigante «zio Dickie» gli spedì l'ormai famosa «lettera dell'avena selvatica».

La missiva non avrebbe potuto essere vergata in una data più adatta, visto che era proprio il giorno di San Valentino, e al vecchio lord deve essere parso il momento giusto per esporre al discepolo il suo manifesto sull'amore e il matrimonio. Il cui succo era, da perfetto maschilista del ventesimo secolo, di spassarsela a più non posso (appunto *to sow a few wild oats...*) in attesa di «scegliere per moglie una fanciulla adatta e di dolce carattere *prima* che si innamori di qualcun altro... Penso che sia imbarazzante per le donne avere esperienze se dopo il matrimonio devono rimanere su un piedistallo».

La straordinaria ipocrisia di questi «consigli» è riscattata solo dal candore con cui Mountbatten tira fuori dalla manica la carta che da sempre voleva giocare. La nipotina Amanda, figlia della figlia Patricia e di John Knatchbull, settimo barone Brabourne. Ha già messo un Mountbatten accanto al monarca regnante, perché non un'altra al fianco del prossimo? Amanda sarebbe perfetta per lui, suggerisce a Carlo, raccontando «quanto profondamente si fosse innamorata» di lui nel periodo trascorso insieme un anno prima nella casa di famiglia alle Barbados. Certo, ci sarebbe il piccolo dettaglio che la ragazzina ha appena sedici anni, quindi nove meno dell'ipotetico sposo, ma il diabolico «Dickie» ha già pronto un argomento imbattibile: dopo tutto, Mummy – vale a dire la regina – «non pensò mai seriamente a nessun altro dopo l'incontro di Dartmouth quando aveva tredici anni!» E chi poteva saperlo meglio di lui, che quel fatale incontro tra Lilibet e Filippo aveva tramato e organizzato?

Carlo rispose entusiasticamente alla lettera del suo mentore («Amanda è incredibilmente affettuosa e leale, ha un glorioso *sense of humour* ed è una vera *country girl*, che è anche più importante...») ma, per quanto una tale unione gli sembrasse «ideale», si reputava ancora troppo giovane per il matrimonio. A quanto pare, tra tutti i consigli del conte quello di correre la cavallina aveva fatto maggiormente breccia. E nessuno avrebbe potuto avere un effetto più distruttivo. Nella lunga serie di avventure libidinose che Carlo si accingeva a inanellare, non avrebbe mai davvero imparato la devozione e l'assunzione di responsabilità generati da un autentico legame amoroso, e non da un fugace flirt.

Il successivo l'aspettava a San Diego, California. Dopo la traversata del Pacifico, lo *Jupiter* gettò l'ancora in porto il 14 marzo 1974, per la sosta prevista di una settimana. Era giovedì, e già sabato notte al ricevimento del locale circolo ufficiali «una bellezza alta e bionda in un abito verde scintillante» (la descrizione è di Carlo al biografo Dimbleby) conquistò le fantasie del principe. Si chiamava Laura Jo Watkins ed era la figlia ventenne dell'ammiraglio James Watkins, futuro comandante in capo della flotta americana del Pacifico. Due sere dopo erano a cena assieme da *Lubach's*, ma più della finta zuppa di tartaruga per cui il ristorante era famoso sembra degno di nota uno scambio di battute tra i due.

«Ho saputo che sei uscito con il surf oggi», esordì lei. E come l'aveva saputo? si stupì lui. «La tua guardia del corpo è venuta a farsi prestare la tavola dal mio vicino di spiaggia. Non hai avuto freddo?» aggiunse curiosa Laura Jo. Sorrisino storto di Carlo: «Mia cara, vengo da una scuola molto dura». Dieci anni dopo, le memorie di Gordonstoun ancora zampillavano perfino in una cenetta romantica. Così come i segni della plumbea formalità della vita (anche famigliare) a Corte. Invitato per un aperitivo a casa di Laura Jo, il principe ebbe occasione di incontrarne i genitori, e anche i due fratelli minori. Dopo, confidò alla ragazza: «Era così bello sentire tuo padre chiamare tua madre 'tesoro'. Le persone non si scambiano mai queste parole dolci davanti a me».

I due giovani si piacevano, era evidente. Benché cinque anni più giovane, è chiaro che Laura Jo fosse molto più esperta di vita vera che non il principe allevato tra porpora e protocollo. Perciò fu colpita dalla sua apparente ingenuità e anche dalla vena riflessiva, propria di persone più mature. Carlo passò ancora qualche giorno in California, visitando gli studios di Hollywood e facendo conoscenza con parecchi miti della sua adolescenza, da Charlton Heston a Barbra Streisand ad Ava Gardner, nonché con l'allora governatore Ronald Reagan e la moglie Nancy, e quello fu l'inizio della loro lunga amicizia. Ma appena ripreso il mare si affrettò a scrivere a Laura Jo per dirle quanto avesse goduto della sua compagnia e per invitarla a Londra, sebbene nel suo tipico modo obliquo: la tua educazione non potrà considerarsi completa senza una visita in Inghilterra, suggerì. E lei fu subito d'accordo, concordando l'appuntamento per metà giugno, alla fine del viaggio del principe con lo *Jupiter*.

I genitori della ragazza l'avvertirono di non farsi troppe illusioni, valutando le troppe barriere per una relazione seria, e naturalmente avevano ragione. Anche perché nel frattempo il reale spasimante si affrettava a seguire i consigli di «zio Dickie» e scriveva a Patricia Mountbatten per sondarla sull'idea di un matrimonio con la figlia Amanda. Più saggia e meno ambiziosa dell'intrigante genitore, Patricia rispose invocando tempo e pazienza, visto che la ragazza era così giovane. E Carlo certamente le piaceva, condivideva le sue passioni e lo sentiva vicino, ma il suo cuore – a differenza dell'Elisabetta tredicenne – evidentemente non era stato ferito dal dardo d'amore (né mai lo sarebbe stato).

La replica negativa fu ragione di una nuova ondata di autocompatimento. E stavolta si riversò non solo in una missiva al vecchio Mountbatten («Quale donna mai mi sposerà dovendo soffrire un immenso sacrificio e una grande perdita di libertà?») ma pure in una pubblica confessione nell'intervista al domenicale *Observer* del 9 giugno. Forse aveva anche ragione (soprattutto alla luce degli eventi del decennio successivo), ma quale giovane di venticinque anni parlerebbe di matrimonio come se stesse facendo una *job description*? Sua moglie, spiegò il principe all'intervistatore Kenneth Harris, avrebbe dovuto capire che avrebbe sposato «uno stile di vita, un lavoro», e avrebbe dovuto dare il suo contributo.

Doveva quindi trattarsi di una donna che avesse qualche conoscenza di come funzionava l'ambiente e di quali sarebbero stati i suoi doveri, altrimenti si sarebbe ritrovata disorientata e questo sarebbe stato molto rischioso per lei. Col senno di poi, parole terribilmente profetiche. Ma inquietante appare anche il criterio a cui Carlo intende affidarsi per scongiurare il rischio: la scelta della compagna per la vita «è l'ultima decisione in cui vorrei che la mia testa fosse governata interamente dal cuore». Fu, come si è visto, la ricetta sicura per il disastro.

Due giorni dopo l'intervista, Laura Jo sbarcò a Londra, dove l'aspettava un trattamento di estremo riguardo. L'ambasciatore statunitense Walter Annenberg e la moglie Lee la ospitarono a Winfield House, la loro residenza ufficiale in Regent's Park, e la sera stessa dell'arrivo Carlo si precipitò a prenderla con la sua Aston Martin per un tête-à-tête propriamente romantico, concluso nell'appartamento del principe a Buckingham Palace. Fosse l'effetto reggia o l'effettiva abilità del reale Casanova o l'innocenza della giovane, sta di fatto che in seguito Laura Jo confidò a un'amica dell'Università Cattolica di Washington che Carlo era «un amante favoloso».

Da lì in avanti andò tutto a rotoli. Il 13 giugno era previsto il *maiden speech*, ovvero il primo discorso del principe del Galles davanti alla Camera dei Lord, ed era oltretutto la prima volta in un centinaio d'anni che un membro della famiglia reale prendeva la parola di fronte ai Pari. La tribuna stampa era strapiena, e Carlo commise l'errore di invitare Laura Jo ad assistere al suo esordio dalla galleria del pubblico, dove la giovane americana arrivò accompagnata dalla moglie dell'ambasciatore. Più che sufficiente per trarre la ragazza dall'anonimato che l'aveva avvolta e protetta fino a quel momento.

Sua Altezza parlò per sedici minuti esatti, fece un paio di battute spiritose accolte da adeguate risate e riuscì a evitare qualsiasi controversia intrattenendosi sul suo tema preferito, gli interventi a favore della gioventù. Ma sui giornali tutta la sua fatica fu completamente oscurata dalla presenza dell'innamorata d'oltreoceano. I titoli erano tutti sulla falsariga di quello dell'*Evening Standard*: «Carlo vuole Laura Jo al suo gran giorno», e perfino il *Times* – non ancora «tabloidizzato» – sbatté in prima pagina la foto rubata della ragazza all'uscita da Westminster.

Quel che è peggio, i segugi della stampa avevano ormai fiutato la traccia e strinsero d'assedio l'ambasciata americana. Non c'era più alcuna chance per la coppia di passare un po' di tempo assieme privatamente, e riservatamente. La permanenza a Londra non aveva più senso. Gli Annenberg furono costretti a chiedere al capo delle forze navali americane in Europa un'uniforme da marinaio di taglia giusta, e così travestita Laura Jo fu letteralmente contrabbandata fuori dalla sede diplomatica, su un'auto che attraversò Regent's Park diretta alla più vicina base militare e all'aereo in attesa per riportarla a casa. La storia d'amore era finita sul nascere.

Almeno quella ufficiale, perché in segreto i due continuarono a scriversi e a incontrarsi quando possibile. Ma era ormai un'altra cosa, una delle tante relazioni più o meno clandestine che costellavano la vita di Carlo in quegli anni. E che lui raccontava alla sua migliore amica. Chi? Ma ovviamente lei, Camilla. In quel 1974, la permanenza a Londra aveva permesso ai due di riallacciare il rapporto su base puramente amichevole. A giugno lei era incinta al terzo mese del primo figlio, il matrimonio andava a gonfie vele e il principe incontrava di frequente la coppia Parker Bowles nel comune circuito sociale dell'élite londinese, a cominciare dai campi di polo in cui Carlo e Andrew si trovavano spesso a competere. Quando a dicembre nacque il loro primogenito, i Parker Bowles gli imposero i nomi di Thomas Henry Charles, e doverosamente l'amico principe accettò l'invito a essere il primo dei sette padrini al battesimo del piccolo, il 7 febbraio 1975.

Dieci giorni dopo toccò a Carlo ricevere un altro battesimo: quello della caccia alla volpe. Ottimo cavallerizzo, era arrivato a ventisei anni afflitto però da una profonda e irrazionale paura del salto a cavallo, e per questa ragione si era sempre tenuto lontano dall'eccitazione del *foxhunting*, fatto non solo della corsa dietro alla muta di bracchi che inseguono la volpe ma anche del contorno di un rituale sociale esclusivo delle classi alte. Fu solo questo a spingere il principe a telefonare al duca di Beaufort, proprietario della tenuta di Badminton teatro della caccia più famosa, per chiedergli il permesso di unirsi alla compagnia? O anche la circostanza che da anni Camilla, l'amazzone, era componente abituale della Beaufort Hunt?

In ogni caso, Sua Grazia il duca fu ovviamente ben lieto di iniziare l'erede a uno sport che lo avrebbe totalmente conquistato. Un giorno per questo avrebbe quasi rotto con Blair, ma al divieto laburista del *foxhunting* mancava ancora un quarto di secolo, e nel decennio successivo alla sua prima esperienza un Carlo entusiasta, e ormai dimentico della sua fobia, avrebbe corso più di cinquanta cacce alla volpe in tutte le contee del regno. Sarebbe finito nel fango innumerevoli volte, si sarebbe coperto di lividi e avrebbe sanguinato dal naso o, peggio, si sarebbe rotto qualche arto. Ma la corsa indiavolata dietro a cani e volpe, il senso di pericolo implicito nei tanti ostacoli della campagna, il vigoroso esercizio fisico esercitavano su di lui un'attrazione invincibile, che illumina anche un lato del suo carattere.

Naturalmente di questa attrazione faceva parte l'aspettativa, quasi sempre realizzata, di correre assieme a Camilla, una presenza fissa a Badminton. Tanto l'uno che l'altra consideravano la Beaufort Hunt un punto fisso delle loro esistenze, che lì tornavano a incontrarsi attorno a una comune passione. Peraltro non condivisa da Andrew Parker Bowles: sebbene provetto giocatore di polo ed esperto saltatore di ostacoli, il marito non amava la caccia, e il risultato era che Camilla arrivava quasi sempre da sola. Non c'era ancora niente di inappropriato nel rapporto tra i due, ma l'antica confidenza non poteva che rafforzarsi.

Una foto di quel periodo lo testimonia plasticamente. È del giugno 1975, e Carlo era da poco sbarcato a Londra in congedo temporaneo dal servizio attivo in Marina (in verità, più che altro un mezzo servizio, visti i lunghi periodi che trascorreva a terra). E si era subito buttato a capofitto nelle amate gare di polo. A metà mese la sua squadra Windsor Park si trovò in campo contro i Blues and Royals di Andrew Parker Bowles per la conquista della Smith's Lawn Cup. Nell'intervallo un fotografo inquadrò il principe e Camilla in uno scatto che sarebbe diventato anch'esso memorabile. I due sono ripresi di profilo, davanti a un tronco d'albero su cui sono incise delle iniziali. Sono in chiacchiera, rilassati e a loro agio: lui accaldato nella divisa della sua squadra, con la mano destra che tiene per il collo la camicia azzurra con cui cambiarsi, lei in T-shirt rossa e le mani infilate nelle tasche dei jeans. Non c'è traccia di formalità nella loro postura. Lui parla, lei ascolta, gli sguardi fissi l'uno nell'altro. È un'immagine che trasuda confidenza, intesa e affezione.

Ma per il momento quegli incontri erano certo meno frequenti di quanto entrambi, probabilmente, avrebbero desiderato. Per quanto sporadici, i turni di servizio in Marina, prima del congedo finale previsto nel dicembre '76, portavano ancora il tenente Galles lontano dall'isola e dalla sua compagna preferita. Ma non da altre compagnie.

A marzo 1975, per esempio, si imbarcò di nuovo, stavolta sulla portaelicotteri *Hermes* per tre mesi di esercitazioni come pilota, destinazione Antille. Ma nemmeno due mesi dopo, il 20 aprile, era già in licenza alle Bahamas, per trascorrere un'altra settimana nel paradiso privato dei Mountbatten sull'isoletta di Eleuthera, dove l'aspettava ovviamente Amanda. Prima però aveva passato parecchi giorni a Nassau, la capitale dell'arcipelago, dove gli amici americani Columbus e Sibilla O'Donnell (lei un'italiana) avevano organizzato nel più assoluto segreto un appuntamento con Laura Jo Watkins, arrivata apposta dalla California. Gli O'Donnell abitavano in città ma possedevano una magnifica villa sulla spiaggia (battezzata Xanadu), dove il principe amava molto andare per fare surf. Nella circostanza, diventò il nido dove i due colombi si rifugiarono per tre giorni, con la complicità della padrona di casa. L'italiana Sibilla, forse meno puritana di altre matrone americane, li lasciò soli quando si rese conto che erano «proprio pazzi l'uno dell'altra».

Evidentemente la passione non poteva reggere la lontananza. I due ebbero un altro incontro romantico ben due anni dopo, a Deauville, in Francia, dove Carlo andò nell'agosto 1977 per giocare a polo con la squadra dei Diable Bleus. Il proprietario del team fu così accorto da far arrivare in volo Laura Jo dalla California, ma quello fu l'ultimo tête-à-tête della coppia. Dopo, la relazione si fece esclusivamente epistolare, e la volta che la giovane americana tornò finalmente a Londra nel 1981, perché invitata al matrimonio del principe con Diana, nessun paparazzo o reporter fece caso alla sua presenza nella navata della cattedrale di St Paul.

La carriera navale del principe si concluse a metà dicembre 1976, dopo l'esperienza di dieci mesi di comando del dragamine costiero *Bronington*. Nella circostanza se la cavò abbastanza bene – sia in termini di «eccellente livello di competenza professionale», si legge nelle note di servizio, sia di cura del morale dei marinai – da meritarsi allo sbarco dalla nave un caloroso triplice urrà dell'equipaggio. Non che il suo impegno in Marina abbia avuto un grande impatto sulla sua formazione. Ma gli ha offerto almeno la possibilità di vivere a stretto contatto con persone di ogni provenienza sociale, di apprendere delle autentiche capacità professionali, di aumentare la fiducia in sé e – per il fatto stesso di indossare una divisa – di guadagnare credibilità agli occhi dei sudditi e della gerarchia militare formalmente ai suoi ordini.

La fine del servizio attivo poneva però all'erede al trono un altro problema: che fare adesso, nella vita civile?

15
Il discepolo dei guru

L'IMMAGINE di Carlo come uomo d'azione capace di guidare jet ed elicotteri tornava certamente utile al progetto coltivato a Corte, promosso dal principe Filippo e benedetto dalla regina, di presentare al mondo un'immagine più moderna della monarchia. Pare ovvio che il futuro sovrano dovesse giocare un ruolo di punta in questo piano di ammodernamento. Ma come? E fino a che punto? Fu presto evidente che le intenzioni di Carlo andavano ben oltre i limiti delle tradizionali attività filantropiche e caritatevoli della Corona.

Nel 1977 Elisabetta II, appena cinquantunenne, celebrava il Giubileo d'Argento, suscitando un entusiasmo e un sostegno popolari francamente inaspettati dopo la rivoluzione dei costumi imposta dal '68. Alla soglia dei trent'anni, il primogenito e successore si rendeva ben conto che la sua attesa del trono sarebbe durata ancora molto a lungo. E una vita passata, come il padre Filippo, a tagliare nastri e svelare targhe commemorative non era quello che desiderava.

In realtà il progetto che aveva in testa aveva preso forma già verso la fine del servizio in Marina. Nel giugno 1976 aveva ottenuto il permesso della madre per costituire lo strumento legale per il suo piano di intervento sociale: The Prince's Trust. Un'organizzazione di beneficenza, certo, ma a differenza di tante altre attività benefiche dei reali, con un impatto diretto su un terreno di forte valenza politica (e perciò rischioso per la monarchia): formazione e avviamento al lavoro dei giovani provenienti dalle comunità più svantaggiate. Secondo le sue stesse parole, Carlo voleva aiutare la gioventù più alienata delle aree urbane, dove i sudditi di colore erano maggiormente concentrati. Ma il piano poteva funzionare solo se fossero stati «loro stessi a dirigere lo spettacolo». E a questo fine, il compito del suo Trust sarebbe stato proprio di garantire piccole sovvenzioni a «progetti di autoimpiego».

Lo schema concepito dal principe con il suo entourage aveva suscitato subito forti perplessità tra i cortigiani di più alto rango. Non solo rischiava di entrare in conflitto con altre iniziative benefiche dei reali a favore dei minori, ma a preoccupare era soprattutto il suo elemento innovativo: dare denaro sonante in mano a ragazzi spesso problematici comportava il pericolo di incorrere in truffe e disavventure, e in definitiva un'alta probabilità di fallimento. Carlo non volle sentire ragioni. Dando prova della testardaggine che, nel bene e nel male, sarebbe diventata uno dei suoi marchi di fabbrica, impose la propria volontà anche grazie ai risultati positivi di alcuni esperimenti pilota. «Sono stati estremamente incoraggianti», disse in un discorso alla Camera dei Lord nel giugno 1975 e, in una strabiliante obliterazione dei suoi pessimi ricordi di Gordonstoun, arrivò a lodare l'insegnamento dell'odiato maestro Kurt Hahn: «Un ragazzo deve sfidare se stesso e scoprire il suo personale livello di resistenza e il potere della volontà».

Chissà se in quel momento il principe si rese conto che stava parlando di sé, riconoscendo inconsciamente che tutta la storia dei suoi ultimi dieci anni era stata un tentativo di mettere in atto i severi insegnamenti del guru tedesco, tanto odiato nell'adolescenza. Di certo da lui aveva assorbito quell'interesse per la società e per l'uomo non rintracciabile nei reali parenti (Filippo a parte), così come la passione per la natura che ne avrebbe presto fatto uno dei profeti (purtroppo inascoltato) della salvaguardia ambientale. Della caparbietà delle sue convinzioni in merito aveva già dato prova nei dibattiti studenteschi all'università. Ma finché le sue tirate rimanevano confinate all'ambito accademico era una cosa. Ben altra, invece, era che tracimassero nella discussione pubblica, esponendo la monarchia all'accusa di indebita intromissione nel confronto politico.

Tutto questo preoccupava i consiglieri di Elisabetta, e alimentava le loro resistenze all'idea del Prince's Trust. Ma furono costretti a deporre le armi di fronte al consenso reale e alla dimostrata capacità di Carlo di trasformarsi in un efficacissimo *fundraiser*. Il suo nome era chiaramente in grado di attrarre donazioni da ogni parte, e al momento del congedo dalla Marina, a fine 1976, lui aumentò le disponibilità di cassa versando al Trust la sua intera liquidazione (modesta). Non era un gran sacrificio per un giovanotto che sedeva sull'enorme fortuna del ducato di Cornovaglia e si preparava a ricevere una rendita annua di oltre mezzo milione di sterline (dell'epoca). Ma fu un'abilissima mossa pubblicitaria che aiutò la sua organizzazione a spiccare il volo. Nel 1982 erano già più di diecimila i piccoli business finanziati dal Prince's Trust, e nei decenni successivi si sarebbero moltiplicati di cinque o sei volte.

Che a Corte l'idea fosse o meno gradita, sembrò evidentemente il male minore a fronte del problema che, dalla regina Vittoria in poi, si era sempre posto con l'erede al trono: che fare della sua vita? Come trovargli qualcosa di simile a un «vero lavoro» per occupare almeno parte del tempo di una lunga attesa? Il guaio è che il trono non è una «poltrona per due» e nessun regnante è disposto a cedere un'oncia di potere, nemmeno in nome del sentimento materno. Bertie, il primogenito di Vittoria e futuro Edoardo VII, diventò il debosciato più famoso della Belle Époque per il rifiuto di mammà di concedergli il benché minimo ruolo politico, a parte il solito taglio di nastri. Nel caso del trisnipote Carlo si presentarono, un secolo dopo, difficoltà simili.

Se per Bertie si era ipotizzato il ruolo di viceré d'Irlanda (ma nemmeno lui lo voleva), per il primogenito di Elisabetta si era pensato, a inizio anni Settanta, di nominarlo rappresentante della regina in Australia con il titolo di Governatore Generale. Una prospettiva a lui non sgradita. I giornalisti glielo chiesero esplicitamente in occasione del suo viaggio dell'ottobre 1974 nel continente *Down Under*: «Se ci fosse un desiderio in tal senso», rispose diplomaticamente, lui ci avrebbe pensato.

Sfortunatamente, il Governatore Generale in carica, sir John Kerr, suscitò un'ondata di risentimento antibritannico licenziando il primo ministro. La nomina di Carlo diventò a quel punto altamente sconsigliabile (ci sarebbe voluta, dieci anni dopo, la visita di Diana per riconciliare gli australiani con la Corona). E la ricerca di un «lavoro» ricominciò da zero. Ma, come ci si poteva attendere, con nessun esito. A un certo punto, nel 1977, alti dignitari governativi suggerirono per il principe un impiego a tempo pieno presso il National Economic Development Office. Evidentemente l'idea di trasformare l'erede al trono in un alto burocrate con orario d'ufficio non sembrava attraente né all'interessato né al resto della famiglia, che già si considerava *The Firm*, una «Ditta» con il suo particolare business. Inconcepibile che il futuro titolare andasse a «lavorare» per qualsiasi governo pro tempore.

Libero da impegni istituzionali, Carlo si investì con sempre minori remore di una sorta di «licenza d'intervento» che non risparmiava nessun ambito sociale, non solo il sostegno ai giovani in difficoltà di cui si occupava il suo Trust ma pure cultura, economia, ambiente. Le sue opinioni controcorrente spesso risultavano urticanti per il potere politico o gli interessi costituiti ma, approfittando della sua posizione, lui cominciò a manifestarle pubblicamente in scritti e discorsi. In parallelo, cresceva anche l'allarme a Corte. Era altamente inusuale che l'erede al trono prendesse posizioni così nette su temi controversi. Appariva evidente il contrasto con il silenzio e la prudenza mostrati in ogni circostanza dalla madre Elisabetta, convinta (come la maggior parte del Paese) che la «neutralità» della Corona fosse la sua migliore garanzia di sopravvivenza.

Al contrario, la visione di Carlo era decisamente messianica, soprattutto su un tema cruciale come quello del rapporto tra uomo e ambiente. Dimentico dell'aspra reazione dell'industria aeronautica dopo il suo attacco al supersonico Concorde negli anni di Cambridge, il principe mise nel mirino addirittura l'intero sviluppo della nostra civiltà, «se così si può chiamare», commentò sarcastico in un discorso in Canada nel 1975, «una civilizzazione che ha perso moltissimo nel tentativo di controllare la natura. Eppure dobbiamo sempre ricordare che noi siamo sostanzialmente degli animali, e che non distruggere l'intera natura è assolutamente necessario».

Questa sorta di «organicismo ambientalista» rifletteva non solo le convinzioni innate di Sua Altezza ma anche l'influenza crescente che, a partire proprio da quegli anni, esercitava su di lui una strana figura di intellettuale. Laurens van der Post era uno scrittore sudafricano assai famoso, professore universitario e documentarista di fama. Tra i suoi estimatori si contavano personaggi del calibro di Margaret Thatcher e Carl Gustav Jung, le cui teorie sull'inconscio collettivo e gli archetipi contribuì a diffondere. Aveva sessantotto anni quando Carlo lo incontrò per la prima volta, grazie a comuni amici, nel 1974, e da allora tra i due si sviluppò una mutua adorazione basata, evidentemente, sull'enorme influenza esercitata dal più vecchio sull'insicura personalità del principe.

La corrente di misticismo nella ricerca spirituale di van der Post, il romanticismo della sua visione, la preoccupazione per l'ambiente, la posa profetica e la voce ipnotica trasformarono presto Carlo in un discepolo senza riserve. Lui, che da studente di antropologia era rimasto affascinato dai costumi delle tribù incontrate in una visita in Nuova Guinea, fu totalmente conquistato dall'idea del nuovo mentore che i «primitivi» andassero riveriti per il loro legame con «lo spirito della Terra». Per van der Post, la contemporanea società occidentale non era altro che *wasteland*, terra desolata, una definizione che coincideva con il giudizio del principe sulla decadenza morale e spirituale dell'Occidente. Alla quale, secondo lo scrittore-veggente, proprio il futuro re d'Inghilterra avrebbe potuto porre rimedio.

Ed ecco rispuntare nella vita di Carlo la pericolosa suggestione instillata nella sua mente negli anni di Gordonstoun: il re filosofo. In una lettera inviata al discepolo quando era ancora in Marina, van der Post vaticina che possa essere proprio lui, il futuro sovrano, a adattare la monarchia a una nuova visione della società moderna in grado di restituire agli individui «il perduto aspetto naturale» dello spirito umano. Qualunque cosa questo volesse dire, è fuori discussione che sia diventato il mantra con cui il futuro re d'Inghilterra ha condito discorsi e riflessioni negli anni successivi. In più, il giovane chiuso e timido, impossibilitato sin dall'infanzia ad avere una reale comunicazione con i genitori, si trovò finalmente immerso in una comunità che ammirava il suo lato riflessivo così indigesto e incomprensibile alla sua stessa famiglia. Questo lo aiutò a superare introversione e incertezze, anche attraverso un primo approccio alla psicoterapia.

Pure qui fu decisivo l'aiuto dei van der Post. Con l'incoraggiamento del suo venerato maestro, Carlo cominciò a registrare i suoi sogni e ne affidò l'interpretazione a Ingaret, la seconda moglie del filosofo. Per la verità, lei non era una psicoanalista certificata ma tra i seguaci di Jung godeva di una buona fama come «dotata interprete dei sogni». Il principe visitava regolarmente la sua casa londinese nel modaiolo quartiere di Chelsea e trovò senz'altro utili queste sessioni di terapia, che durarono ben cinque anni (prima di affidarsi a un analista più ortodosso). Lo aiutarono a individuare i punti di blocco della sua personalità e ad avere maggiore fiducia nelle proprie capacità. Ma non lo liberarono da un'eccessiva soggezione a un'intera serie di guru che lo affascinavano facilmente con un cocktail di religiosità orientale, teosofia, misticismo e tutti gli ingredienti delle filosofie new age.

Ci fu un periodo (breve, per fortuna) in cui Carlo finì perfino sotto l'influenza di una tale Zoe Sallis, una ventenne attrice anglo-indiana che era stata l'amante del regista John Huston ed era diventata una missionaria buddista. Con la benedizione di van der Post, Zoe spinse il principe a credere nella reincarnazione (stranamente, questo non gli sembrava in contrasto con la sua fede cristiana) e a trasformarsi in un vegetariano integrale (faccenda anche più strana per un appassionato cacciatore). L'erede al trono inglese, destinato per ciò stesso a diventare Governatore Supremo della Chiesa d'Inghilterra, si ritrovò da un giorno all'altro campione di una specie di sincretismo che riduceva l'esperienza religiosa a «una sensazione individuale, libera da credi e dogmi, ma compatibile con tutte le fedi». In sostanza, le convinzioni personali sono verità più forti degli insegnamenti degli specialisti, il che tradotto sul piano laico contribuisce a spiegare l'arroganza delle critiche di Carlo agli esperti del sapere in generale, dalla medicina all'architettura, dall'agricoltura all'istruzione.

Il periodo buddista non durò a lungo. I consiglieri reali persuasero il giovane adepto a troncare il pericoloso legame con Miss Sallis. E quanto alla dieta vegetariana, ai guardacaccia di Balmoral fu sufficiente ricordare a Sua Altezza quanto le entrate finanziarie della tenuta (e dunque anche loro personali) fossero basate sulla caccia, perché lui si adeguasse prontamente e senza obiezioni. Ma l'inclinazione a prendere troppo sul serio gli illusionisti dell'abracadabra non svanì con la stessa facilità.

Una quindicina d'anni fa, fece ridere tutta l'Inghilterra l'intervista in cui il principe confidava complice di parlare costantemente con le piante del suo giardino a Highgrove. Pensate se lo avessero sentito parlare anche di reincarnazione, un'idea che continuò ad affascinarlo pure dopo aver tagliato i ponti con l'amica buddista. Sollevò il tema al primo incontro con il successivo guru, tale Keith Critchlow, esperto di arte e architettura islamiche al Royal College of Art e amico di van der Post, che introdusse Carlo non solo alla meraviglia delle forme della civiltà musulmana ma pure ai libri mistici del sufismo, corrente esoterica dell'Islam. Fu a lui che l'erede al trono chiese perché mai nella vita precedente avesse «scelto di reincarnarsi come re. Perché non ho scelto di essere un filosofo?» Critchlow, memore della botte di Diogene, avrebbe forse potuto rispondergli che la vita del primo è di gran lunga più comoda, invece se la cavò citando anche lui Platone (come a Gordonstoun) e invitando il discepolo ad «assumere entrambi i ruoli, perché è il secondo che conta».

In questa ricerca spirituale il professore si assunse il compito di guidare Sua Altezza al significato recondito degli immortali principi della geometria, attraverso la selva delle figure geometriche nelle architetture sacre di tutte le religioni. Anche quella con Critchlow sarebbe diventata per Carlo un'amicizia trentennale, capace di modellare profondamente il suo modo di pensare e di guardare il mondo, che gli appariva come una realtà sempre più interconnessa. Critchlow, inoltre, era il fondatore della Temenos Academy assieme a un personaggio di tutto rilievo del panorama culturale londinese, Kathleen Raine. Questa poetessa all'epoca ottantunenne sarebbe diventata per tredici anni il punto di riferimento spirituale del principe inquieto, l'ultima e più influente dei suoi guru.

A indirizzarlo, nel 1989, a casa di Raine a Chelsea era stato lo stesso van der Post che, ormai nei suoi tardi ottanta, voleva essere sicuro di affidare il pupillo a un nuovo maestro in caso di sua scomparsa. Quello che accadde andò forse oltre le aspettative del mentore sudafricano. Carlo sentì semplicemente di avere trovato la sua casa spirituale, e questa casa era appunto la Temenos Academy, che Raine definì «un invisibile collegio per il nostro futuro re». La linea di pensiero seguita alla Temenos puntava a studiare i legami tra l'arte e il sacro e a usarli in quella che la poetessa chiamava «la Grande Battaglia» contro il materialismo contemporaneo. Il corso annuale dell'Accademia offriva lo studio approfondito di Platone, Dante e degli aspetti esoterici di Shakespeare. Il principe ne fu deliziato e si preoccupò di fornire alla scuola sostegno morale e materiale.

Con la fondatrice Raine il rapporto si fece strettissimo per oltre una decade, attraverso incontri regolari attorno a una tazza di tè e soprattutto una mole di corrispondenza veramente impressionante. L'erede al trono, che aveva imposto al premier Blair di scrivergli chiamandolo rispettosamente «sir» e di firmarsi «*your obedient servant*» – vostro obbediente servitore –, firmava invece le sue lettere a Kathleen «*yours affectionately*», affettuosamente tuo. Quanto all'anziana poetessa, non temeva il marchio dell'adulazione quando diceva a un amico che il suo «re filosofo» (un'altra volta...) rappresentava «la sola fiamma luminosa in questo torbido tempo e luogo». La rammaricava semmai che la stessa regina, stando a quanto le avevano riferito, giudicasse «suo figlio un eccentrico senza speranza».

C'è da temere che gran parte del regno avrebbe condiviso le reali perplessità se fosse venuto a conoscenza delle frequentazioni e dei pensieri di Carlo in quegli anni. Ma nello scorcio finale dei Settanta, quando il principe iniziò la ricerca spirituale che lo avrebbe portato da Raine, per la stampa britannica lui era soprattutto «Action Man»: ardito cavallerizzo, intrepido pilota, aitante sportivo, dal polo al nuoto allo sci. La *coterie* mistico-filosofica che tanta influenza avrebbe esercitato sulle sue idee e attitudini rimaneva sotto il periscopio. E benché l'ambizione di Sua Altezza fosse di essere notato ed elogiato più per la mente brillante che per la prestanza del fisico, pare però che lui stesso godesse a mettere in evidenza soprattutto il secondo. Non si sottraeva affatto alla richiesta dei paparazzi di togliersi la maglietta per mettere a nudo il muscoloso torace, e a un gruppetto di reporter che lo seguivano nel suo sfarfallìo da un angolo all'altro del globo proclamò, con l'aria di crederci, che voleva proprio «una vita vissuta pericolosamente». Ma per questo non era necessario lanciarsi col paracadute. Bastavano i corridoi di Buckingham Palace.

16

Ritratto del principe a trent'anni

L'ULTIMO scorcio degli anni Settanta fu per Carlo il periodo di massima popolarità, mai più replicato nella stessa misura. Una delle ragioni, se non la principale, fu il temporaneo idillio con il nemico di sempre: la stampa. I giornali che seguivano le sue imprese sportive e i suoi giri per il mondo lo trattavano con maggiore considerazione e gentilezza, e questo lo rendeva più sicuro e disponibile.

Il viaggio ufficiale in America nell'ottobre 1977 – un *tour de force* di tredici giorni in dodici città – fu un autentico trionfo. A Chicago fu accolto come «l'uomo più popolare di Gran Bretagna», e nessuno si aspettava che migliaia di persone scendessero in strada per avere l'occasione di salutarlo nella sua passeggiata per le vie del centro. Il ritorno a Hollywood, dopo il primo contatto nel 1975, fu anche più esaltante. Folle di donne adoranti inneggiavano in coro «Charlie Charlie», e di ritorno in albergo lui mostrò con malcelato orgoglio le mani gonfie e sanguinanti per le centinaia di strette che aveva dovuto subire dalle dita ingioiellate delle fan. «Ecco perché la regina indossa i guanti», commentò con l'addetto stampa Michael Shea.

L'uomo che amava una vita pericolosa non sembrava ancora accorgersi che il rischio maggiore veniva dall'anagrafe: si avvicinava il capo dei trent'anni, e Sua Altezza era – ahilui – ancora scapolo. Non che l'incessante e, si suppone, anche piacevole ricerca della sposa reale si fosse mai interrotta. Anzi, era l'attività che agli occhi dei tabloid aveva ormai inchiodato il principe all'immagine – redditizia per la stampa popolare – di un Romeo impenitente. Le fanciulle a cui era di volta in volta «sentimentalmente legato», secondo il gergo finto pudico dei cronisti rosa, costituivano un'intera edizione speciale del *Debrett's*, almanacco supremo dell'aristocrazia britannica.

C'erano ben due figlie del quinto duca di Westminster, Leonora e Jane Grosvenor, entrambe poi rimpiazzate da lady Henrietta Fitzroy, figlia dell'undicesimo duca di Grafton (di discendenza reale). Quindi entrò in scena lady Camilla Fane, figlia del quindicesimo conte di Westmoreland, presto sostituita da Sabrina Guinness, erede non di un titolo ma della birra più famosa del mondo (con relativa fortuna), che contava tra le sue precedenti conquiste Jack Nicholson e Mick Jagger. Secondo i precetti di «zio Dickie», «materiale non matrimoniale» per un futuro re, mentre lo era certamente lady Sarah Spencer. Il flirt fu breve ma le ricadute inattese e fatali. La ritroveremo più avanti.

La partita vera, quella potenzialmente decisiva, si giocava tuttavia dietro le scene, ben lontano dallo sguardo intrusivo dei media. «Dickie» Mountbatten era più deciso che mai a piazzare sul trono la nipote Amanda Knatchbull, che nel frattempo si era finalmente fatta una donna affascinante, e a vent'anni aveva un'età più adeguata a eventuali impegni matrimoniali. Il vecchio lord premeva fortemente su Carlo e al tempo stesso favoriva ogni possibile incontro tra i due giovani. La parentela (erano secondi cugini) moltiplicava le occasioni e al tempo stesso le rendeva meno sospette alla stampa. Né «zio Dickie» si peritava di agire da vero e proprio paraninfo. Sibilla O'Donnell, che anni prima aveva messo la sua villa sulla spiaggia a Nassau a disposizione dei giochi amorosi di Carlo e Laura Jo Watkins, adesso accolse anche la nuova coppia con istruzioni analoghe dall'amico Mountbatten: «Mi disse di lasciarli soli il più possibile, cosa che feci, e poi loro partirono per la villa di famiglia a Eleuthera».

Ma a detta di Mrs O'Donnell non funzionò: «Si piacevano molto, ma non potevano innamorarsi. Forse perché si conoscevano da troppo tempo, da sempre, ma non c'era chimica tra i due». Figurarsi se questo bastava a convincere «zio Dickie» a lasciar perdere. La sua fertile mente escogitò un'altra trovata: accompagnare lui stesso con la nipotina il principe del Galles nella visita ufficiale (programmata per il 1979) in India, dove Mountbatten era stato l'ultimo viceré inglese. Ma stavolta si era spinto troppo oltre. Il primo a opporsi fu lord Knatchbull, il padre della ragazza, preoccupato per la reputazione della figlia. Altrettanto negativo fu il parere di Elisabetta e Filippo, fin troppo consapevoli delle manovre sottobanco del parente. Il viaggio abortì.

Ma Carlo non mancò di esaudire i desideri del «nonno putativo». Seguendo, come aveva proclamato, le ragioni della testa piuttosto che gli impulsi del cuore, chiese ad Amanda di sposarlo. La risposta fu subito un no, gentile ma immediato. Arrivata a ventun anni, questa giovane donna intelligente, determinata, appassionata del suo lavoro come operatrice sociale, non voleva niente di meno che un matrimonio d'amore. Ed era altrettanto sicura di voler invece evitare una vita chiusa nel recinto dei doveri reali.

Il principe accettò il rifiuto senza soverchio disappunto, forse non solo perché Amanda era un'amica, e lo sarebbe rimasta per la vita, ma anche perché nel 1978 – data del trentesimo compleanno – si erano verificati un paio di eventi capaci di cambiare la prospettiva. Il primo sotto gli occhi del pubblico, l'altro dietro le scene. L'erede al trono, ormai libero di disporre della gigantesca fortuna del ducato di Cornovaglia, cominciò a premere sugli amministratori del Trust perché gli comprassero una casa in campagna sulle dolci colline dei Cotswolds, il buen retiro prediletto dai *great and good*, i potenti della vicina Londra. La prossimità alla capitale, nonché ad alcuni dei più noti campi di polo, era la ragione ufficiale della richiesta. Ma ce n'era anche un'altra, più riservata. Il sogno di trovare un angolo segreto vicino a Camilla Parker Bowles.

Fu così che la scelta cadde su Highgrove, nel Gloucestershire, un edificio neoclassico più volte ricostruito da fine Settecento. I soldi arrivarono dalle casse del ducato di Cornovaglia, che l'acquistò nel 1980 per 730.000 sterline da Maurice Macmillan (figlio dell'ex premier Harold) e lo mise a disposizione del principe. Lì Carlo fu libero di praticare il suo credo architettonico e ambientalista. Disegnò personalmente lo splendido parco, che da allora è il vanto della tenuta e lui considera «l'espressione esterna del mio interiore». E sui circa 2.000 ettari di terreno circostante diede vita all'azienda agricola che sforna esclusivamente prodotti biologici e bestiame pregiato.

Ma il fatale 1978 fu soprattutto l'anno in cui Carlo e Camilla ripresero la loro relazione sentimentale. Se la loro saga amorosa fosse una serie televisiva, questa sarebbe la seconda stagione delle tre in calendario. Dopo la nascita della seconda figlia, giusto a Capodanno, il matrimonio dei Parker Bowles andò rapidamente a picco. E Carlo era lì, stavolta, a portata di mano.

Dal 1974 in avanti l'amicizia (per il momento innocente) tra il principe e la coppia era un punto fermo della vita sociale londinese. Camilla e Andrew si vedevano spesso in compagnia di Carlo nei vari appuntamenti mondani, lo seguivano nelle sue gare di polo quando non competeva con Andrew, e lei non mancava mai di cavalcare con l'erede agli appuntamenti della Beaufort Hunt. Era il periodo in cui anche Sua Maestà apprezzava la compagnia dell'estroversa *country girl* amica del figlio, la trovava divertente e l'accoglieva volentieri nelle sue case, come moglie di un intimo della famiglia (come ricorderete, Andrew era figlioccio della Queen Mum). Mrs Parker Bowles era calorosa, espansiva, gentile, spiritosa e apparentemente priva di ambizioni o secondi fini. Per Carlo era già la migliore amica, l'unica in cui riporre fiducia assoluta.

Questo rispettabile equilibrio si infranse quando, verso la fine dell'anno, Camilla decise che ne aveva abbastanza delle infedeltà del marito. Che il fallimento del matrimonio sia da imputare interamente all'irrefrenabile libertinaggio di Parker Bowles è opinione condivisa da tutti i biografi. La sua tendenza compulsiva al tradimento coniugale, nota e apprezzata da molte dame dell'alta società, lo aveva addirittura reso famoso con una salace alterazione del cognome: «Andrew *Poker* Bowles», ovvero attizzatoio o anche mazziere, scegliete voi...

Ma Camilla adesso aveva una spalla su cui piangere. Gli incontri con il principe erano rari, per non alimentare sospetti e pettegolezzi, ma data ad allora la consuetudine delle lunghe e frequenti telefonate, spesso nelle ore notturne, che contribuirono a costruire tra i due sentimenti più profondi di una semplice amicizia, fino a diventare amore. Per lui forse un ritorno di fiamma mai veramente spenta, per lei di sicuro qualcosa di molto più impegnativo del torrido ma passeggero flirt giovanile.

A giugno '78, in occasione dell'annuale Royal Ascot, le gare ippiche che sono il top della *season* mondana, Elisabetta offrì un ricevimento al castello di Windsor al quale invitò anche un gruppo di amici e coetanei del figlio. Un osservatore attento notò che l'umore alquanto cupo del principe si rischiarò soltanto all'arrivo per pranzo dei Tryon (la moglie, Kanga, era stata una sua avventura australiana) e soprattutto dei Parker Bowles. Qualche mese dopo fu Emma Soames, una discendente di Winston Churchill e sorella di un caro amico di Carlo, Nicholas, a registrare lo sguardo di ardente ammirazione dell'erede all'apparizione di Camilla a un party londinese. Per Emma fu una rivelazione: «Mio Dio», ricorda d'aver pensato sbalordita, «è innamorato di lei».

Le infedeltà coniugali sono così comuni nell'aristocrazia britannica che la presenza di «figli del cuculo» nei migliori castelli è un fatto pubblico e pacificamente riconosciuto. Ma in pieni anni Settanta ci si aspettava ancora che la famiglia reale giocasse un ruolo modello, e fosse pertanto immune da questa morale sessuale di manica larga. Per qualche tempo i due amanti riuscirono a mantenere la relazione clandestina, ma presto i pettegolezzi diventarono una tormenta, piuttosto che un venticello. E quando un alto dignitario di Corte a malincuore dovette informare la regina che gli ufficiali dei Blues and Royals non erano contenti che l'erede al trono andasse a letto con la moglie di un collega del reggimento, Sua Maestà non proferì verbo ma passò all'azione. Da un giorno all'altro Camilla diventò una reietta. La regina fece discretamente sapere che non doveva più essere invitata a nessun evento reale e lo stesso bando fu emesso dalla Queen Mum (a dispetto del suo amore per Carlo). La sovrana vedova andò oltre: invitò nel suo box reale alle corse di Cheltenham il figlioccio Andrew ma ne escluse la consorte fedifraga.

In realtà, nella migliore tradizione dei cornuti per intervento reale, Parker Bowles sembrò prendere la cosa con la stessa imperturbabilità (e anzi leggera soddisfazione) mostrata cent'anni prima dal marito di Alice Keppel. Quanto a Carlo, la sua noncuranza di fronte al filisteismo famigliare fu assoluta. Sembra peraltro che nessuno dei genitori si permise mai di sollevare apertamente l'argomento. Qualcun altro in famiglia (e l'unica in grado di osarlo appare la principessa Anna) gli fece presente come l'*affaire* illecito rischiasse di macchiare l'istituzione di cui lui era perno essenziale. La replica fu un'anticipazione di quel che avrebbe detto tre lustri dopo, quando dichiarò Camilla «non negoziabile»: non aveva alcuna intenzione «di allentare, né tanto meno tagliare un legame così prezioso solo a causa delle ansie» di chi gli stava intorno.

Alla soglia dei trent'anni, le angosce del principe erano di natura non solo sentimentale ma esistenziale. Sempre incline all'introversione e alla lamentazione, non si peritò di confessare pubblicamente le sue insicurezze in una conferenza alla Union Society di Cambridge, la sua *alma mater*, giusto undici giorni prima del compleanno il 14 novembre 1978: «Il mio grande problema nella vita è che non so veramente quale sia il mio ruolo nella vita. Al momento non ne ho nessuno. Ma in qualche modo devo trovarne uno». Eppure la sua fitta agenda non suggeriva affatto l'immagine di un disoccupato. Aveva il Prince's Trust di cui si occupava assiduamente, era colonnello onorario di ben cinque reggimenti dell'esercito, aveva la presidenza onoraria di una rete internazionale di scuole d'eccellenza nonché di centinaia di organizzazioni filantropiche, passava da un impegno ufficiale all'altro, oltre che da un campo di polo all'altro e da una donna all'altra. Davvero non gli mancavano le occupazioni ma, come per tutti i principi del Galles prima di lui, l'insoddisfazione si nutriva dell'attesa chissà quanto lunga del lavoro che era nato per fare.

Non che fosse un'attesa scomoda, nello sfarzo della sua esistenza principesca. In riconoscimento del suo mutato status di erede adulto, la regina gli aveva concesso di avere un appartamento personale a Buckingham Palace, una serie di stanze lussuosamente arredate da un *interior designer* di famiglia, David Hicks, marito della secondogenita di Mountbatten, lady Pamela. Carlo le riempì di *objets d'art* che collezionava avidamente, per la disperazione dei domestici. Era del resto una sorta di accumulatore compulsivo, secondo il biografo amico Anthony Holden che, ricevuto dall'erede nella sua *suite* nel palazzo, la dichiara paragonabile a «qualsiasi altro grande appartamento di Mayfair o Belgravia» – i quartieri più chic di Londra –, «con quell'aspetto lussuosamente confortevole, sebbene alquanto datato, che è così caratteristico della ricchezza ereditata».

Ed eccovi la descrizione. L'ufficio privato in marrone chiaro con una grande scrivania di fronte alla finestra, un divano, tre comode poltrone, librerie su due pareti e la terza ricoperta di scaffali carichi di preziosi oggetti di cristallo, argento e oro. Nel salotto blu, più o meno la metà dello studio, altri scaffali colmi di libri così come il largo tavolo in un angolo, un set tv, divano e poltrone sistemati attorno a un tavolino dal piano di cristallo. Nella camera da letto, anch'essa blu, troneggiava un letto a baldacchino largo 2,28 metri, equipaggiato (come quello della regina al piano di sotto) con un pulsante per chiamate d'emergenza. Le pareti del bagno offrivano infine una collezione di vignette sui reali.

La routine quotidiana dell'erede cominciava con una doccia fredda (abitudine contratta a Gordonstoun) e una nuotata nella piscina al pianoterra della reggia, seguiva la colazione servita in salotto e infine il passaggio nello studio (se non erano previsti impegni ufficiali) per la lettura dei documenti, il disbrigo della corrispondenza, la stesura dei discorsi. Le sere libere, ovviamente non tante, erano dedicate alla lettura – soprattutto biografie storiche e saggi di scienze sociali –, accompagnata dall'ascolto degli autori prediletti di musica classica, da Bach a Berlioz passando per Mozart, Vivaldi e Beethoven.

Al suo servizio il principe del Galles poteva contare su due valletti, Stephen Barry e Ian Armstrong. Erano loro a occuparsi delle sue necessità materiali, dallo shopping alla preparazione del bagno. Toccava ai due anche tener cura del suo guardaroba e scegliere gli abiti da indossare ogni mattino e per le diverse occasioni. Ma questa vita nella bambagia era ancora niente rispetto al mastodontico apparato di servizio che avrebbe preteso con il passare degli anni. Agli inizi del ventunesimo secolo, con i profitti dal ducato di Cornovaglia che schizzavano sempre più in alto (e poche tasse pagate), i dipendenti a busta paga del principe del Galles avrebbero raggiunto lo strabiliante numero di centoquarantasei: solo il suo capo della comunicazione avrebbe potuto contare sulla bellezza di nove assistenti.

È difficile, probabilmente impossibile, rinunciare ai privilegi quando sin dalla nascita impari che da una parte ci sei tu e dall'altra il resto del mondo, ma il resto del mondo è fatto di gente comune, priva del tuo sangue speciale. Né la scuola né l'università potevano cambiare questa percezione. Avevano certamente contribuito a fare di Carlo un uomo intelligente e colto, istintivo per quanto contradditorio difensore dell'ambiente e delle tradizioni, apprezzato sostenitore di iniziative filantropiche (talvolta anche discutibili). Ma restava un uomo viziato, servito e adulato dal momento stesso della nascita, abituato a spendere fortune per le sue comodità e i suoi lussi.

Negli anni ha dovuto rinunciare (per ragioni di economia e di coerenza ambientalista) alla Bentley personale aviotrasportata quando va in viaggio ufficiale, e il suo addetto stampa ha smentito che in missione all'estero si porti dietro una seggetta personale del WC rivestita di pelle bianca. Ma il valletto che gli stende il dentifricio sullo spazzolino, il pigiama che va stirato ogni mattino, il ghiaccio nel gin tonic solo a palline e mai a cubetti... No, tutto questo non si tocca. Alle piccole e grandi stravaganze consentite dallo status e dalla ricchezza il re d'Inghilterra si è abituato ben prima di salire al trono. L'amore per la *grandeur* e le eccentricità, evidente da quando è entrato nella vita adulta, sembra lo sfogo naturale dell'arroganza reale oggi vietata in pubblico dal mito democratico.

Un collaboratore in particolare avrebbe coltivato questa debolezza sino a farne la sua forza nel rapporto con il principe. Si chiama Michael Fawcett e avrebbe fatto il suo ingresso nella vita di Carlo, per non uscirne mai più, in contemporanea al matrimonio con

Diana. Assunto a Buckingham Palace come semplice cameriere nel 1981, fu successivamente scelto come valletto da Carlo, che da allora non ha più saputo farne a meno, fino ad affidargli la gestione di tutte le sue attività benefiche. Da cameriere personale adulava il principale imitandone lo stile e le manie, vestendo anche lui da perfetto gentiluomo grazie agli acquisti nei famosi negozi di Jermyn Street come *Anderson & Sheppard* per gli abiti, *Penhaligon's* per i profumi, *Turnbull & Asser* per camicie e cravatte. Fawcett coltivava l'amore di Carlo per il lusso e la sua convinzione di essere titolato a goderne per diritto di nascita. Lo seguiva in ogni viaggio, e all'estero non gli faceva mancare le comodità di casa. Lo svegliava ogni mattina dopo aver preparato il bagno caldo, disposto gli abiti per la giornata, lucidato le scarpe, accoppiato camicia e cravatta. Stessa cura la sera nella preparazione del letto.

La consuetudine maturata negli anni rendeva Fawcett capace di anticipare i desideri del principe. Si occupava di ogni dettaglio, dal cambio della carta da toilette al lavaggio manuale della biancheria di Carlo (secondo il *Sun*, era lui a spargere la voce che i boxer reali andavano adattati per via di certe misure abbondanti...). L'elenco delle attività, in larga misura superflue, di Fawcett appare sbalorditivo: copriva le relazioni sentimentali di Sua Altezza, testava il grado di cottura delle sue uova *à la coque*, controllava che i quadri fossero appesi alle pareti con precisione geometrica, si assicurava che la ghiaia sul viale di casa fosse sempre perfettamente «pettinata», garantiva le riserve del prediletto cibo organico in cucina, fiori freschi ogni giorno, adeguata sistemazione dei coperti a tavola e il cuscino sprimacciato e nella giusta posizione prima che Carlo si coricasse...

E faceva questo per tutte le case del principe, sopportando per di più le sue sfuriate e parlandogli sempre con deferenza assoluta. È caratteristica di molti reali una debolezza manifesta verso un servitore in particolare. Nel caso di Elisabetta II si trattava della sarta personale Angela Kelly, per l'antenata Vittoria era stato l'attendente (forse qualcosa di più) John Brown. Carlo sarebbe stato più esplicito: «Posso fare a meno di chiunque, o quasi, tranne di Michael». Supremo su tutti i domestici, a Fawcett furono consegnate le chiavi di casa di Sua Altezza, fronte e retro, e anche quelle della sua intera vita. Nessun altro collaboratore di rango molto più elevato ha potuto godere negli anni di altrettanta fiducia e indulgenza. A rendere complicate le relazioni c'è la circostanza che Carlo – secondo Nigel Blundell, cronista della «guerra dei Galles» – è «un naturale prevaricatore». Nelle discussioni tende a fornire alate considerazioni, ma le sue decisioni si basano poi più sull'istinto che su una faticosa analisi dei fatti.

Chi li ha conosciuti bene entrambi assicura che, a differenza della madre, lui non riesce ad assorbire facilmente le informazioni e preferisce di conseguenza l'approccio a grandi linee ai problemi. Una delle sue principali carenze, riconosciuta anche dagli amici, è una scarsa capacità di giudizio sugli uomini e sulle decisioni da prendere. I due monosillabi «sì» e «no» sono anatema per lui. E se ogni tanto li pronuncia è solo per farli subito seguire da lunghe e spesso contraddittorie spiegazioni. L'ex *ghostwriter* Byron Rogers, estensore di molti suoi discorsi, si infuriava per l'abitudine del principe di prendere subito le distanze da quel che aveva appena detto. Come quando, dopo aver sollecitato importanti piani di rinnovo urbano, aveva sentito il bisogno di aggiungere che comunque «si tratta di un vasto progetto e fin troppo grande per me».

Il risultato è che l'esperienza di lavorare con lui è stata, nell'arco dei decenni, assai poco piacevole per una lunga serie di stretti collaboratori. Nel 1978, il primo a pagare lo scotto dell'orgogliosa suscettibilità del futuro monarca fu l'uomo che più di ogni altro lo aveva servito nella «vendita» della sua immagine. David Checketts, al quale il successo della giovanile spedizione australiana e dell'investitura principesca di Carlo in mondovisione aveva guadagnato il titolo di «sir», dopo tredici anni come suo segretario privato fu messo alla porta perché la sua aria da nonno protettivo dava sui nervi all'erede. Che non ebbe nemmeno il coraggio di informarlo che aveva già offerto il suo lavoro al successore Edward Adeane.

Educato a Eton e Cambridge, terza generazione di una famiglia di segretari privati dei sovrani (il nonno con Giorgio V, il padre con Elisabetta), Adeane avrebbe potuto aspettarsi di conservare a lungo il posto, per il quale peraltro aveva abbandonato una carriera di avvocato di successo. Invece tutto finì dopo sei anni con una furiosa litigata originata dall'abituale difettuccio di Carlo, ovvero quello di mettere becco nelle scelte politiche. Quando toccò a sir John Riddell, rispettata figura del mondo degli affari, la chimica del rapporto funzionò solo per brevissimo tempo. Col suo successore, il maggior generale sir Christopher Airy, anche meno: un anno appena. Insomma, Carlo sembrerebbe dar ragione al vecchio G.B. Shaw, che fa dire al suo King Magnus (ne *Il carretto delle mele*): «A un re non è permesso il lusso di un buon carattere».

Nel fatidico 1978, ovvero allo scoccare dei trent'anni, non era tuttavia il carattere il problema principale di Carlo. Era ormai chiaro che stava evadendo il compito primario di un erede al trono: mettere al mondo il successore per assicurare continuità alla dinastia. Il guaio è che lui, stando a quanto riporta il biografo e intimo Jonathan Dimbleby, «era molto felice del modo in cui viveva la sua vita» sotto il profilo sentimentale. «Probabilmente sarebbe rimasto scapolo, se non avesse avuto la necessità di produrre un erede al trono.» Si era «innamorato di ogni genere di ragazze», dichiarò lui stesso in un'intervista, e chiaramente la cosa non gli dispiaceva. Lo infastidiva soltanto l'immagine di Casanova che la stampa offriva di lui, e lo disse agli studenti di Cambridge in un breve botta e risposta alla fine di una conferenza che vi tenne. Quando qualcuno gli chiese del suo «fantastico successo con le donne», lui replicò che non pensava «di averne affatto. Dev'essere a causa di chi sono». Però perfino papà Filippo in una lettera lo rimproverò di aver «esibito» una delle sue «amichette», e la pressione perché facesse il suo dovere riproduttivo diventava ogni giorno più forte.

Il giorno del compleanno, dopo aver posato per il ritratto ufficiale, Carlo lo trascorse in un fitto susseguirsi di cerimonie per la visita di Stato del presidente del Portogallo. Ma la festa fu solo rimandata di ventiquattro ore. La sera del 15 novembre la regina e il duca di Edimburgo ospitarono un gran ballo per trecentocinquanta persone nella colossale Ballroom di Buckingham Palace. Niente concerti classici stavolta, così cari alla sensibilità musicale del principe, ma pura disco e rock, musica da ballo affidata a band giovanili per dimostrare che anche Carlo era «moderno». C'erano tutti gli amici di caccia, di polo, di sci e mondanità, un circolo molto chiuso ed esclusivo basato su un'assoluta lealtà e discrezione nei confronti dell'erede al trono. E c'erano ovviamente tutte le amiche e vecchie fiamme, con le quali lui si scatenò in pista, da lady Jane Wellesley (la figlia del duca di Wellington) a Camilla a Kanga Tryon. E pure lady Sarah Spencer, invitata non da sola ma – sorpresa – con la sorella minore Diana.

Il primo incontro del principe con Sarah risaliva a un party al castello di Windsor nel giugno 1977. Era bastato un successivo invito estivo della giovane a Balmoral per scatenare l'eccitazione dei reporter, sempre sulle tracce di un'ipotetica sposa reale. Quando Carlo a novembre aveva accettato a sua volta l'invito a un week-end di caccia nella tenuta ancestrale degli Spencer, Althorp nel Northamptonshire, le voci sulla storia d'amore sbocciata tra i due si erano moltiplicate. Ma Sarah aveva già troppe complicazioni di suo: era stata ricoverata in clinica per anoressia nervosa e, all'opposto, per bulimia. La stampa non tardò a rendere pubbliche malattie e trattamenti, che non scoraggiarono comunque le attenzioni del principe.

Ma la scintilla non scoccò, almeno per la giovane aristocratica.

Confessò agli amici di non essere attratta dal suo corteggiatore. E lo ripeté anche pubblicamente alla stampa: «Non sposerei mai qualcuno che non amo, fosse un netturbino o il re d'Inghilterra. E se me lo chiedesse, gli direi di no». Per soprammercato, aggiunse qualche imbarazzante dettaglio: confermò che Carlo pretendeva di essere chiamato «sir» dalle sue conquiste anche nei momenti di stretta intimità. Se questo non fosse bastato ad affondare le chance di Sarah come sposa reale, ci pensarono ulteriori rivelazioni della stampa sulla sua inclinazione per l'alcol, oltre ai già noti disordini alimentari. Per non parlare delle sue vanterie sulle «migliaia di *boyfriends*» che aveva avuto.

Acqua passata. Quella sera di novembre Sarah Spencer danzava allegra con l'ex pretendente sotto gli occhi curiosi della bella sorellina appena diciassettenne. Diana aveva conosciuto Carlo nella sua visita ad Althorp, un anno prima, e ne aveva ricavato un'impressione precisa, che avrebbe ricordato molti anni dopo: «Dio, che uomo triste!»

17
Una vergine per il drago

GUGLIELMO IV, col fratello e predecessore Giorgio IV uno degli «zii debosciati» della regina Vittoria, era il sovrano più vecchio mai salito sul trono inglese, nel 1830. A sessantacinque anni stabilì un record che il lontano pronipote Carlo avrebbe battuto, con le sue settantatré primavere, ben centonovantadue anni dopo. L'età assai avanzata della loro successione non è la sola cosa che condividono. Tutti e due a un punto della loro vita – l'antenato molto più avanti con gli anni, il discendente appena varcati i trenta – si sono trovati nell'urgenza di generare un erede legittimo per dare stabilità alla monarchia. Ed entrambi, fino a quel momento, non ne sentivano affatto il bisogno e anzi avevano condotto un'esistenza piacevole, allietata da una relazione illecita ma felice.

Dalla sua amante, l'attrice Dorothea Jordan, l'allora duca di Clarence aveva avuto ben dieci figli, tutti riconosciuti con il cognome di «FitzClarence» (*Fitz* nell'Inghilterra anglo-normanna voleva dire «figlio di», e seguito dal nome o dal titolo è stato spesso usato per la prole illegittima di sovrani o aristocratici). Ma erano nati tutti fuori dal matrimonio, dunque nessuno poteva ereditare la corona che il destino, grazie a una serie di morti precoci, stava per posare sul capo di Guglielmo. Così, in tutta fretta, il duca di

Clarence fu costretto a sposare la principessa Adelaide di Sassonia-Meiningen, una dolce venticinquenne (ovviamente illibata) che aveva la metà dei suoi anni.

Al momento del fidanzamento con la futura regina Adelaide, Guglielmo scrisse una lettera al maggiore dei dieci figli avuti da Miss Jordan: «La principessa di Sassonia-Meiningen è condannata, povera, cara, innocente creatura, a essere mia moglie. Non posso, non voglio, non devo trattarla male. [...] Che cosa il tempo può produrre nel mio cuore non so dire, ma per ora io penso ed esisto solo per Miss Wykeham», che era l'amante del momento. Sostituite i nomi e avrete il triangolo amoroso più famoso del Novecento: Carlo, Diana e Camilla.

Le analogie che attraversano due secoli, a conferma del perenne conflitto tra dovere e sentimenti in casa Windsor, si fermano qui. Guglielmo IV non pensò mai nemmeno lontanamente di divorziare dalla sua dolce Adelaide (che per la verità lo venerava), e aveva anche condannato duramente la decisione del fratello primogenito Giorgio, allora principe del Galles, di separarsi pubblicamente dalla moglie Carolina di Brunswick. «Mio fratello si è comportato molto scioccamente! È vero che ha sposato una persona molto sciocca e spiacevole, ma avrebbe dovuto trarre il meglio da un cattivo affare, come ha fatto mio padre», vale a dire Giorgio III.

Filippo di Edimburgo la pensava esattamente allo stesso modo circa il «cattivo affare» di Carlo. Ma quando il matrimonio con Diana cominciò a sfaldarsi, non ci fu verso di far cambiare idea al figlio. Né i voti sacri pronunciati in chiesa davanti a duemila invitati, che la diretta tv moltiplicò fino a ottocento milioni, bastarono a impedirgli di «trattare male la povera, cara, innocente creatura» che aveva preso in moglie. Il tempo avrebbe cambiato il cuore del principe del Galles se Camilla non fosse stata sempre lì, presente e pronta? Il matrimonio avrebbe potuto funzionare se non fosse stato, per usare le parole di Diana, «piuttosto affollato», se non «fossimo stati sempre in tre»? In verità, se questa tragedia inglese ha in gran parte definito la vita di Carlo e la vicenda della dinastia a fine Novecento, il peccato originale sta nel maggiore difetto del principe. L'indecisione.

Il primo incontro tra la piccola Spencer e l'erede al trono era stato, come si è visto, ad Althorp nel novembre 1977, ma in seguito non erano mancate le occasioni di vedersi. Nel febbraio 1980 Diana, che in realtà odiava la caccia, era perfino comparsa a Sandringham in compagnia di Amanda Knatchbull per partecipare a una battuta, e Carlo l'aveva notata. Ma nei successivi due mesi non aveva avuto tempo di approfondire la conoscenza, preso com'era tra impegni ufficiali e passioni segrete. Che talvolta si fondevano in un unico appuntamento.

A metà aprile la mamma regina lo spedì in Africa, per rappresentarla nella cerimonia del passaggio dei poteri dall'amministrazione coloniale britannica al primo governo indipendente della Rhodesia, guidato da Robert Mugabe. Ad accompagnarlo nella visita all'ex colonia, ribattezzata Zimbabwe in swahili, Sua Altezza Reale scelse il caro amico lord Soames e il tenente colonnello Andrew Parker Bowles, naturalmente accompagnato dalla moglie. Che però da Londra ad Harare (ex Salisbury) aveva viaggiato non con il marito ma con l'amante reale. La circostanza sembrò non provocare alcun imbarazzo a nessuno del triangolo, sebbene invece ne producesse nel seguito. Nel corso di una cena ufficiale alla Government House, la prima sera della visita, la coppia di adulteri prese a flirtare così apertamente che un incredulo Edward Adeane, il segretario privato del principe, si alzò e lasciò la stanza.

Carlo si trovava adesso davanti a un bivio. Che la sua attrazione fisica per Camilla fosse irresistibile, e reciproca, era visibile con chiarezza a qualunque osservatore. Ma arrivato a trentun anni suonati, un matrimonio per la produzione di un erede era ormai una necessità dinastica. L'aspettativa dell'opinione pubblica, alimentata dall'attenzione ossessiva della stampa popolare, contribuiva a mettere pressione sul principe proprio mentre l'anagrafe inevitabilmente restringeva il suo campo di scelta. Le donne della sua generazione, che aveva conosciuto e corteggiato da ragazze e presentavano i necessari requisiti di «pedigree», età, educazione e intelligenza, erano pressoché tutte sposate, o comunque certo non più vergini. Per quanto Carlo fosse innamorato di Camilla, era chiaro che un'amante adultera madre di due figli non era, nel gergo di Corte, «materiale reale».

Per incredibile che possa apparire nell'Inghilterra del 1980, tre lustri dopo la minigonna e le comuni hippy, l'illibatezza era ancora una precondizione per una sposa reale. Non bastava che fosse protestante e aristocratica: doveva anche essere vergine, o apparire tale. E nella Londra di quel periodo, in piena epoca di liberazione sessuale e femminismo, Diana Spencer era probabilmente una delle poche, o forse l'unica vergine rimasta. A diciott'anni, altissima e paffutella, sembrava impacciata dalla sua statura e intimidita dalla sua stessa bellezza. Aveva avuto qualche innocente flirt nella cerchia delle sue amicizie, tutte *Sloane Rangers*, come veniva chiamata la gioventù dorata dei quartieri bene di Londra. Ma era molto prudente nei rapporti con i ragazzi, che nella sua visione ancora adolescenziale erano tutti *troubles*, diceva alle amiche, ovvero guai. Non poteva sapere che i suoi sarebbero arrivati da un uomo dodici anni più grande.

Stranamente, quando prese a guardare con interesse la ragazza, Carlo ignorò il dichiarato proposito di usare la testa più che il cuore per scegliere una sposa. Se lo avesse fatto, forse si sarebbe accorto che la differenza di età con Diana rappresentava un fossato incolmabile. L'anagrafe in questo caso contava. Non avevano alcuna connessione intellettuale né esperienze di vita condivise, dal momento che mentre lui lottava faticosamente per entrare nella maturità lei era appena uscita dalla scuola primaria. Non li univa nessuna passione e gli amici in comune erano assai pochi. Diana, al contrario del principe, non amava la lettura, il teatro, la musica classica ed era così ignorante che più avanti negli anni avrebbe preferito dichiararsi «stupidina» (cosa che non era affatto) piuttosto che riconoscere la sua mancanza di cultura.

È vero, anche Camilla aveva la stessa limitata educazione tipica di molte donne dell'*upper class*, ma il gap con Carlo su questo terreno era ampiamente compensato dalla piena sintonia dello stile di vita, l'amore per la campagna, i cavalli, gli stessi passatempi, gli stessi circoli sociali. Anche Diana, nei primi tempi del fidanzamento, affettava di amare la campagna, la caccia, i cavalli e di trovare piacevoli gli amici del futuro marito. Ma era una finzione. Non amava nessuna di queste cose e, quanto ai sodali del principe, li trovava vecchi, noiosi adulatori. In breve, a dispetto dell'intimità sociale e famigliare, Carlo e la giovane Spencer appartenevano a due pianeti diversi, e resta un mistero che cosa abbia portato le loro orbite a sovrapporsi.

Nel caso dell'erede al trono, la spiegazione riporta alla crescente pressione della famiglia e dei sudditi perché «facesse il suo dovere». Ma Diana? Che cosa l'attrasse verso l'uomo che avrebbe un giorno considerato alla stregua di un carnefice? Eppure, perfino dopo il divorzio avrebbe continuato a dichiarare al cognato Robert Fellowes, all'epoca segretario privato della regina, di amare ancora Carlo e che l'avrebbe amato sempre. Era davvero questo sentimento a spingerla verso l'erede al trono, o piuttosto il sogno dell'amore coltivato da una ragazza cresciuta senza madre, in una famiglia divisa e disfunzionale? In ogni caso, non sembra rispondere al vero che Diana si precipitò a occhi chiusi dentro una favola destinata a trasformarsi in incubo. Era certamente una ragazza che si affacciava appena alla vita, con scarsa esperienza del mondo e dell'amore. Ma non era l'ingenua intrappolata dai Windsor che raffigurano i suoi agiografi.

Il rapporto con Carlo conobbe la svolta decisiva nel luglio 1980, in uno dei soliti party del week-end che sono elemento intramontabile della routine sociale dell'aristocrazia britannica. La scena stavolta era offerta da un maniero nel Sussex: il figlio del proprietario, che faceva parte della compagnia londinese di Diana, la invitò ad andare con lui al vicino campo di polo di Cowdray Park, dove giocava la squadra del principe del Galles. Alla partita seguì un barbecue, e quella fu la prima occasione per i due di avere una vera, lunga conversazione. Carlo era decisamente scombussolato per la recente, e alquanto umiliante, rottura con la sua ultima passione, Anna Wallace. Ma soprattutto non aveva ancora pienamente recuperato lo choc della tragedia avvenuta dieci mesi prima quando, come sappiamo, l'amato «zio Dickie» era rimasto tragicamente ucciso in un attentato.

Ma era soprattutto il vuoto repentino nella sua vita a prostrarlo. Lord Mountbatten era stato davvero per lui un «nonno putativo», una figura avuncolare che gli aveva dato tutto l'affetto mancante nella sua famiglia. «Ho perduto qualcuno di infinitamente speciale», aveva scritto sul diario quando aveva ricevuto la notizia. «Qualcuno che mi ha mostrato enorme affetto, che mi diceva le cose spiacevoli che non volevo sentire, che mi offriva lodi e critiche a seconda del caso. Qualcuno a cui sapevo di poter confidare qualsiasi cosa essendo certo che avrei ricevuto i consigli e i suggerimenti più saggi.» Carlo sentiva che la vita senza di lui non sarebbe più stata la stessa. Il senso di perdita, il dolore erano stampati sul suo volto livido durante il solenne servizio funebre commemorativo, il 20 dicembre, nella cattedrale di St Paul, teletrasmesso a una nazione in lutto.

Il luglio successivo, a una festa nella campagna del Sussex, seduti su due balle di fieno a mangiare arrosto e chiacchierare, Carlo e Diana tornarono su quell'evento tragico, e fu proprio la giovane lady a tirarlo fuori. Sapeva perfettamente quanto quello che stava per dire avrebbe fatto breccia nel cuore del principe. «Sembravi così triste quando camminavi lungo la navata della cattedrale al funerale di lord Mountbatten», gli mormorò guardandolo con gli occhi da cerbiatta. «È stata la cosa più tragica che abbia mai visto. Il mio cuore sanguinava per te mentre ti guardavo e pensavo: questo è sbagliato, tu sei solo, dovrebbe esserci qualcuno a prendersi cura di te.» Come previsto, Carlo ne fu profondamente toccato. La sua ex fiamma Sabrina Guinness, anche lei al party, molto meno. Fosse gelosia o malizia, ebbe la sensazione che facesse parte di un piano: «Lei lo guardava adorante, con continui risolini... Cercava furiosamente di fare impressione».

Può sembrare ironico che sia stata proprio la esibita sensibilità di Diana verso Mountbatten ad accendere l'interesse di Carlo verso di lei come futura sposa, perché certamente «zio Dickie» non avrebbe approvato la scelta. Purtroppo, con lui il principe aveva perso non solo il suo mentore ma anche un indirizzo preciso nella vita. Mountbatten avrebbe apprezzato la bellezza e la dolcezza della giovane, la sua nobiltà e verginità, ma avrebbe anche visto che tra i due non c'era alcun terreno comune su cui costruire un'unione duratura. E forse avrebbe anche intuito le fragilità della fanciulla, prodotto di un'infanzia e un'adolescenza travagliate, che il principe non era attrezzato ad affrontare.

Un'altra testimonianza, quella del valletto Stephen Barry, occhiuto vigilante della privacy di Carlo, offre una conferma non sospetta della determinazione con cui Diana puntava il principe. Era un po' la realizzazione del suo sogno infantile di diventare qualcuno di speciale, quanto meno una duchessa: tanto che i fratelli la prendevano in giro chiamandola «Duch» (da *duchess*). Barry accompagnò la coppia a bordo del panfilo reale *Britannia* agli inizi di agosto, per l'annuale regata di Cowes. A quel punto una certa intimità tra i due si era già stabilita: pochi giorni dopo il week-end in Sussex Diana era andata a trovare la sorella Jane, moglie del segretario reale Robert Fellowes, nel suo cottage nella tenuta di Balmoral. E Carlo, ospite dei genitori nel castello, non aveva mancato di farle frequentemente visita. Fu allora, secondo i testimoni, che la storia d'amore cominciò a sbocciare, e la crociera sul *Britannia* servì a suggellarla. Diana, secondo Barry che non la perdeva d'occhio, sapeva quel che voleva: «Dava la caccia al principe con risolutezza. Lo voleva e lo ha avuto».

Quando Carlo rivelò a uno dei suoi amici più stretti di aver incontrato la ragazza che voleva sposare, questi rimase di sasso. Un osservatore cinico ma oggettivo come Martin Charteris, per decenni il collaboratore più fidato di Elisabetta, ha osservato – come riporta la biografa Sally Bedell Smith – che Diana «sapeva perfettamente che pochi uomini possono resistere a una bella ragazza che li adora apertamente». Il principe del Galles sembra costituire un caso di scuola. Lui confidò «di non amare ancora» la giovane lady ma di trovarla talmente «amabile e affettuosa da essere sicuro di potersi innamorare di lei».

Il guaio è che prima di lasciargli il tempo per qualsiasi verifica la storia era già finita sui giornali. Quando, agli inizi di settembre, la giovane lady fu vista a Balmoral, invitata dalla regina, i tabloid decisero che Carlo, nonostante fosse vero il contrario, aveva trovato l'anima gemella. Il *Sun* titolò lo scoop: «*He's In Love Again!*» – È di nuovo innamorato! – «Lady Di è la nuova ragazza di Carlo». Da quel momento Diana diventò la preda preferita delle mute di paparazzi e reporter che l'avrebbero seguita fino alla morte, diciassette anni dopo.

Il *Daily Mail* accompagnò la rivelazione con interessanti dettagli. La scelta di Carlo, scrisse, era stata approvata dalle due donne «che hanno maggiore influenza sul principe negli affari personali, lady Tryon e Mrs Parker Bowles», ovvero le due ex passioni Kanga e Camilla. Quest'ultima veramente era tutt'altro che ex, in quel momento, e la dice fin troppo lunga la circostanza che nella vacanza settembrina in Scozia, oltre a Diana fossero stati invitati a Balmoral anche i Parker Bowles. Con la benedizione di Camilla, la storia continuò a svilupparsi ormai sotto gli occhi della stampa. Gli incontri tra i due «innamorati» erano in realtà alquanto sporadici, com'è noto: Diana ne contò in tutto tredici prima del matrimonio. Ma la caccia incessante dei cronisti alla giovane aristocratica, ormai beniamina dei lettori, impresse all'intera faccenda la forza irresistibile della valanga. Fino all'incidente decisivo del 16 novembre 1980.

Fu la domenica in cui il *Sunday Times* se ne uscì con un reportage clamoroso: sosteneva che mentre era a bordo del treno reale, il 5 e il 6 novembre, Carlo aveva passato due notti con Diana. Il titolo era tutto un programma: «*Royal Love Train*». Le implicazioni erano fin troppo chiare, e il danno per l'onorabilità della giovane donna – considerata la morale dell'epoca – era potenzialmente irreparabile. Buckingham Palace fu costretto a reagire negando la presenza di donne sul treno e il valletto Barry corroborò la smentita («Non c'era nessuna lady, né lady Diana né nessun'altra»), ma per la ragazza fu un colpo terribile, senza poter nemmeno contare sul sostegno del suo presunto «innamorato», in viaggio in India in missione ufficiale. Per inciso, tredici anni dopo, il *royal watcher* del *Mirror* James Whitaker sostenne che una donna sul treno c'era, ed era Camilla (lei ha sempre negato). In ogni caso, Carlo e Diana si rividero solo due mesi più tardi, il 14 gennaio, quando la giovane fu «contrabbandata» in incognito a Sandringham per una visita di tre giorni. E a quel punto la trappola stava ormai per chiudersi. Su entrambi.

A farla scattare fu senza dubbio l'improvvida lettera spedita in quei giorni a Carlo dal padre Filippo. Il duca di Edimburgo, non senza ragione, faceva seccamente osservare al figlio che la reputazione di Diana era a rischio a causa delle speculazioni della stampa, e il suo procrastinare una decisione non giovava. Al punto in cui si era giunti, Carlo doveva chiederla in moglie o lasciarla libera. In un caso o nell'altro, la decisione andava presa rapidamente.

La missiva era stata scritta con le migliori intenzioni, ma il destinatario la lesse con le peggiori interpretazioni. Laddove il principe consorte si proponeva di spingerlo, con il solito tono brusco, solo a prendere una decisione, l'erede intravvide un rimprovero e un ordine. Non lo era secondo Pamela Hicks, che lesse l'epistola paterna e la trovò «misurata e intelligente». Quel che invece Carlo capì è che Filippo, sempre il solito caporale, gli ordinava di fidanzarsi. Per tutta la vita si era sentito bullizzato dal padre, e quella lettera per lui ne era l'ennesima prova.

Da ragazzo l'erede aveva adorato il genitore, ma gli anni della giovinezza avevano scavato un abisso tra i due. Il figlio si sentiva scarsamente apprezzato dal padre, che del resto era sempre stato avaro di lodi nei suoi confronti e non faceva mistero di giudicarlo troppo sensibile e irresoluto. Questo era il corso abituale dei loro rapporti, e la missiva non fece altro che aumentare il risentimento di Carlo. Certo, si fosse trattato di una famiglia normale, padre e figlio non avrebbero comunicato per iscritto. Si sarebbero parlati, e forse sarebbe bastato un franco chiarimento per dissipare l'equivoco. Ma era la famiglia reale, e una delle sue più deprecabili abitudini era proprio che i vari membri comunicassero tra loro con messaggi scritti o attraverso intermediari, di rado direttamente. Con risultati spesso catastrofici, ma mai quanto in questo caso.

Il principe non era innamorato, frequentava assiduamente un'altra donna (sposata) e non era pronto al matrimonio, però «si sentì obbligato» – come riassume il biografo autorizzato Dimbleby – a imboccare quella strada. Avrebbe poi dichiarato di essere «disperatamente preoccupato» del futuro che Diana stava per affrontare, ma al tempo stesso di temere «di deludere tutti se non l'avesse sposata». Eppure, che l'unione fosse un totale *mismatch*, un abbinamento del tutto sbagliato, era così chiaro che almeno tre amici ebbero il coraggio di dirglielo apertamente. Nicholas Soames, nipote di Churchill, che lo frequentava regolarmente in tutti i week-end di caccia e nelle svariate occasioni sociali, lo avvertì a chiare lettere che lui e Diana erano «troppo dissimili». Soames giudicava Lady Di «assolutamente fanciullesca e immatura», e arrivò ad affrontare durante una cena il segretario privato di Filippo dichiarando che il duca non avrebbe dovuto «imporre al figlio un'unione così sbagliata».

Della stessa opinione era Penny Romsey, moglie del nipote di lord Mountbatten. Non solo ammonì Carlo che lui e Diana avevano poco in comune, ma mise anche in dubbio la genuinità dei sentimenti della ragazza verso il principe: secondo lei, Diana sembrava «presentarsi a un'audizione per un ruolo centrale in un dramma in costume». Quando anche il marito Norton, molto vicino al principe, intervenne a rafforzare questa opinione, l'erede esplose in una delle sue tipiche fitte di rabbia. Così, piuttosto che chiedersi come potesse pensare di sposare una ragazza di vent'anni quando il suo cuore era già impegnato con un'altra donna, cercò piuttosto l'aiuto degli amici per rafforzarsi nella determinazione a «fare il suo dovere». A fine gennaio andò a sciare a Klosters, in Svizzera, dai Palmer-Tomkinson, ai quali confidò la sua angoscia, chiarissima anche nella lettera indirizzata in quei giorni a un amico in Inghilterra. Il principe confessava «uno stato mentale confuso e ansioso», dichiarava di voler «fare la cosa giusta per il Paese e la famiglia», ma era al contempo «terrorizzato di fare una promessa che avrebbe forse passato la vita a rimpiangere». Poi chiuse gli occhi e fece il gran salto nell'ignoto.

Venerdì 6 febbraio 1981, appena tornato da Klosters, invitò Diana al castello di Windsor e le chiese di sposarlo. In un vortice di deliziati risolini adolescenziali, lei rispose subito di sì. Carlo non se l'aspettava. Sapeva che lei sarebbe partita a breve per l'Australia e immaginava che questo le avrebbe offerto il tempo per rifletterci.

Il sì istantaneo lo prese in contropiede e il 24 febbraio il Lord Ciambellano di Sua Maestà, lord Charles Maclean, diede l'annuncio ufficiale alla stampa nella Ballroom di Buckingham Palace.

Nel pomeriggio la coppia felice si presentò davanti alle telecamere, per il botta e risposta che sarebbe passato alla storia: «*Are you in love?*» chiede il cronista. «*Yes*», gorgheggia lei arrossendo impacciata. «*Whatever in love means*», interviene lui – Qualsiasi cosa significhi essere innamorati –, la più raggelante dichiarazione d'amore mai sentita. Diana al momento fa finta di niente, e assicura che il futuro ruolo la preoccupa ma «con il principe Carlo accanto a me non posso sbagliare».

Il resto è la cronaca, nota in ogni dettaglio, di un tragico fallimento matrimoniale che ha rischiato di far deragliare la storia dei Windsor e della Gran Bretagna.

18
La terza stagione

Il matrimonio dei Galles, condannato sin dall'inizio a causa di una fondamentale incompatibilità tra i due, si disintegrò con l'inesorabilità del destino e la velocità della luce. Carlo, sempre classicista, avrebbe commentato con gli intimi che presentava «tutti gli ingredienti della tragedia greca». Diana, culturalmente meno sofisticata, lo avrebbe semplicemente dichiarato «una sofferenza», «un inferno», una storia che «non andava da nessuna parte». Verso la fine del 1981, incinta di tre mesi del primogenito William, la nemmeno ventunenne principessa si gettò dalle scale del castello di Sandringham in un apparente (e per fortuna maldestro) tentativo di uccidersi, o piuttosto di richiamare l'attenzione del marito.

All'amica Elsa Bowker avrebbe poi spiegato di averlo fatto perché aveva scoperto in un cassetto della scrivania di Carlo una lettera d'amore di Camilla al principe: «Non pensava che valesse la pena vivere o avere un bambino». Ma prima di tornare sulla questione, ampiamente dibattuta, di chi ha tradito chi per primo, basta un'occhiata ai primi mesi di vita in comune della coppia per capire quanto fosse male assortita.

Anche nel primo inverno assieme, il principe non intendeva rinunciare ai suoi piaceri, sebbene non fossero condivisi dalla moglie. In cima c'era il godimento della sua creazione paesaggistica a Highgrove, che lasciava Diana totalmente fredda, e l'eccitazione della caccia alla volpe. Due volte la settimana Sua Altezza andava a cavalcare con la compagnia di cavallerizzi della Beaufort Hunt (e con Camilla) mentre Diana restava a casa. Nei week-end correva a sparare agli uccelli nella tenuta di questo o quell'amico, e anche in questo caso la consorte non lo seguiva. Si capisce che non si trovasse a suo agio in un circolo molto chiuso di persone più anziane, mature, e per di più in larga misura amiche di Camilla. Per la ventenne andata sposa troppo presto era molto più piacevole e interessante uscire per shopping e pranzo nei quartieri eleganti di Chelsea e Knightsbridge con il suo gruppetto di *Sloane Rangers* frequentato sin dalla prima giovinezza.

Nelle serate mondane che li vedevano assieme, invece, era spesso Carlo a sentirsi a disagio. Sua moglie aveva tutte le caratteristiche di una stella, e la stampa era letteralmente ossessionata dal suo aspetto e dal suo guardaroba. Effettivamente era difficile staccarle gli occhi di dosso, se perfino il direttore del Victoria and Albert Museum, sir Roy Strong, all'apertura ufficiale della mostra *Splendori dei Gonzaga* disse di trovarla «bella alla maniera di una giovane puledra», sebbene non ancora esperta nell'arte reale di porre le domande. Il fatto è che di tutta la sciarada protocollare e cerimoniale della monarchia a Diana non importava un fico secco.

Carlo da un lato risentiva il maggior interesse che la bellezza e la giovinezza della moglie riscuoteva nella gente, dall'altro era genuinamente preoccupato della pressione che questo esercitava su di lei. Cercò di aiutarla evitandole almeno in parte la fatica fisica degli incontri con la folla e di coinvolgerla maggiormente nei compiti di rappresentanza o di beneficenza tipici della famiglia reale. La principessa però si mostrava del tutto disinteressata, nonostante gli sforzi dei consiglieri più esperti. E quando, subito dopo le nozze, le fu assegnata come una specie di «supervisore» la nuova *lady-in- waiting* della regina, Susan Hussey, Diana si chiuse letteralmente a riccio di fronte a quella fredda, inamidata, superciliosa gran dama che venerava Carlo sin da bambino ma non aveva nessuna tenerezza per la giovanissima consorte. La quale rispondeva ai suggerimenti di Sue, come la chiamavano i reali, con invariabile fastidio e una formula tipo: «Questo è noioso, Sue». A Corte non la presero bene, come prova l'irritata confidenza della parente Pamela Hicks alla biografa Sally Bedell Smith: «Lei non ci provava nemmeno. Non aveva bisogno di sforzarsi di fare qualcosa, tanto vedeva che la gente la ammirava lo stesso».

I suoi frequenti e violenti sbalzi di umore, il totale disinteresse verso il mondo esterno, il costante autocompatimento che dava sui nervi ai suoi stessi amici furono all'inizio ascritti da Carlo alle difficoltà della gravidanza. O almeno così ha raccontato a Jonathan Dimbleby, ammettendo che talvolta può essere apparso distratto nei confronti della moglie perché esasperato dal suo petulante lamentarsi. Per Diana, invece, secondo la ricostruzione da lei stessa offerta a Andrew Morton, il comportamento del consorte e dei suoi famigliari indicava soltanto che per loro lei era «un fastidio» o, peggio, «un problema».

La nascita di William, il 21 giugno 1982, fu probabilmente l'ultimo raggio di luce sul matrimonio. Dopodiché i sospetti sulla relazione con Camilla ripresero a divorare la principessa, spingendola a un atteggiamento sempre più aggressivo verso il marito oppure ad atti di autolesionismo con rasoi, coltelli, pezzi di vetro, preferibilmente davanti al principe. Lui ne fu sempre più allarmato, lei si convinse che era indifferente. Lui la persuase a vedere degli psichiatri, lei accettò di malavoglia ma fu inutile. Vani anche gli sforzi di Carlo di frequentare socialmente persone più giovani, con cui Lady Di potesse sentirsi a suo agio. E un fallimento l'idea di arruolare il suo mentore a Gordonstoun, Eric Anderson, perché aiutasse la poco istruita Diana ad allargare i suoi orizzonti culturali. All'inizio lei sembrò entusiasta ma durò poco: in capo a sei mesi l'appuntamento con Anderson – una volta la settimana – fu cancellato. E in capo a cinque anni anche il matrimonio di fatto lo era.

Non torneremo qui sulle tormentate vicende della «guerra dei Galles», su cui sono state scritte intere biblioteche. Ma, fuori dal pettegolezzo pruriginoso, l'accusa di Diana a Carlo sul matrimonio «troppo affollato» ha avuto un impatto politico che ha rischiato di mettere in discussione i diritti di successione dell'erede al trono. L'immagine del futuro sovrano fedifrago, che inganna e tradisce la giovane, ingenua, adorabile sposa, ebbe precisamente l'effetto (sebbene non fino in fondo) che Diana si proponeva: di mostrarlo ai sudditi – come disse a chiare lettere nell'intervista del 1995 a *Panorama* della BBC – «*unfit to reign*», non adatto a regnare. Ma corrisponde a verità, come sosteneva lei, che «siamo sempre stati in tre in questo matrimonio», sin dall'inizio? È una circostanza che l'ex marito ha negato e nega risolutamente.

Per Carlo resta vero quello che affidò al libro di Dimbleby all'inizio degli anni Novanta, quando il biografo gli chiese se era sempre stato fedele alla moglie. La sua risposta fu: «Fino a quando il matrimonio non si è irreparabilmente infranto». Il candore dell'ammissione non lo salvò dal naufragio nei sondaggi e molti, a cominciare dalla madre, hanno per anni considerato quell'intervista a cuore aperto il peggior errore politico dell'erede. Ma lui non ha mai cambiato versione, nemmeno nei decenni successivi. Giura che dopo il suo fidanzamento, nel febbraio 1981, ha sostanzialmente interrotto per cinque anni ogni contatto con Camilla. A parte l'unica occasione in cui, giusto prima delle nozze il 29 luglio 1981, incontrò l'amante per donarle il famoso «braccialetto d'addio» con le iniziali allacciate dei loro nomignoli (F&G, per Fred e Ginger), i due si erano incrociati raramente in società. Né, assicura Carlo, avevano mai più parlato nemmeno per telefono, se non pochissime volte durante il fidanzamento e una sola volta dopo il matrimonio, giusto il tempo di comunicare alla vecchia amica che la moglie era incinta di William.

A questa ricostruzione Diana ha sempre opposto l'irrisione. «Ma chi pensa di prendere in giro?» disse a un amico quando uscì la biografia di Dimbleby. «Probabilmente se stesso», replicò l'interlocutore, trovando il consenso della principessa: «Sì, probabilmente ci crede».

In verità, salvo che Carlo e Camilla non avessero maturato un'abilità di travestirsi e scomparire pari a quella di Arsenio Lupin, i fatti sembrano avvalorare la versione del principe quando sostiene che tra il 1981 e il 1986 l'intimità con Camilla fu, per così dire, tenuta in freezer. Ma il 1986 segna il punto in cui lo sgretolarsi del matrimonio dei Galles è ormai sotto gli occhi di tutti quelli che sanno, ed è abbastanza comprensibile che lui abbia cercato conforto nell'amica e confidente di sempre. Certo non poteva pensare di trovare ascolto o comprensione nei genitori, fermi nella loro stoica (e masochistica) mistica vittoriana del dovere. Dove rovesciare accuse, rimpianti e autocompassione, se non nell'orecchio paziente di Camilla?

Tutto ricominciò al telefono, poi ripresero a vedersi a Highgrove. Lei di solito arrivava in compagnia del marito, benché fossero ormai separati di fatto, o di altri amici comuni. Perciò le occasioni di restare a lungo da soli erano ancora abbastanza rare. Ma presto *veteris vestigia flammae*, avrebbe detto Virgilio, i segni dell'antica fiamma, tornarono ad ardere tra i due. Camilla offriva all'amante la comprensione, il calore, la stabilità che aveva sempre bramato e solo lei, a quanto pare, era in grado di dargli. Che si amassero non c'era dubbio e, dal momento che Carlo aveva fatto il suo dovere dinastico con ben due eredi (due anni prima era nato anche Henry), non c'era più nemmeno ragione di nasconderlo.

Era l'inizio della terza stagione, conclusiva, della serie *Carlo e*

Camilla. Ma, a differenza che in passato, adesso i protagonisti non si curavano più se la storia rimaneva circoscritta a un pubblico di pochi intimi o se andava in onda in mondovisione. I *royal watchers* vennero perfino messi in condizione di offrire una data precisa per la ripresa delle relazioni carnali, anche se a legittimarle agli occhi di Carlo, o a offrirgli almeno un alibi morale, potrebbe essere stato un equivoco. Il principe sembrava ignaro che dall'84 all'86 la moglie (come avrebbe confessato nel 1992 sui nastri registrati dal suo coach vocale Peter Settelen) era stata profondamente innamorata della sua guardia del corpo Barry Mannakee, poi allontanato proprio per questa ragione. Guardava invece con molto sospetto all'amicizia sbocciata tra la principessa e un giovane e affascinante banchiere d'affari, Philip Dunne, intimo dei duchi di Kent. Assieme apparivano felici, sorridenti, giocosi, e flirtavano senza remore. Lei aveva anche passato un week-end nella casa di campagna dei genitori di lui, senza però la loro presenza e nemmeno quella di Carlo.

Il 13 giugno 1987, alla festa di matrimonio del marchese di Worcester (figlio dell'undicesimo duca di Beaufort) con l'attrice Tracy-Louise Ward, Diana si scatenò nelle danze con l'amico Dunne. La coppia fece sensazione perché la principessa – osservò una testimone – «ballava come una derviscia», fermandosi solo per asciugarsi il sudore in volto con l'orlo dell'abito da sera. Anche Carlo scese in pista, molto più composto, con l'ex fiamma Anna Wallace, poi andò a sedere a un tavolino in fondo accanto a Camilla Parker Bowles. Dopo un po' scivolarono via, mentre Diana restò a ballare con Philip fino alle prime luci dell'alba. Da quel momento anche le convenienze furono buttate nel cestino dei rifiuti dove era già finito il matrimonio dei Galles.

Quell'estate il principe volò in Italia per una vacanza di una settimana. Con lui c'era Camilla, ma non la moglie. Poi a settembre i due si spostarono in Scozia, a Balmoral, e lì tra gli amati monti, boschi e fiumi che servivano sempre a restituirgli un po' di pace ed equilibrio, Carlo fece una scoperta che avrebbe cambiato tutto. Non voleva più rinunciare alla compagnia della sola donna da cui si sentiva veramente «compreso»; al contrario, disse a uno dei suoi rari confidenti, «voglio stare sempre con lei». Camilla era diventata ormai *non-negotiable*, non negoziabile, come avrebbe replicato alla madre quando, nel 1993, Elisabetta cercò di persuadere figlio e nuora a dare un'altra chance alla loro unione. Niente da fare. Come il prozio Edoardo VIII, che preferì perdere la Corona piuttosto che l'amante Wallis, il principe non voleva più separarsi dalla donna che amava.

Carlo però non aveva nessuna intenzione di rinunciare al trono e non sapeva nemmeno come indirizzare la sua vita privata per scongiurare la minaccia. La sua posizione diventò particolarmente rischiosa dopo che l'esplosione del *Camillagate* nel 1993 (ricordate? La famosa telefonata in cui lui dice a lei che vorrebbe «essere il suo Tampax»...) rese di dominio pubblico l'adulterio e coprì di ridicolo la sua immagine. Depressione e disperazione dell'erede al trono sono evidenti nella lettera che scrisse il 21 gennaio 1993, otto giorni dopo la pubblicazione delle intercettazioni, al direttore del Prince's Trust: «Negli ultimi quindici anni sono stato interamente motivato da un disperato desiderio di rimettere il 'Gran' nell'espressione Gran Bretagna. Tutto quello che ho fatto [...] è stato fatto con questo fine in mente. E niente ha funzionato, come si può vedere fin troppo chiaramente! Ho sempre voluto ricacciare indietro alcune delle più ridicole frontiere degli anni Sessanta, in termini di educazione, architettura, arte, musica e letteratura, per non parlare dell'agricoltura! [...] Nessuna meraviglia che vogliano distruggermi e liberarsi di me!»

In effetti il danno fu enorme, e per qualche mese si parlò di alterare l'ordine di successione a vantaggio del primogenito William, o addirittura (senza nessuna base legale) della sorella Anna. Ma erano solo chiacchiere, e i complotti immaginati dall'erede erano soltanto fantasie. L'unico con cui Carlo poteva prendersela era se stesso, ma un franco esame di coscienza mal si conciliava con la sua ben nota autoindulgenza. Paradossalmente, a mettere drammaticamente termine a una *soap opera* che minacciava di distruggere non solo lui, ma la stessa credibilità della monarchia, fu la mossa con cui Diana si proponeva di affondare definitivamente la sua successione al trono.

L'intervista della principessa a *Panorama* il 20 novembre 1995, seguita da venticinque milioni di inglesi, fu un'autentica bomba politica che ridusse letteralmente a brandelli l'immagine pubblica del marito. Il viso pallido, gli occhi cerchiati di nero, a trentaquattro anni bella e seducente come non era mai stata, Lady Di riuscì perfettamente a convincere gli spettatori che l'erede al trono era un poco di buono. Non esitò a confessare il suo adulterio con James Hewitt (non gli altri...), ma se c'era una colpa, questa ricadeva interamente sul marito e la sua amante, che l'avevano ingannata e ridicolizzata. Quanto al suo ruolo futuro, una Diana modesta, a occhi bassi, dichiarò di non pensare alla Corona ma di voler «essere la regina dei cuori della gente».

Fu un trionfo mediatico e politico, e per converso un disastro totale per Carlo e i Windsor. Se l'opinione dell'amico del principe Nicholas Soames era che «la sfortunata lady» mostrasse di «essere in uno stadio avanzato di paranoia», per l'opinione pubblica e per il governo non c'erano dubbi su chi fosse dalla parte del torto. I sondaggi dicevano che l'85 per cento dei sudditi la sosteneva. Ma lei non era più un fenomeno mediatico locale, era una stella mondiale, la prima star veramente globale. L'intervista fu seguita in tutto il pianeta da un'audience di duecento milioni di persone, e la popolarità della principessa rasentava il fanatismo. In Gran Bretagna gli ambienti di Corte la dichiaravano «pazza» o «malvagia», ma stampa e tv erano tutte per lei. Il *Daily Mail* la salutò a lettere cubitali come «EROINA!»

e riportò il giudizio di Jane Austen, quasi due secoli prima, sul disastroso matrimonio tra Giorgio IV e Carolina di Brunswick: «Lei era cattiva, ma non sarebbe diventata cattiva com'era se lui non fosse stato infinitamente peggiore».

Il trionfo fu di breve respiro. Elisabetta II ripeté ancora una volta «*Enough is enough!*» ma stavolta fu davvero l'ultima. Consultò il premier John Major, l'arcivescovo di Canterbury (George Carey) e il suo segretario privato (nonché cognato di Diana) Robert Fellowes, e il 18 dicembre 1995 spedì ai Galles una secca lettera per esprimere l'opinione che il divorzio (al quale si era sempre opposta) fosse «ora desiderabile». Era di fatto l'ordine di divorziare il prima possibile, per non danneggiare ulteriormente la Corona, e risultava talmente benvenuto al figlio che se ne uscì citando ironicamente proprio l'*Amleto* shakespeariano: «Per questo sollievo, molte grazie». Il giorno dopo scrisse alla moglie per chiedere il divorzio, usando le stesse parole della madre per definire lo stato del loro matrimonio, «una triste e complicata relazione».

I mesi successivi furono tutt'altro che un sollievo, in verità. Il divorzio fu altrettanto acrimonioso della separazione, se non peggio, nonostante Carlo avesse ordinato: «Fatele avere quello che vuole». Ma i negoziati tra gli avvocati, tra alti e bassi, si protrassero per mesi, offrendo ai tabloid una miniera inesauribile di pettegolezzi, insinuazioni, particolari scabrosi. Per Diana fu una prova durissima, come testimoniano le trentadue lettere indirizzate in quel periodo all'amica Susie Kassem, divenute pubbliche nel febbraio 2023: «Non avrei mai accettato di affrontare il divorzio», scrisse il 20 maggio 1996, «se avessi saputo quanto è brutto e spietato tutto l'iter».

«La sola cosa che mi terrorizzava era perdere i figli», disse poi Lady Di al biografo Anthony Holden. «Una volta sicura che il meccanismo reale non me li avrebbe sottratti, non m'importava nient'altro.» Di fatto, non era sui figli che il negoziato si era a lungo incagliato, ma sull'entità della liquidazione da corrisponderle una tantum e dei privilegi che avrebbe conservato. Alla fine accettò 17 milioni di sterline, più alimenti annui per 400.000 sterline, più il mantenimento di uno staff al suo servizio. Perse lo status reale ma conservò il titolo di principessa del Galles.

Per i due amanti si schiuse infine una stagione che speravano decisamente più calma, per quanto si trattasse effettivamente di entrare in terra incognita. Anche Camilla nel frattempo aveva divorziato, ma questo non vuol dire che i due fossero davvero liberi. Dopo lo scandalo di *Panorama*, che gli aveva stampato in fronte il marchio dell'adultero, Carlo aveva diffuso un comunicato per dichiarare di non avere intenzione di risposarsi. Era chiaro a tutti che i sudditi non avrebbero accettato quel passo, e comunque la Chiesa anglicana (di cui un giorno sarebbe stato il Governatore Supremo) consentiva sì le nozze ai divorziati, ma non se il divorzio era frutto del loro adulterio.

Come liberatosi da un incubo, il principe tornò ai suoi doveri con rinnovata energia e anche maggiore slancio. E riprese a dedicare più tempo ai figli, per i quali – a dispetto del quadro offerto da Diana – era sempre stato un padre attento e affettuoso. Ogni tanto ricompensato. La biografa (molto simpatetica) Penny Junor riferisce di una cena con i ragazzi e gli amici durante una vacanza in montagna, in cui Carlo si lasciò andare con una coetanea a smorfie buffe e ridicole. «Ogni tanto i nostri genitori ci fanno vergognare», strizzò l'occhio a William la figlia dell'amica. E lui, di rimando: «Mio padre mai. È mia madre che mi imbarazza».

Era ancora il *fall out* dell'intervista di Diana. Che se per il figlio fu scioccante, per Camilla fu altamente tossico. Agli occhi dell'opinione pubblica, lei era la «cattiva» della storia, l'intrusa che aveva sottratto il marito alla bella e pura principessa. In sostanza, questo la costrinse a scivolare fuori dalla vista anche più di prima. Secondo il suo amico Charles Benson, si ritrovò più o meno «agli arresti domiciliari». Di andare in giro a fare shopping non se ne parlava nemmeno. Era libera di partecipare alle feste private in casa degli amici ma le era raccomandato di entrare dalla porta posteriore. E quando il reale amante andava a visitarla, era costretto a nascondersi sotto una coperta sdraiato sul sedile posteriore dell'auto per evitare i flash dei paparazzi di guardia.

L'intrepida amazzone che saltava siepi e fossati correndo dietro alla volpe possedeva però non solo la virtù dell'audacia ma pure quella della pazienza. Si mise in primo luogo d'impegno a risistemare, anche logisticamente, la sua vita. Al momento del divorzio, nel marzo 1995, i Parker Bowles avevano venduto la casa di famiglia e con i proventi Camilla aveva allestito una nuova residenza per sé, i due figli e il padre vedovo, nonché i due Jack Russell, Freddy e Tosca, a Ray Mill House, un ex mulino diventato una meravigliosa casa di campagna nel villaggio di Reybridge. La tenuta era costata 850.000 sterline ma offriva molti vantaggi, come il panorama bucolico del Wiltshire e, soprattutto, la vicinanza a Highgrove. Tanto vicina, appena mezz'ora di macchina, che la cavalla preferita di Camilla, Molly, trovò stabile sistemazione nelle stalle della proprietà principesca.

Carlo si industriava a trovare un difficile equilibrio. Non intendeva certo più nascondere l'affetto per Mrs Parker Bowles, come lei continuava a farsi chiamare anche dopo il divorzio. Ma stava ben attento a non esibirlo troppo in pubblico. La linea ufficiale restava quella del «non mi risposerò», che questo o quell'amico era ogni tanto autorizzato a ripetere alla stampa. E serviva anche a tranquillizzare mammà a Buckingham Palace, alla quale lui in persona avrebbe assicurato, stando alle voci di Corte, che avrebbe sempre messo «il dovere davanti a tutto. Regnerò da solo, per il bene della monarchia». L'avrà anche detto in piena sincerità, ma si preoccupò al tempo stesso di rendere chiaro ai sudditi che, pur non sposandola, non avrebbe mai abbandonato l'amante. «Non negoziabile» diventò il mantra che definiva Camilla agli occhi non solo dei Windsor ma dell'intera Inghilterra.

Priva delle remore di varia natura che l'avevano costretta alla clandestinità negli ultimi otto anni, la relazione cominciò pian piano ad acquistare un'immagine pubblica non più censurabile. Lei era ospite fissa a Highgrove. E lui visitatore costante a Ray Mill House. Assieme andavano a cavallo e a caccia nelle tenute degli amici, e assieme si presentavano alle feste private. Un fotografo, misteriosamente informato, riuscì perfino a riprenderli nell'intimità del loro «nido d'amore» in Galles, vicino a Brecon, nella contea di Powys. Fu proprio alla finestra di Glyn Celyn House, il maniero di proprietà dell'ex cognato di lei Nicolas Paravicini, che l'obiettivo indiscreto colse un mattino Camilla in una semplice vestaglia bianca, spettinata come chi esce dal letto, con uno sguardo sognante sulla dolce vallata ai suoi piedi. L'immagine finì su *News of the World*, e da allora molti si sono sempre chiesti se il principe non avesse per caso imparato dalla ex moglie come usare i paparazzi a proprio vantaggio. Quel che è certo è che l'amante era stufa dei sotterfugi e lui non ne poteva più del segreto, che giudicava «squallido e volgare».

Risalgono probabilmente a questo periodo i primi lenti, guardinghi, graduali tentativi di guadagnare, se non l'approvazione, almeno il riconoscimento pubblico della sua relazione con l'amore – non più negoziabile – della sua vita. Il primo passo in questa direzione era ovviamente modificare alla radice la percezione che l'intero regno aveva di Camilla come «strega cattiva», rubamariti, amante egoista, incurante della sorte della monarchia e del Paese pur di soddisfare i suoi appetiti. Naturalmente non era questa la donna che conosceva Carlo, e lui voleva che tutti la vedessero per quello che ai suoi occhi era: una persona generosa, compassionevole, non ambiziosa, spiritosa e colta, capace di una lealtà provata nei decenni e perfino di sacrificare la sua reputazione per l'uomo che amava. Non sarebbe stato un facile esercizio di marketing.

La prova, se ce ne fosse stato bisogno, arrivò nel gennaio 1997, durante un dibattito televisivo sulla monarchia, che ospitava oltre ai soliti giornalisti anche un rappresentante dei movimenti repubblicani. Più di due milioni e mezzo di spettatori risposero a un sondaggio sul futuro della Corona, e il responso fu inatteso: un terzo abbondante si schierò per la fine della monarchia. E quando il nome di Camilla venne menzionato, il pubblico nello studio esplose in fischi e insulti di rara ferocia.

Per buona sorte di Mrs Parker Bowles e del suo regale amante, a bordo del loro vascello a quel punto era già salito un esperto nostromo: Mark Bolland. Sarà tra i protagonisti di questa storia di incredibile riscatto, e a buon diritto. Per i nemici (suoi e di Camilla) un genio del male, Bolland era di sicuro il maestro degli *spin doctors*, un mago della comunicazione che sapeva come manipolare, con fascino e intelligenza, il complicato universo dei media. Era consapevole di avere di fronte una *mission impossible* e mise in campo tutte le armi che aveva per portare a termine il compito.

Camilla lo aveva incontrato nell'estate 1996 a casa sua, su suggerimento dell'amico Stuart Higgins, allora direttore del *Sun*, e raccomandazione del suo avvocato divorzista. Il trentenne Bolland era al tempo il direttore della PCC, la Press Complaints Commission, l'autorità di controllo varata nel 1990 per valutare denunce e proteste contro la stampa. Conosceva come le sue tasche la giungla dei tabloid britannici. Quando Mrs Parker Bowles lo invitò a Ray Mill House per un colloquio lui la trovò, «sinceramente, uno straccio e sottoposta a un'immensa pressione». Ne aveva ben donde. La famiglia continuava a premere su Carlo perché tagliasse i rapporti con lei e la stampa la demonizzava. Simpatico, estroverso, Bolland le piacque subito e poco tempo dopo era a colloquio con l'erede al trono. Che non esitò ad assumerlo come assistente segretario privato, con il potere connesso alla posizione. Il giovanotto sprizzava energia e sicurezza di sé da tutti pori, e agli occhi del nuovo datore di lavoro aveva un vantaggio aggiuntivo. Apertamente gay, il suo compagno era Guy Black, che aveva preso il suo posto come direttore del PCC.

Non era certamente il primo collaboratore omosessuale del principe. Lo era il suo primo valletto Stephen Barry, e anche il suo segretario privato Edward Adeane avrebbe fatto coming out una volta lasciato il servizio. Per di più, sul finire degli anni Novanta difficilmente l'orientamento sessuale poteva contare qualcosa in Inghilterra. Ma a Corte sì, e subito partì una campagna anonima per screditarlo, con investigatori privati assunti per trovare qualcosa di compromettente e fax inviati a Carlo per metterlo in guardia. Lui semplicemente non se ne curò e lasciò che Bolland facesse il suo egregio lavoro per rendere accettata Camilla, con un traguardo alle viste: il suo cinquantesimo compleanno, il 17 luglio 1997.

La prima mossa fu una foto. Un affascinante ritratto di lei in giacca nera su maglione grigio e una semplice collana d'oro al collo, sullo sfondo del suo giardino a Ray Mill: accompagnava l'annuncio della sua nomina a patronessa della Royal Osteoporosis Society, dopo aver lavorato per due anni a sostegno dell'organizzazione. Poco dopo, nell'aprile 1997, Carlo la incoraggiò a fare la prima apparizione in pubblico della sua vita. Sempre in qualità di nuova patronessa, partecipò a una conferenza stampa della Società. All'inizio del suo discorsetto era sulle spine, e si vedeva, ma si sentiva anche che parlava col cuore quando ricordò la madre e la nonna, entrambe vittime della malattia. Non era tutto. Con la benedizione di St James's Palace, divenuta residenza di Carlo, la nota giornalista e autrice Allison Pearson stava preparando un profilo di Camilla per il *New Yorker*. E Channel 5, la nuova tv commerciale britannica, un documentario sulla sua attività benefica. Il «corto» televisivo, in particolare, riuscì nell'obiettivo di mostrarla sotto una luce nuova e più umana, nel vecchio filmato di un pranzo per raccolta fondi contro l'osteoporosi in cui lei ricordava «la sofferenza e il dolore» patiti dalla madre Rosalind negli ultimi anni di vita. Poi, per superare la commozione, aveva fatto un paio di battute e un sorriso. Non era una strega, dopo tutto.

Nell'estate 1997 il piano per rendere Camilla rispettabile e accettata agli occhi dell'opinione pubblica sembrava procedere a gonfie vele. Il festeggiamento del cinquantesimo compleanno sarebbe stato una tappa importante di questo cammino, perché Carlo era deciso a farne un evento pubblico, destinato a sottrarre per sempre l'amante da un'umiliante condizione di clandestinità. Quando la notizia si diffuse, suscitò un attacco di bile in Diana e la furia del cognato Fellowes, il segretario della regina, che stando agli spifferi di Buckingham Palace aveva intenzione di chiedere a Sua Maestà di negare il permesso per il *birthday party*. La reazione spinse il principe ad alzare la posta, ordinando al suo braccio destro Fawcett di organizzare una festa spettacolare. Con sua grande soddisfazione, Fellowes fu costretto ad arrendersi. Ma non Diana. Era ormai divorziata da quasi un anno, eppure la gelosia per la rivale che aveva sconfitto lei, la donna più ammirata dell'universo, nella lotta per il cuore del marito non l'avrebbe mai abbandonata.

La disprezzava, la odiava, la chiamava «quella donna» o la «terza parte», e il suo cruccio maggiore era che Carlo finisse per sposarla. L'avrebbe ritenuto uno smacco, anche se intimamente era convinta che non sarebbe mai accaduto per una semplice ragione: la regina non avrebbe «mai, *mai*, approvato», e il figlio non l'avrebbe mai sposata senza il consenso di mammà. Ma nemmeno questa certezza bastava a rassicurare Lady Di. Perfino l'idea era per lei un affronto intollerabile, e temeva che la festa di compleanno stesse solo preparando il terreno. Lei però non l'avrebbe mai permesso: «Dovrà passare sul mio corpo», giurò al fido segretario Patrick Jephson che tempestava di telefonate per tenersi informata, minacciando di fare una scenata al party.

Alla fine si rassegnò, ma non senza ordire un tranello per sabotare l'impatto dell'evento sui giornali. Nella stessa mattinata del compleanno si produsse in una spettacolare esibizione a favore di fotografi in costume da bagno leopardato, nella villa dei Fayed a Saint-Tropez. Come previsto, eclissò ogni altra notizia. Ma non bastò a impedire il successo del piano di Carlo. La prediletta Highgrove fu la scena prescelta per ospitare una festa memorabile con centinaia di invitati e, con loro grande sorpresa, reporter e paparazzi furono cortesemente indirizzati dall'ufficio stampa dell'erede verso le postazioni migliori per fotografare gli ospiti all'entrata e all'uscita.

Da lì poterono riprendere con assoluta chiarezza l'arrivo trionfale di Camilla a bordo dell'auto con chauffeur di Carlo. Quando scese dalla macchina appariva esultante, sfoggiando il regalo di compleanno appena ricevuto dall'erede al trono: un collier di perle con chiusura di diamanti che la leggenda voleva fosse appartenuto alla bisnonna di Camilla, Alice Keppel. Jilly Cooper, famosa autrice di romanzi rosa che era tra gli invitati, riuscì a descrivere l'apparizione in toni lirici. Camilla era letteralmente raggiante, e «il ricordo più suggestivo che ho», scrisse, «è la luna piena che è arrivata presto ed è rimasta lì in cielo. Penso che sia un segno».

Forse, ma non quello felice che lei immaginava. Un mese e mezzo più tardi Diana moriva sotto il tunnel parigino dell'Alma. E davanti ai tenaci amanti reali sembrarono spalancarsi le fauci dell'inferno.

PARTE QUARTA

Resurrezione

19
Mammà non vuole

Quando tutto fu consumato, il mondo ebbe pianto per giorni la principessa e compatito i figli costretti a seguirne il feretro, quando Elisabetta ebbe chinato il capo davanti alla bara dell'ex nuora e «la rosa d'Inghilterra» fu infine deposta a riposare troppo presto nella sua urna ad Althorp, solo allora gli amanti si guardarono attorno e si ritrovarono in una terra devastata come da un'esplosione nucleare. Non c'era più nessuno accanto a loro. O nessuno sembrava volesse starci.

Carlo almeno era assorbito dalla cura dei figli, e tutti e tre camminavano storditi, come sonnambuli, in questo nuovo mondo senza Diana. William e Harry erano stati straordinari nei giorni della tragedia, e a ragione il principe era molto orgoglioso di loro, come disse pubblicamente. Ma per lui era anche un conforto avere questo compito importante, «di essere lì per i ragazzi» avrebbe detto Diana, di cercare in mille modi di lenire una ferita che appariva (e sarebbe rimasta) inguaribile. Il dolore rese i tre inseparabili per qualche tempo, e l'isolamento al quale Carlo si era temporaneamente votato lo aiutava a posticipare il problema enorme che doveva affrontare. Che cosa volevano le persone da lui?

Agli occhi del mondo non era più l'erede al trono britannico ma il fedifrago che aveva ingannato e tradito l'eroina della gente comune, *the People's Princess*, come l'aveva prontamente battezzata Tony Blair, che in fatto di umori popolari aveva un fiuto infallibile. Diana, osannata da viva come la donna più affascinante e famosa del pianeta, era venerata da morta come una martire, sebbene di una causa imprecisata. L'amicizia di Madre Teresa le conferiva un alone di santità e la bellezza incantava: la combinazione risultava irresistibile per le masse di ogni parte del mondo. E in particolare per i sudditi ancora in lacrime.

Il Palazzo faticava a venire a capo di quello che era successo nella settimana della morte di Diana, quando tutto era sembrato possibile. Mai nel ventesimo secolo l'Inghilterra era precipitata in un simile stato di furore prerivoluzionario, nemmeno durante la crisi dell'Abdicazione. Nei sette giorni precedenti al funerale la sofferenza della nazione era cresciuta fino a raggiungere livelli di isteria. Il terrore era che il dolore della gente potesse trasformarsi in rabbia verso coloro che venivano percepiti come responsabili (per qualcuno non solo morali) della tragica fine della principessa. Gli alti dignitari erano estremamente allarmati dalle possibili reazioni se avessero permesso a Carlo di scendere tra la folla. Molti temevano i fischi, qualcuno anche di peggio. Ecco perché i figli di Diana furono costretti a seguire la bara della madre: per proteggere il padre dall'ostilità dei suoi futuri sudditi. L'ondata emotiva si placò una volta sepolta la principessa, ma Carlo rimase inchiodato ai suoi sensi di colpa e al rimorso, schiacciato sotto il peso di interrogativi angosciosi: sarebbe mai finita la sua via dolorosa? Il «suo» popolo divenutogli alieno l'avrebbe più accettato come sovrano?

Camilla non poteva nemmeno permettersi il lusso di chiedersi che futuro avrebbe avuto. Al momento, sembrava proprio nessuno. Fu semplicemente costretta alla clandestinità. E per molte settimane. Era stata presente al matrimonio di Diana, non poteva certo partecipare al suo funerale. Si rinchiuse in casa, a Ray Mill. Non mise il naso fuori nemmeno per andare al vicino supermercato. Cancellò ogni impegno. Un evento promozionale del negozio di antiquariato della sorella, dov'era attesa come ospite d'onore, fu posposto a data da destinarsi. Annullati anche tutti gli appuntamenti col principe, che li avrebbero esposti al rischio della gogna sulla stampa popolare: i loro contatti si fecero esclusivamente telefonici, come nei tempi più difficili della loro relazione clandestina.

Erano entrambi sbalorditi dalla reazione popolare alla morte di Diana, che un loro amico definiva «isteria di massa, né più né meno». Se condividevano questo giudizio, non lo fecero tuttavia mai trapelare. Ma si può stare certi che il principe provasse la stessa rabbia della sua famiglia nel vedere mitizzata l'ex moglie che, nei suoi sfoghi privati, era soltanto una *nutter*: in inglese pazza o, se preferite, svitata.

In quei primi giorni d'autunno tutta l'ansia era su un futuro che a Carlo, così incline all'autocommiserazione, doveva apparire un buco nero. Ma ben presto l'erede al trono si applicò tenacemente a capire come uscirne. Il suo braccio destro Stephen Lamport e il «maestro dello *spin*» Mark Bolland passarono all'azione per realizzare le sue istruzioni. La «guerra dei Galles» doveva essere sepolta nell'attenzione dei media, così come andava cancellata l'immagine del «principe playboy». Al contrario, disse ai suoi collaboratori, bisogna «enfatizzare il servizio reso alla nazione, lo scrupolo nei doveri e nell'azione filantropica. E non smettete di spingere i media in questa direzione», fu l'ordine finale. Lamport aveva l'incarico di lavorarsi i politici, Bolland i mezzi di comunicazione.

Il primo compito di Lamport fu di premere su Peter Mandelson, considerato l'eminenza grigia del governo Blair, e su Anji Hunter, suo principale consigliere politico, per spingere il primo ministro a elogiare Carlo nei suoi discorsi. Mandelson, ansioso di compiacere il futuro re, chiamò anche Jon Snow, influente conduttore di Channel 4: gli spiegò che era merito del principe l'aver fatto issare la bandiera a mezz'asta su Buckingham Palace, nonostante l'opposizione della madre, e che sempre lui aveva discusso duramente con la regina e il suo segretario Fellowes per convincerli a permettere il funerale di Stato a Westminster. Pure Blair fece la sua parte. In un'intervista televisiva ricordò, anche a quanti nella gerarchia anglicana criticavano il divorzio, che un giorno Carlo sarebbe stato non solo il sovrano, ma anche il Governatore Supremo della Chiesa d'Inghilterra.

Questo non bastava naturalmente a sollevare la coltre di generale biasimo che era calata sulla testa di Sua Altezza. E per quanto lui si sentisse gravato dai sensi di colpa, non smetteva di attribuire alla malvagità altrui i guai di cui si riteneva vittima. «Il mondo», si lamentò con l'amico Jonathan Dimbleby, «è governato da gente molto cattiva e potente.» Detto da un futuro re d'Inghilterra fa francamente ridere, ma tant'è. Lui si sentiva perseguitato, e al tempo stesso si preoccupava di consolare Camilla, costretta alla cattività domestica. «Ti tocca subire tutte queste indegnità e torture e calunnie.»

Eppure, è difficile non credere che anche a loro, a una valutazione obiettiva della situazione, senza nemmeno il bisogno di essere cinici, un fatto doveva apparire chiaro: la scomparsa di Diana eliminava dalla scena l'ostacolo principale alla regolarizzazione della loro unione. È evidente che, sebbene sempre esclusa pubblicamente, dopo il divorzio questa ipotesi era già entrata nel novero delle cose possibili. Ma molto difficili. Un anno prima della scomparsa della principessa, un sondaggio avvertiva che i sudditi erano fortemente contrari: l'88 per cento degli intervistati non voleva che l'erede al trono sposasse Camilla, e il 55 per cento pensava che in tal caso avrebbe dovuto rinunciare alla Corona. Ma in cuor suo Carlo sperava che fosse la ex moglie a risposarsi per prima, in questo modo allentando la pressione dei media. E se lei avesse finalmente trovato l'agognata felicità, i sudditi non avrebbero finito col concedere anche a lui una seconda possibilità?

Tutti edifici costruiti sulla sabbia, perché è indiscutibile che per una ragione o per l'altra Diana fosse sfortunata in amore. Dopo una decina di relazioni passeggere, che fecero dire all'amica intima Rosa Monckton: «Diana sta vivendo gli anni da teen-ager nei suoi trenta», l'amore con la A maiuscola sembrò presentarsi nella figura alquanto robusta di Hasnat Khan, cardiochirurgo pediatrico pachistano. Era un uomo totalmente diverso dagli altri che aveva conosciuto, con una dedizione assoluta al suo lavoro, e fu forse questo a far innamorare perdutamente Lady Di, decisa a sposarlo e avere dei figli con lui. La storia durò un paio d'anni, prima che il riservato dottore se la desse a gambe per la difficoltà di vivere accanto alla donna più famosa del mondo. Dopo di lui, Dodi Al-Fayed non fu nient'altro che «un flirt estivo», come ripete da allora Rosa Monckton, e l'insicurezza e paranoia del playboy anglo-egiziano giocarono purtroppo una parte nella corsa insensata della loro Mercedes contro il pilastro nel tunnel dell'Alma.

Ci volle qualche tempo dalla tragedia prima che Carlo si arrischiasse a tirare fuori la testa. Quattro settimane dopo la morte di Diana, accettò non senza timore l'invito a visitare il centro dell'Esercito della Salvezza a Manchester. Il discorso che aveva in tasca gliel'avevano preparato gli *spin doctors* di Downing Street, incluso Mandelson, ma lui lo ignorò e si mise invece a parlare con convincente passione a un gruppetto di curiosi, per dire loro quanto lui e i figli fossero «immensamente grati e toccati» per il conforto ricevuto dalla gente. Se la cavò magnificamente e i cronisti reali rilanciarono l'immagine di un padre affettuoso di figli adorati che parlava dal profondo di un cuore straziato. La reazione simpatetica della stampa indusse il principe a confermare la visita programmata a novembre in Sud Africa, ma con una decisiva variante: avrebbe portato con sé il figlio tredicenne Harry, che avrebbe avuto modo di incontrare l'uomo più riverito del pianeta, Nelson Mandela, e anche di andare a un concerto del suo gruppo favorito, le Spice Girls, in tournée in quel Paese proprio in coincidenza con il viaggio reale. Anche stavolta i media lodarono senza riserve lo sforzo del principe di curare con un po' di sana distrazione la terribile ferita del figlio minore.

Ma non dimenticava certo Camilla. Dal momento che i suoi sentimenti non erano cambiati, anzi forse erano stati amplificati dalla prova durissima alla quale era stata sottoposta, si preoccupò che anche lei potesse infine riemergere dall'ombra. Occorrevano naturalmente cautela e gradualità. Nel novembre 1997 il principe fu l'ospite d'onore alla prima del film *Titanic*, all'*Odeon* di Leicester Square, e i cronisti esperti scorsero tra la folla i figli di Mrs Parker Bowles. A dicembre William e Harry presero parte a una caccia alla volpe della Beaufort Hunt e Camilla, finalmente uscita di casa senza bisogno di ricorrere a parrucca nera e occhialoni scuri, era tra i compagni di cavalcata. Ma prima di arrivare alla foto ufficiale del gennaio 1999 sui gradini del *Ritz*, c'era ancora molto cammino e molto lavoro da fare.

A Natale 1997 il peggio sembrava ormai passato. I sondaggi sulla popolarità di Carlo, che si erano inabissati nei mesi precedenti, ripresero miracolosamente quota. Prima della morte di Diana, i sudditi che si dichiaravano soddisfatti del loro futuro sovrano erano meno della metà, il 46 per cento. Ma dopo la tragedia erano precipitati ad appena il 4 per cento. Alla fine dell'anno i soddisfatti erano invece ben il 61 per cento, mentre il tasso di insoddisfazione era sceso dal 42 al 29 per cento. Difficile non vedere una correlazione con il successo mediatico rappresentato dal viaggio in Sud Africa, e soprattutto dalla paterna devozione del principe al benessere dei suoi ragazzi. Inoltre, ed era forse il fattore principale, la fonte costante delle accuse e polo di coagulo delle critiche era scomparsa. Carlo si convinse che era ora di mettere fine alla discrezione attorno al suo rapporto con Camilla.

Era quello che desiderava fortemente anche lei (e si comprende). Voleva essere vista in giro con lui, andare con lui a teatro o in vacanza, e stabilire un legame con i suoi figli. In sostanza, in tutto e per tutto un matrimonio tranne che nel nome. Ma per arrivarci bisognava superare il problema di sempre: i sudditi dovevano accettare Camilla. Su questo terreno la principale opposizione Carlo l'aveva dentro casa, o meglio, nella reggia: la mamma e la nonna.

Né la sovrana né la quasi centenaria regina madre erano minimamente disposte a condonare l'angoscia e i travagli che Camilla aveva provocato nelle loro vite privilegiate. Né l'una né l'altra permettevano che Mrs Parker Bowles entrasse nella stanza dove si trovavano loro, mentre accoglievano sempre con manifesto calore il suo ex marito ai ricevimenti pubblici, alle feste private o agli appuntamenti ippici. Per rendere ancora più chiaro il loro affetto per il coniuge tradito (i suoi, di tradimenti, non contavano...), un alto funzionario di Palazzo si diede da fare con le gerarchie militari per far promuovere Andrew Parker Bowles da colonnello a generale di brigata e, una volta ottenuta la greca, nominarlo direttore del Corpo Veterinario dell'esercito. Per protesta il veterinario capo si dimise, ma era solo un insignificante sassolino nella scarpa per l'uomo che poteva vantare tanta intimità con la Corona.

La soddisfazione trasuda chiaramente dal ritratto che gli ha fatto il grande Lucian Freud nell'uniforme del nuovo grado, languidamente semisdraiato in poltrona con la rossa tunica sgargiante negligentemente sbottonata sulla camicia bianca. L'aria di superiorità aristocratica che ha dipinta in volto è identica a quella esibita nell'ormai famoso ballo del Cirencester Polo Club, nell'estate 1980, quando Camilla e Carlo danzarono stretti stretti sotto i suoi occhi per tutta la sera, accompagnando i passi del ballo con baci così appassionati da imbarazzare tutti i presenti. Tutti tranne lui, che commentò col solito sorrisetto: «Pare che HRH sia molto preso da mia moglie. E lei pare molto presa da lui». Sembra una battuta prestatagli da Mr Keppel, il «cornuto contento» di ottant'anni prima.

Se il generale Parker Bowles non era mai stato un problema, il bando materno contro Camilla lo era eccome, e Carlo fece ricorso a ogni stratagemma per superarlo. Per lui era un mistero la simpatia della madre per Diana e l'inimicizia nei confronti della sua amante. Eppure, Lady Di era la prima ad aver inferto tanti danni alla famiglia reale, mentre «l'intrusa» era solo una tradizionale *english lady* con la passione della campagna e dei cavalli, esattamente come Sua Maestà. Perché allora tanta intransigenza? Per cercare di addolcirla il principe si affidò prima all'intercessione del conte di Carnarvon, da giovane spasimante di Elisabetta e ora l'amico più caro, e dopo che questi ebbe fallito si rivolse alla zia, la principessa Margaret. Chi più di lei, che aveva avuto la vita rovinata per il divieto reale al matrimonio con l'amante divorziato, poteva capirlo e aiutarlo? All'insistenza della sorella, la regina rispose seccamente: non intendeva ricevere Camilla e nemmeno parlarne. Punto. Ma non per Carlo.

Una sera tardi, a Balmoral, aspettò che rimanessero soli e le chiese esplicitamente di ammorbidire la sua opposizione, così che lui potesse vivere apertamente con l'amante. Il principe contava sulla nota riluttanza della sovrana a prendere posizione. Di rado lei interferiva o vietava direttamente qualsiasi cosa. Ma, con grande sorpresa del primogenito, stavolta reagì con insolita fermezza. Non avrebbe mai condonato il suo adulterio – gli disse – e non avrebbe mai perdonato Camilla, perché era lei che non gli aveva permesso di provare a ricostruire il matrimonio.

La rabbia compressa per tanti anni nel reale petto eruppe senza più ostacoli. Furiosa, Elisabetta accusò l'erede di avere mentito sulla sua relazione con quella che chiamò «una donna scellerata» e concluse senza appello: «Non voglio avere niente a che fare con lei». Poi si chiuse nel mutismo e a Carlo non restò altro che scappare dalla stanza letteralmente in lacrime. Si precipitò a raccontare la disfatta per telefono all'amante, e lei cercò consolazione ripetendo tutto per filo e per segno a Mark Bolland. Il guaio, per i due attempati Giulietta e Romeo, era che gli inglesi condividevano le opinioni della loro regina: secondo un sondaggio realizzato in quei giorni, l'88 per cento era contrario al loro matrimonio.

Il principe non si arrese. Dimostrando una tempra nient'affatto amletica, decise di sfidare apertamente mammà (Diana si sbagliava immaginando che non avrebbe mai trovato il coraggio di farlo). Il 12 giugno 1998, con la complicità dello stesso William, fece in modo di presentare l'amante al primogenito (che a Eton aveva già fatto amicizia con il figlio di lei, Tom). Alla vigilia del sedicesimo compleanno, il ragazzo era felice di fare qualcosa per accontentare il padre, ma era altrettanto convinto che i venti minuti di chiacchiere con la donna che aveva sloggiato sua madre sarebbero rimasti privati. Invece, per un autentico errore dell'assistente di Camilla, la notizia finì sui tabloid e scatenò la tempesta che è facile immaginare. Mrs Parker Bowles fu un'altra volta sopraffatta dalle accuse, implicata perfino nella morte di Diana, e comunque raffigurata come la strega che cercava pure di rubare l'affetto dei figli della rivale.

Per rovesciare questa narrativa il «partito di Carlo» usò le colonne del *Sunday Times*. Stuart Higgins, antica conoscenza di Camilla, che aveva appena lasciato la direzione del *Sun*, riportò sul giornale della domenica la notizia della recente riunione del *Way Ahead Group* (ovvero la regina, Filippo e i figli assieme ai cortigiani più fidati, una specie di consiglio d'amministrazione della monarchia): si era convenuto, secondo lui, che fosse una priorità normalizzare la posizione di Camilla in seno alla famiglia reale. Molti erano convinti che dietro l'articolo ci fosse la mano dell'amante e del fedele Bolland. Perché nel meeting lei non era stata nemmeno menzionata, ma Carlo comunque diede disco verde alla forzatura di stampa. Il guanto di sfida alla regina era stato lanciato.

20
«Operation PB»

L'«Operation PB», come Bolland aveva battezzato il piano di riabilitazione di Mrs Parker Bowles, marciava di pari passo con la campagna lanciata dal principe alla vigilia del suo cinquantesimo compleanno per far pesare il ruolo di erede agli occhi dei sudditi e della madre. Ma, a Downing Street, Tony Blair sapeva perfettamente che le cose non stavano come raccontato dal *Sunday Times*. Il suo segretario Alex Allan aveva verificato con il Palazzo la veridicità del presunto scoop di Higgins sul via libera a Camilla, concludendo che la strada degli amanti era ancora irta di ostacoli e le eventuali nozze del tutto improbabili.

La questione era ormai diventata un campo di battaglia tra i due centri di potere che si stavano letteralmente trincerando all'interno della famiglia reale: la regina a Buckingham Palace e l'erede a St James's Palace, ognuno con il contorno dei suoi consiglieri e cortigiani. Si trattava in realtà di un triste *déjà vu* nella storia moderna della monarchia. Non uno solo dei regnanti Hannover (antenati diretti dei Windsor) aveva avuto rapporti non conflittuali col primogenito: nel Settecento Giorgio I aveva esiliato il figlio dalla reggia, una volta re. Giorgio II aveva fatto lo stesso con l'erede, che lo aveva tolto d'imbarazzo premorendogli. Tra Carlo e la madre l'affetto era sincero, la stima forse un po' meno, ma alla soglia dei cinquant'anni il principe era stufo dell'attesa e sperava che mammà si decidesse ad abdicare. O almeno a indicare una data. Il conflitto diventò manifesto in contemporanea con una forte accelerazione dell'«Operation PB».

Se il primo ostacolo da superare per riabilitare Camilla era demolire l'immagine mitizzata di Diana, il libro pubblicato a novembre – in coincidenza con il compleanno del principe – dalla biografa Penny Junor sembrava centrare pienamente l'obiettivo. *Charles: Victim or Villain* – Carlo: vittima o cattivo – era un ritratto incrociato del principe e dell'ex moglie in cui Diana appariva fondamentalmente come un'isterica incontrollabile, paranoica e manipolativa, e il coniuge al contrario una vittima senza scampo, privo di parenti e amici a cui chiedere aiuto. Tranne, ovviamente, la fedele e generosa Camilla, unica roccia della sua esistenza. Il libro, abbondante di dettagli a sostegno della «versione di Carlo», era invece sorprendentemente povero nel racconto della sofferenza di una sposa ventenne che si sentiva tradita e abbandonata a se stessa. Non fu difficile, per chi conosceva da vicino molti episodi raccontati nella biografia, indovinare che dietro c'era con molta probabilità la mano di Bolland.

La serializzazione del racconto su un tabloid scatenò le polemiche. L'ufficio stampa del principe fu costretto a dichiarare che lui non aveva «autorizzato, sollecitato o approvato» il volume. Junor lo avrebbe efficacemente contraddetto offrendo i dettagli dell'aiuto ricevuto dallo staff di Carlo, indubbiamente con il benestare del principale. Convinto che fosse una manovra di Mark Bolland per costringere Elisabetta ad accettare Camilla, Buckingham Palace lasciò filtrare tutta la sua irritazione. Un alto dignitario commentò sprezzante che a St James's Palace Carlo regnava «su una Corte vecchio stile piena di sacchi di serpenti». Per ritorsione il principe intrattenne in conversazione per un'ora Gavin Hewitt della

BBC, sicuro che avrebbe riportato – come di fatto avvenne – la sua frustrazione per il testardo attaccamento al potere da parte di Buckingham Palace, ovvero la regina. Se qualcuno non avesse capito, il canale commerciale ITV rese esplicito il concetto: Carlo sarebbe stato «personalmente felicissimo» che Sua Maestà abdicasse. A questo punto, lo scoop si divideva le prime pagine con l'umiliazione inflitta all'erede dalla sovrana, che rifiutò l'invito alla grande festa per i cinquant'anni del figlio a Highgrove a causa della presenza di Camilla.

Sua Maestà decise un secco richiamo all'ordine prima che la situazione sfuggisse completamente di mano. Carlo, in viaggio in Bulgaria, si affrettò a telefonarle per dichiararsi totalmente innocente del report sull'abdicazione. Nessuno gli credette, né la madre né i suoi consiglieri. Tanto più che la mossa successiva dell'erede rappresentava un'altra sfida. Il principe informò Robert Janvrin, a breve nuovo segretario privato della regina, che il week-end precedente al compleanno intendeva tenere un party per gli amici a Sandringham. Tra gli ospiti erano previsti, oltre a Jacob Rothschild, anche il fidato amico laburista Peter Mandelson e Susan Hussey, *lady-in-waiting* della sovrana. Pressato da Camilla, il principe concordò che anche lei fosse invitata. I tabloid ci andarono a nozze. Significava la presenza dell'amante nella residenza della regina nonostante la chiara disapprovazione della padrona di casa. Janvrin chiese istruzioni alla sua principale, che saggiamente decise di soprassedere: era una festa privata, concluse, pertanto lei non era minimamente coinvolta.

Ma non ci fu verso di farle cambiare idea sul rifiuto dell'invito allo sfarzoso party di compleanno del figlio a Highgrove. Camilla, che aveva contribuito a organizzarlo, era ovviamente al centro dell'attenzione. All'arrivo appariva veramente regale e anche molto più affascinante del solito. Quanto a Carlo, sembrava un uomo in pace con se stesso, finalmente accanto alla donna che amava e lo riamava. I festeggiamenti furono fastosi, allegri e rumorosi, con la presenza dell'intera buona società londinese. Ma anche le assenze si notavano.

Della famiglia reale, solo Margaret era presente, allenata da una vita a disobbedire alla sorella e da lei troppo amata per temere una sanzione. Degli altri non c'era nessuno. Pure i tre fratelli del festeggiato avevano declinato l'invito, ligi all'*ukaz* della loro sovrana. Camilla invece c'era anche a un'altra festa di compleanno di Carlo, due sere dopo, nella reggia di Hampton Court. E la copertura della stampa stavolta fu generalmente favorevole. Gli sforzi del principe per stabilire relazioni cordiali con parecchi direttori di giornali, fino a invitarli al *birthday party*, non erano stati inutili. L'operazione riabilitazione andava avanti, e nemmeno il boicottaggio della regina era servito a danneggiarla. Due giorni dopo la festa parecchi tabloid pubblicarono foto di Camilla a cavallo, accompagnandole con commenti simpatetici anziché l'abituale denigrazione.

Fu per lei una specie di premio di consolazione per l'assenza forzata alle celebrazioni ufficiali a Buckingham Palace, dove Sua Maestà aveva invitato quasi mille ospiti – tutti i potenti d'Inghilterra e non solo – a festeggiare il il cinquantesimo genetliaco dell'erede al trono. Il suo discorsetto d'auguri, come ovvio, non lasciò trapelare una virgola delle tensioni delle settimane appena passate, o dell'antico mutuo risentimento covato dai due («Ce l'ha con me perché gli ho insegnato l'alfabeto», si lasciò scappare sarcastica Elisabetta dopo una delle tante frizioni con il primogenito). Rivolgendosi a Carlo nell'enorme Ballroom zeppa di invitati, la sovrana fu l'immagine dell'amore e orgoglio materno: «Tutti qui hanno beneficiato della vastità dei tuoi interessi e della tua visione, compassione e leadership».

La risposta di Carlo fu un capolavoro di politica già nella prima parola: «*Mummy*». Era la prima volta in cinquant'anni che la chiamava «mammina» in pubblico, e questa esibizione di amore filiale non poteva essere più lontana dai sentimenti che suscitava in lui l'ostracismo materno verso la donna che amava. Si vede che la lezione di dissimulazione in cui l'amico Mandelson (presente accanto a Tony Blair) era maestro non era andata perduta.

Nelle settimane successive madre e figlio non si parlarono più. E a Sandringham, quel Natale 1998, l'atmosfera fu glaciale molto più di quanto indicato dal termometro. Lungi dal trattenere Carlo, questo lo spinse al passo decisivo, quello che avrebbe definitivamente e pubblicamente sancito Camilla come sua compagna. Si trattava, come abbiamo già visto, della *photo opportunity* combinata da Bolland coi tabloid per l'evento al *Ritz* del 29 gennaio 1999. L'immagine dei due amanti che lasciavano l'hotel uno accanto all'altra e salivano assieme in macchina legittimò l'unione agli occhi del mondo. L'accoglienza di stampa e pubblico andò ben oltre le più rosee aspettative ma non modificò l'ostilità della regina, sostenuta dalla madre pressoché centenaria. Carlo però adesso aveva imparato la lezione di Diana, e sapeva di poter usare i media come arma a suo vantaggio.

Il principe incoraggiò Bolland a stabilire rapporti sempre più complici coi direttori dei maggiori giornali, e a passare loro storie che mettessero la coppia sotto una luce positiva: i sorrisi che li avevano accolti nelle varie visite a teatro, la spilla ricevuta da Carlo che Camilla indossava come pegno d'amore, la visita del principe al club gay di Soho obiettivo della bomba di un fanatico nazista… Il colpo grosso fu il rapporto che Bolland riuscì a stabilire con i direttori dei principali tabloid di Rupert Murdoch, la corazzata *Sun* e il *News of the World*, il più aggressivo periodico scandalistico dell'isola, oltre che una delle sue testate più antiche. Entrambi erano stati per anni portavoce dell'opinione pubblica incantata da Diana e disgustata dall'adulterio di Carlo e Camilla. Conquistare i cuori di questi lettori, soprattutto donne delle classi lavoratrici, e mettere a tacere le salve di cannone antiestablishment del repubblicano australiano Murdoch era un obiettivo cruciale. Il «mago dello *spin*» si applicò con la massima determinazione.

A settembre 1999 aveva programmato un viaggio di Camilla a New York, che sarebbe servito al riscatto globale della reietta. Ma prima di partire ebbe cura di visitare nel loro «covo» a Wapping (dove Murdoch aveva trasferito tutte le testate della News Corporation) sia l'amministratore delegato del gruppo, Les Hinton, sia Rebekah Wade, direttore editoriale del *Sun* e soprattutto consigliere politico ascoltatissimo del boss Rupert. Tutti e due avevano scarsissima stima e fiducia nei portavoce reali, che molte volte rispondevano alle loro richieste di chiarimenti con bugie belle e buone. Bolland promise di fare ammenda e che tutto sarebbe cambiato. Sincero o meno, aveva disperato bisogno delle cannoniere di Murdoch per costringere alla resa Buckingham Palace. Nel suo stile cinico e scanzonato, anni dopo avrebbe commentato: «Stavamo alzando la fiamma del gas, perché la regina era irremovibile».

Ma anche il figlio lo era diventato. L'obiettivo finale gli stava così a cuore da non esitare a stringere buoni rapporti con Rebekah Wade, che accettò di conoscere assieme a Camilla. Per anni il *Sun* li aveva vilipesi, ma ora poteva diventare il grimaldello per spalancare loro la porta del sospirato matrimonio. Quando Bolland tornò a pranzo da Wade, nel giugno 2000, poteva ormai contare su un alleato, interessato ma proprio per questo tanto più sicuro. Con il nuovo segretario reale Robert Janvrin, invece, i linguaggi non potevano essere più distanti. Per lui valeva la convinzione della regina, che la Corona non ha bisogno di *spin*, di montare la panna per farsi amare dai sudditi. Presto si rese conto di quanto si sbagliava.

Un giorno di quell'inizio estate, Janvrin si sentì porre dalla rossa e riccioluta Wade la seguente domanda: «Quando Sua Maestà darà luce verde a Carlo e Camilla per sposarsi?» Il segretario, ex ufficiale di Marina, non si scompose: «L'opinione pubblica è contraria», replicò.

«Ah, bene», ribatté il direttore del *Sun*, «allora dovremo andare contro la regina perché i nostri lettori sono per Camilla. La regina dovrebbe ripensarci.» Non bastava. Nel caso l'illividito segretario non avesse afferrato il concetto, la rossa Rebekah aggiunse: «Potremmo decidere di sostenere un'abdicazione e lasciare che Carlo prenda il suo posto». Per far capire che non aveva scherzato, pochi giorni dopo il *Sun* titolava a caratteri cubitali: «*Marry Her, Sir!*» La sposi, sir! I fuori casta erano riusciti a ribaltare il tavolo: erano loro adesso a dettare l'agenda e a costringere Buckingham Palace sulla difensiva.

Un cambio nell'orientamento dell'opinione pubblica in effetti c'era stato, registrato dai sondaggi già a partire dal giugno 1999. Agli inizi del mese una ricerca demoscopica aveva rilevato un 57 per cento di sudditi a sostegno delle nozze tra Carlo e Camilla, con un balzo di 27 punti dal 30 per cento di due anni prima. Dopotutto, Miss Wade rifletteva correttamente il sentimento dei suoi lettori. E l'erede al trono, per la prima volta in decenni, mostrava in pubblico un atteggiamento rilassato, sicuro di sé quale mai si era visto. Tony Blair, sempre con le antenne ritte, spedì il suo braccio destro Anji Hunter a verificare con Bolland le intenzioni matrimoniali del principe. Ufficialmente l'assistente del premier fu pregata di non interferire, ma in via confidenziale riferì al primo ministro l'assoluta determinazione di Carlo.

Per farla intendere anche alla madre, l'erede al trono arruolò un parente acquisito, Angus Ogilvy, marito della principessa Alexandra, cugina e confidente di Sua Maestà (nonostante le voci di una storia col principe Filippo...). Ogilvy accettò di fare da messaggero e riferì alla sovrana che stavolta il figlio non si sarebbe piegato e non avrebbe accettato compromessi. L'«Operation PB» si avvicinava all'obiettivo sfumato ventott'anni prima. Il matrimonio.

«La strategia è quella di spaventare un poco i cavalli», aveva spiegato Bolland a Carlo ricorrendo a una metafora ippica. «Per smuovere le cose.» Ma non tutti i consiglieri del principe erano d'accordo con lo stile da bucaniere del suo assistente privato. Il caro amico Nicholas Soames, deputato conservatore e uomo di punta dell'establishment, non aveva alcuna simpatia né per l'*outisider* Bolland né per i suoi metodi. E quando, nel settembre 1999, il principe lo informò della visita di alto profilo che il suo «assistente segretario» – ma il titolo non rende l'idea di quanto in realtà contasse – aveva organizzato per Camilla a New York, Soames esplose. «Troppa pubblicità! È sempre quel dannato Bolland.»

Non precisamente. Se il serpentino Mark si dava tanto da fare, pure troppo per i vecchi amici e collaboratori di Carlo, lo faceva anche per volontà della sua vera datrice di lavoro, cioè Camilla. Il ritratto che viene offerto di lei nei lunghi anni dell'attesa è sempre quello della donna paziente, anche un po' indolente, così leale allo storico amante da subire per amor suo le peggiori indegnità e accettare una vita nell'ombra. Beh, sembra che una volta scomparsa Diana dalla scena la pazienza di Camilla si sia molto assottigliata. Qualche anno più tardi, dopo essere stato liquidato senza tanti complimenti dalla coppia, Bolland per primo avrebbe accreditato – per amore di verità o spirito di ripicca? – ben altra immagine della reale amante: calcolatrice, determinata, addirittura imperiosa quando il principe tentenna, insomma decisa a scavalcare qualsiasi ostacolo pur di arrivare alla meta. Le nozze. È questa la signora protagonista della scenata, proprio durante il viaggio a New York, che il fidato (allora) Mark racconta nei dettagli.

Bolland, che i figli di Carlo avevano soprannominato Blackadder (dal mitico personaggio televisivo di Rowan Atkinson esperto in trucchi e imbrogli), era presente nella suite di Camilla all'hotel *Carlyle* di New York quando il principe le telefonò da Londra la sera del 22 settembre 1999. Con un qualche imbarazzo, le espose le riserve di Soames sui rischi di un'eccessiva pubblicità, e ricevette in risposta una sfuriata: «Io non mi fermerò. È la mia vita, ed è la cosa giusta da fare». I dubbi dell'erede furono spazzati via.

Per Camilla la visita a New York rappresentava una doppia sfida. Non solo si trattava di essere riconosciuta e rispettata sulla scena internazionale, ma anche di uscire dall'ombra della rivale che aveva conquistato l'America di slancio nella sua famosa visita del 1985. Perciò Mrs Parker Bowles era volata a New York, accompagnata dalla fedele assistente Amanda MacManus, e non su un jet qualunque ma, come si conveniva alla partner di un principe, su un costosissimo Concorde. Tanto i soldi non erano un problema. A pagare generosamente i biglietti era stato Geoffrey Kent, proprietario milionario di una grande agenzia di viaggi nonché finanziatore della squadra di polo di Carlo. Come dire, un erede al trono val bene New York...

21
Da clandestina a «*La reine*»

Nella Grande Mela Bolland poteva ovviamente contare sui contatti giusti per introdurre Camilla nella migliore società newyorkese, e far parlare di lei le rubriche di gossip mondano. Il primo a mobilitarsi era stato Robert Higdon, il direttore generale della Fondazione benefica del principe in America. Sfortunatamente, proprio allora una zuffa con i cortigiani produsse il suo allontanamento dal «team Camilla», ma nei quattro anni precedenti lui aveva manifestato un sincero affetto per la partner del boss, la quale mostrava «più sicurezza di sé di chiunque altro io conosca. A differenza di Carlo, che è esitante e piagnucolone, lei è così tosta. Non fa mai problemi». Dopo l'esperienza di New York, e soprattutto l'esclusione dal circolo ristretto del principe del Galles, oggi il suo giudizio sembra radicalmente cambiato, pure scontando una buona dose di malanimo. «Non era il momento giusto per la visita. Era troppo presto. E lei non è stata granché con gli americani.» Peggio, era pigra. «Per lei alzarsi al mattino e sopravvivere fino a notte era uno sforzo sovrumano. Fa del suo meglio per non far nulla tutto il giorno.»

Si potrebbero ritenere queste parole come dettate esclusivamente dall'astio, se non fosse che una certa pigrizia di Camilla sarà oggetto di critiche anche quando avrà finalmente un ruolo ufficiale (troppo pochi impegni a confronto con gli altri *working royals*). Per restare al momento ancora in America, il problema maggiore in quei giorni – racconta Higdon a Tom Bower, biografo apertamente ostile alla coppia – era «persuaderla a mettersi in ghingheri per le grandi occasioni. Lo sforzo la schiacciava. Era incavolata nera per l'intera faccenda. Insomma fu orribile, un disastro».

La testimonianza sembra contenere solo una parte di verità. Una certa tendenza di Camilla al disordine, se non proprio alla sciatteria, è comprovata dal caos – raccontano gli ospiti – che regna in tutte le sue case. È altrettanto vero che alle tenute da gran sera, nelle quali Diana riluceva come una stella, lei preferisce di gran lunga un paio di jeans e un maglione o la sua giacca da cavallerizza. Ma nelle grandi occasioni non risparmia gli sforzi per brillare, come dimostravano già in quel periodo le sue prime apparizioni pubbliche accanto a Carlo. E del resto, solo tre giorni prima di volare a New York per la visita tanto criticata dall'ex amico Higdon, aveva fatto del suo meglio per risplendere a una cena per cinquanta persone nella residenza londinese di Chelsea dell'armatore greco, nonché magnate dell'acciaio, Theodore Angelopoulos.

Semmai, come conferma proprio la presenza a questo evento mondano e in tante altre occasioni simili, colpisce la prontezza dell'amante non più clandestina a scivolare nello stile di vita a scrocco (in inglese, *freebie*) largamente praticato da tutti i reali, Carlo incluso. Anzi, come principe del Galles lui più di ogni altro parente ha sempre goduto, con la finalità ufficiale di finanziare le sue attività filantropiche, di una semisconosciuta rete di amici ultraricchi ben felici di crogiolarsi nella luce riflessa della Corona. Gente capace di spendere qualunque cifra per assicurare ai reali il trattamento che pretendono o la riservatezza di cui hanno bisogno, si tratti di case «sicure» o di feste private al riparo dagli sguardi indiscreti della stampa. Oppure yacht favolosi su cui imbarcarsi per vacanze da sogno, come l'*Alexander* (terzo più grande al mondo) dell'armatore greco Yiannis Latsis.

Proprio su questa reggia galleggiante Camilla e Carlo, coi due figli di lei e una ventina di amici, avevano salpato un mese prima del viaggio a New York per una meravigliosa crociera estiva nell'Egeo. Latsis era amico di vecchissima data del principe, e poco contavano le voci sulle origini decisamente oscure della sua fortuna miliardaria, variamente attribuita al mercato nero, alla presunta collaborazione con gli occupanti nazisti durante la guerra o alla corruzione dei principi arabi per ottenere una fetta del commercio del petrolio. Filippo, che teneva sempre un occhio attento sulla madrepatria (benché abbandonata alla nascita), aveva suggerito al figlio di stare alla larga da questo businessman alquanto equivoco. Ma lui, come faceva soprattutto quando venivano dal padre, aveva ignorato il consiglio.

Del resto, a dispetto dell'ostentata venerazione per i «valori» tradizionali, sembra che in materia di soldi Carlo si sia sempre attenuto alla massima *pecunia non olet*, come testimoniano certi finanziamenti disinvolti ottenuti dalla sua Fondazione benefica. I 3 milioni di euro in contanti che si è fatto consegnare direttamente dall'ex premier quatariota Hamad bin Jassim bin Jaber al-Thani – «l'uomo che ha comprato Londra», come scrivono i giornali inglesi – sono stati «una nuova dimostrazione della mancanza di saggezza dell'erede al trono», ha commentato nel luglio 2022 il *Sunday Times*, anche se la storia risale a dieci anni prima.

Ancora peggiore è stato l'impatto sulla sua immagine dello scandalo *Cash for Honours*, ovvero la vendita della cittadinanza britannica e dell'onorificenza dell'Order of British Empire al discusso miliardario saudita Mahfouz Marei Mubarak bin Mahfouz in cambio di un milione e mezzo di sterline. La responsabilità è ricaduta tutta, come amministratore delegato del Prince's Trust, su Michael Fawcett, che si è dovuto dimettere dall'incarico. Ma tutti sanno che l'ex fidatissimo valletto è sempre rimasto il braccio destro del principe, anche dopo che ufficialmente fu obbligato ad allontanarlo dalla cerchia stretta dei servitori per la rivolta del resto del personale. Inutilmente, pertanto, Filippo aveva a più riprese ammonito il figlio a non circondarsi di politici e businessmen a dir poco controversi.

Non sempre, poi, tanta sospetta generosità dei donatori finisce nelle sue cause benefiche, a meno di non considerare Camilla tra queste. Nel 2006, la neoduchessa di Cornovaglia tornò dalla visita in Arabia Saudita al braccio del neomarito con un regalo da mille e una notte, largito da re Abd Allah: una collana con trentasette rubini incastonati tra decine di diamanti del valore di un milione di euro, con bracciale e orecchini in parure. Con tanti saluti per la tutela dei diritti umani di cui Carlo si fa paladino in Tibet ma non in Arabia.

Camilla, nonostante un'intera vita vissuta lontano da questi agi inimmaginabili, o forse proprio per questo, sembrò rapidamente calarsi nella parte. Quando durante il viaggio a New York scoprì che la coppia miliardaria Edmond e Lily Safra, conosciuta nell'occasione, possedeva la più bella tenuta della Provenza – la Leopolda appartenuta al re del Belgio e poi a Gianni Agnelli – chiese a Higdon (ancora suo scudiero) se c'erano chance di essere ospitata. Subito un invito a visitare St James's Palace fu spedito ai Safra, e poco dopo Michael Fawcett provvide a organizzare l'agognata vacanza nella villa dei desideri.

La realizzazione di quello principale – il matrimonio – si avvicinava ormai a grandi passi. L'alleanza con le cannoniere di carta di Murdoch (che abbiamo visto nel capitolo precedente) fu forse decisiva. Fatto sta che nell'estate 2000, dopo le aperte minacce di Rebekah Wade al suo segretario Janvrin, la regina cominciò a dare qualche segno di cedimento. O più semplicemente, da accorta politica qual era sempre stata, accettò – come dicevano rassegnati i cortigiani – di «inchinarsi all'inevitabile». Dopo tutto, il divorzio era da decenni un fatto della vita, statisticamente in Inghilterra un matrimonio su due finiva così e nella famiglia reale la media era pure più alta (tre su quattro): che senso aveva proseguire un braccio di ferro con il primogenito che aveva, una volta tanto, manifestato una granitica risolutezza? Aveva o no Elisabetta, come aveva detto il consorte Filippo nel brindisi per le nozze d'oro nel novembre 1997, «il dono della tolleranza in abbondanza»?

Sua Maestà decise che poteva elargirlo anche al figlio e all'amante, ma con molta misura e un'evidente riluttanza. Nel giugno 2000 erano previste due significative feste di compleanno reali. La prima fu organizzata da Carlo nella sua tenuta di Highgrove per i sessant'anni del cugino Costantino di Grecia, l'ex re fuggito a Londra dopo la deposizione per mano della dittatura militare nel 1973 (confermata dal referendum democratico del '74). Benché Filippo fosse zio del festeggiato, gli preferì una gara di carrozze nell'Hampshire, ma Elisabetta accettò l'invito del figlio ben sapendo che ci avrebbe trovato l'amante.

Come incontro non fu granché, se non rigidamente protocollare: il *curtsy*, ovvero la riverenza di Camilla, lo stereotipato sorrisetto di Sua Maestà, un breve scambio di convenevoli e via. Ma bastò perché i giornali titolassero a lettere cubitali: «*Queen and Camilla Meet - At last!*» La regina e Camilla s'incontrano - finalmente! Il conservatore *Telegraph*, diretto dal «carlista» Charles Moore, spiegava ai suoi lettori: «La regina ha finalmente riconosciuto Mrs Parker Bowles». Camilla era al settimo cielo. Ma l'euforia durò poco.

La seconda festa era speciale, perché celebrava assieme i cento anni di Elizabeth la regina madre, i settanta della figlia Margaret, i cinquanta della principessa Anna, i quaranta di Andrea duca di York e i diciotto del principe William, tutti compiuti nel corso di quell'anno. Il party, nel castello di Windsor, fu veramente scintillante e divertente. Ma se Camilla sperava nell'invito, rimase delusa: le porte della reggia le restarono chiuse. Per due ragioni, essenzialmente. Era una festa della sovrana nella sua residenza ufficiale e ammettere l'amante le sembrò troppo compromettente. Inoltre pesarono i dubbi di Filippo, convinto (non a torto) che la presenza di Mrs PB, come i giornali avevano preso a chiamarla, avrebbe rubato tutta l'attenzione della stampa.

Naturalmente, né gli amanti né il loro «principe delle tenebre» Bolland avevano intenzione di demordere.

Il passo successivo fu «*The Kiss!*» Il bacio!, altro titolo cubitale dei giornali, stavolta nel 2001. Niente a che fare con l'appassionato *french kiss* del ballo di Cirencester un paio di decadi prima, ma qualcosa di molto più casto. Stavolta però a favore di camera. E fotografi e operatori tv ce n'erano in grande abbondanza all'evento orchestrato, come al solito, da Mark Bolland. Era l'appuntamento a Somerset House, ex reggia nel cuore di Londra, per celebrare i quindici anni della Royal Osteoporosis Society, di cui Camilla era diventata presidente. Toccava a lei perciò accogliere Carlo, ospite d'onore della serata. Sua Altezza Reale arrivò e, sotto una mitragliata di flash, depositò due fuggevoli bacetti su entrambe le guance della signora, abbigliata in un abito lilla di Antony Price che la rendeva più seducente del solito. Dal momento che certi dettagli scabrosi della loro intimità erano già abbondantemente emersi grazie alle intercettazioni telefoniche del *Camillagate*, queste caste effusioni erano più che sufficienti per confermare pubblicamente che i due stagionati amanti erano, come dice la Bibbia a proposito dei coniugi, «una carne sola».

In effetti, benché ancora coniugi non fossero né davanti a Dio né di fronte agli uomini, i due vivevano ormai come tali. E, se è per questo, anche come sposi reali. Camilla, concordano amici e testimoni, cominciò ad assumere l'aspetto e le maniere proprie della consorte di un erede al trono. Tutte le immagini di quegli anni confermano che si fosse parecchio raffinata rispetto alla *country lady* che si era presentata in scena all'inizio della storia. Ormai aveva i suoi frequenti appuntamenti con Nicky Clarke, il più famoso *hairstylist* (non parrucchiere, per carità) di Mayfair e quindi di Londra. Lavorava molto sulla figura e la postura, curava le unghie (che prima erano quelle della tipica appassionata di giardinaggio senza consuetudine coi guanti), affidava a rinomati *couturièrs* la creazione di un guardaroba adatto all'alta società.

I cappelli uscivano dalla boutique di Philip Treacy, il cappellaio di tutte le gran dame inglesi, gli abiti dalle sartorie di Robinson Valentine e Paddy Campbell, ovviamente niente di paragonabile alle creazioni di Versace e Valentino che avevano contribuito alla trasformazione di Diana in semidea. Ma lei sapeva che lì non c'era gara, e l'alta moda inglese era più adatta al suo stile. Sui gioielli però poteva competere anche con la defunta principessa, non solo per via dei rubini arabi e degli zaffiri dono del sultano del Brunei, ma ancor più per i molteplici e costosi regali del reale innamorato.

Di regola alle donne che si sposavano nella famiglia Windsor Elisabetta prestava per le grandi occasioni (o in rari casi donava) i fantastici preziosi accumulati dagli antenati, particolarmente dalla nonna regina Mary. Poiché non era ovviamente questo il caso, Carlo spendeva vere fortune per colmare il forziere di Camilla, con una singolare preferenza: acquistava a prezzi astronomici dagli antiquari gioielli regalati da Edoardo VII all'amante Alice Keppel, come per esempio il famoso collier con un'enorme perla pendente, per farne dono alla bisnipote.

Secondo i resoconti degli amici, in privato il principe trattava Camilla come una consorte e si aspettava che la sua Corte facesse lo stesso. Gli ospiti ai party e alle cene che si tenevano, anche in pompa magna, nelle residenze di Carlo venivano istruiti su come comportarsi all'apparizione di Mrs Parker Bowles, ovvero con il rispetto dovuto a una principessa. Questo includeva che tutti, signore comprese, erano tenuti ad alzarsi al suo ingresso in sala, e lo stesso quando la lasciava. Questo sembrava del resto ciò che lei si aspettava, e fu attorno a quel periodo che il circolo stretto del principe coniò per lei un nomignolo che non avrebbe potuto essere più profetico: «*La reine*». La regina.

Ma la strada per farla diventare davvero tale sarebbe stata ancora lunga e irta di ostacoli. E i due amanti non avevano a che fare soltanto con l'opposizione della sovrana. Il 30 marzo 2002, sabato santo, Queen Elizabeth la regina madre morì, a centoun anni compiuti. Pur nella sua inevitabilità anagrafica, il trapasso lasciò Carlo prostrato dal dolore. La nonna aveva contato moltissimo per lui. Aveva colmato i vuoti affettivi lasciati da una madre spesso assente, e distratta dagli impegni quando era presente. Aveva compreso meglio di chiunque altro la sua natura riservata e sensibile, lo aveva aiutato a coltivare le sue passioni artistiche e altre, come l'amore per l'Italia, aveva contribuito a instillargliele. L'unica consolazione dalla scomparsa di un tale pilastro affettivo dell'esistenza di Carlo veniva dalla circostanza che adesso Clarence House era libera per diventare la base londinese dell'erede al trono. E non solo.

Il principe ereditò, oltre a una bella fetta dei 45 milioni di sterline lasciati dalla vecchia signora (ma la quasi totalità andò, esentasse, alla regina), anche il castello di Birkhall, nella tenuta di Balmoral, che era stato la residenza scozzese della nonna. Due magnifiche proprietà bisognose però di restauri e ammodernamento, e Sua Altezza si accinse ai lavori con progetti grandiosi, e costosi. Solo quelli a Clarence House sarebbero costati la bellezza di 6 milioni e mezzo di sterline, sborsati in gran parte dai contribuenti e in misura minore dal ducato di Cornovaglia, feudo personale dell'erede al trono. Una proprietà enorme, 60.000 ettari di terra che includono di tutto, dalle fattorie organiche agli allevamenti a immobili industriali e commerciali, per un valore complessivo superiore al mezzo miliardo di sterline e profitti annuali tra i 20 e i 30 milioni. Il principe del Galles era un uomo molto ricco, ma non aveva remore a farsi pagare i suoi piaceri dalle tasse della gente comune.

Dalla defunta regina madre Carlo aveva ereditato anche il carattere spendaccione. Con la nonna condivideva la passione per il bello e l'autoindulgenza verso qualsiasi genere di stravaganza economica nella realizzazione dei propri desideri. Camilla lo compiaceva anche in questo, i genitori nient'affatto. È ampiamente noto che la sovrana, a differenza del primogenito, si poteva definire sparagnina se non peggio. Per esempio, essendo per natura parca con il cibo, si preoccupava che i cereali della colazione mattutina fossero conservati in contenitori sottovuoto per farli durare più a lungo. La sua vita ovviamente non mancava di nessun lusso ma lei tirava sullo stipendio dei dipendenti, esigeva che tappeti e biancheria di Buckingham Palace fossero rammendati anziché buttati e che il personale spegnesse la luce ogni volta che usciva da una stanza vuota. Quanto al marito, l'ufficio personale del duca di Edimburgo era il più snello tra tutti quelli degli altri reali, lui non faceva storie a volare su un normale aereo di linea anziché un jet privato e per Londra si muoveva su un anonimo taxi elettrico.

Niente di tutto questo era in linea con lo stile e i gusti del principe del Galles. Il suo staff non è mai sceso sotto le centoquaranta unità, per il costo di almeno 4 milioni di sterline l'anno. È vero che un centinaio di dipendenti lavorava, come oggi, per le varie organizzazioni filantropiche raggruppate sotto il cappello del Prince's Trust, ma il resto erano tutti al suo (e di Camilla) servizio personale. Il seguito di Sua Altezza Reale, oltre a un bulimico ufficio stampa di dodici persone, includeva pure il valletto personale (una specie di custode del Sacro Graal), due maggiordomi, due chauffeur, quattro cuochi, otto governanti e altrettanti giardinieri. Non di meno, del resto, poteva bastare per un padrone di casa abituato a intrattenere gli ospiti con sfarzo regale.

Anzi, non sempre era sufficiente. Per esempio, quando Carlo offriva uno dei suoi favolosi *house party* del week-end a Highgrove (o Sandringham). In quel caso dava ordine di assumere personale extra, in modo che ogni ospite potesse contare su una cameriera e un valletto personali. E ogni sera gli addobbi per la cena erano spettacolari, così sfarzosi da lasciare senza fiato. Era impossibile per gli invitati non ringraziarlo a profusione e fargli i complimenti, per la generosità e il buon gusto, e la sua risposta con un sorriso soddisfatto era invariabilmente: «Credo che sia importante fare le cose per bene, non pensi?»

La teatralità e sontuosità dei suoi ricevimenti andava anche oltre le eccentricità della scomparsa regina madre, che pure li aveva ispirati, ma si riallacciava direttamente al fasto e all'opulenza dell'epoca d'oro del trisnonno Edoardo VII, l'inventore della «monarchia cerimoniale», della pompa e delle parate finto medievali che rendono ancora oggi unica la Corona inglese. Il fatto è che mamma Elisabetta preferiva invece la versione austera dell'istituzione, come l'aveva disegnata la mamma di Edoardo, la grande Vittoria. Non era solo o tanto questione di gusti e di stili, profondamente diversi. La regina temeva piuttosto che agli inizi del ventunesimo secolo ci fosse molta meno tolleranza di cento anni prima verso le dispendiose stravaganze reali, e che le inevitabili critiche al figlio si riflettessero negativamente, oltre che su di lui personalmente, anche sul trono.

Non aveva tutti i torti, guardando per esempio a un titolo del *Mail* nel novembre 2004: «*Edwardian? No, he's just feudal and blissfully unaware of it*», ovvero, Edoardiano? No, lui è proprio feudale e ne è felicemente inconsapevole. Sotto, due dei più autorevoli e informati *royal watchers*, Richard Kay (vecchio amico di Diana) e Geoffrey Levy, scrivevano del principe che «nessun uomo è più ermeticamente isolato dalla realtà della vita moderna, nessuno vive un'esistenza così viziata senza il bisogno di sollevare un dito per provare il proprio valore, e nessuno è mai stato tanto lodato da sicofantici guru che gli fanno credere di essere un intellettuale e un saggio».

Poiché i contribuenti concorrevano in modo sostanziale a questo stile di vita, era inevitabile che anche Camilla, una volta «trincerata» nel ruolo di compagna non ufficiale di Carlo, finisse sotto la lente di ingrandimento. Gli amici più fedeli in verità hanno sempre respinto il nomignolo «*La reine*» e negato che fosse cambiata rispetto alla donna di sempre. Ma non potevano negare che, una volta stabilitasi accanto al principe, fosse cambiato il modo in cui gli altri trattavano lei. Molto del protocollo che la circondava le dava fastidio, giuravano, mentre non c'era dubbio che spendesse decisamente di più in abiti e gioielli, ma lo faceva per compiacere il partner, anzitutto, e poi perché era questo che ci si aspettava da lei.

La difesa d'ufficio non persuase i membri del Parlamento. Dal momento che avevano cominciato a vivere assieme, e ben prima dell'annuncio ufficiale del fidanzamento nel febbraio 2005, il principe del Galles copriva ovviamente i costi di mantenimento della compagna. E in un impeto di trasparenza decise, nell'estate 2004, di rivelare qual era la misura del suo «sostegno» finanziario a Mrs Parker Bowles. Veramente non entrò nei dettagli, ma chiarì che di tasca sua pagava per due segretarie part-time, un giardiniere e un autista. Ma naturalmente bisognava includere anche i costi della sicurezza, dei viaggi, della cura personale, valutabili attorno alle 250.000 sterline. E da dove venivano tutti quei soldi? Ovviamente dai profitti del ducato di Cornovaglia, balzati in un anno – tra il 2003 e il 2004 – da 3 a 12 milioni di sterline, su cui il principe pagava solo parzialmente le tasse. I fondi per l'amante, assicurò il suo amministratore Michael Peat, venivano dalla parte tassata. Ma non fu sufficiente per placare la Camera dei Comuni.

Nella Commissione parlamentare sui conti pubblici, ancora dominata dai parlamentari laburisti, le critiche furono molte e taglienti. In una seduta del febbraio 2005, poco prima dell'annuncio del fidanzamento, un deputato fu particolarmente sarcastico: «Il ducato di Cornovaglia, un'organizzazione molto redditizia, è stato istituito con lo scopo essenziale di coprire i costi della vita pubblica e privata dell'erede al trono. Che non comprendono, per quanto ne so, la sua convivente. È argomento degno di ulteriore scrutinio».

Dal momento che Carlo aveva già ampiamente chiarito che non avrebbe mai rinunciato a Camilla, anche polemiche di questo tipo persuasero la regina che era ormai nell'interesse della Corona regolarizzare la situazione. Elisabetta cominciò ad abbassare la guardia. Permise per esempio al figlio di ospitare ricevimenti a Sandringham sapendo che Camilla sarebbe apparsa come la padrona di casa. Reagì negativamente quando, nell'estate 2002, Carlo portò con sé l'amante nell'ex proprietà della nonna, il castello scozzese di Birkhall, un luogo che entrambi amavano molto per il suo isolamento e la sua tranquillità: la sovrana pensava che l'erede fosse stato «in qualche modo precipitoso» nell'azzardare la mossa. Ma altre informazioni servirono invece ad acquietarla soddisfatta: nella circostanza, Camilla aveva fatto per la prima volta la sua apparizione nella chiesetta di Balmoral, Crathie Kirk, al braccio di Carlo e in compagnia della principessa Margaret, di sua figlia Sarah Chatto e della vecchia amica Virginia Carington, e l'accoglienza della solita piccola folla di fan reali era stata assai calorosa.

Che a Sua Maestà garbasse o meno, doveva riconoscere che gli anni passavano, la sua età si faceva pesante e il tema della successione si portava inesorabilmente dietro gli imbarazzanti interrogativi circa il ruolo, lo status e il costo di Mrs Parker Bowles. Una volta che Elisabetta aveva riconosciuto la presenza di Camilla accanto al figlio, il matrimonio diventava non solo una possibilità agognata dagli amanti ma una scelta politica dettata alla sovrana dalla ragione di Stato. Insomma, non era più questione di *se* ma di *quando*. E qui le cose si complicarono di nuovo. Perché se il 2002, Giubileo dei cinquant'anni di regno, era per ovvie ragioni fuori questione, il 2003 cominciò sotto i peggiori auspici, suscitando nei sudditi nuovi seri dubbi sull'adeguatezza di Carlo al trono.

22
Complotti, valletti e cortigiani

MAI come nell'estate 2002 l'obiettivo di accasarsi infine con il suo regale amante deve essere parso vicino a Camilla. Ma questa è una storia in cui gli eventi sembrano fluire e rifluire come le possenti maree attorno all'isola, e quando l'onda alta si ritira lascia per decine e decine di metri il fondo sabbioso punteggiato soltanto di alghe e sparse pozzanghere. Forse la stessa sensazione di essere di nuovo risucchiata in acque profonde e fatali deve aver colto Camilla allo sgranarsi dell'anno, verso un 2003 che minacciava di essere un altro *annus horribilis*. Proprio come il 1992 lo era stato per Elisabetta, ma stavolta solo per il principe, e di conseguenza per la sempre più frustrata Camilla.

Per avere un'idea dei nuvoloni che si addensavano sul capo della coppia è necessario fare un salto indietro nel tempo. E precisamente al fulmine a ciel sereno che colpì la Casa Reale, ma anche l'opinione pubblica, il 18 gennaio 2001. All'alba gli agenti di Scotland Yard bussarono alla casa nel Cheshire dove viveva Paul Burrell, il maggiordomo di Diana noto in tutto il mondo perché – giurava – Lady Di lo considerava, e lo chiamava, «la sua roccia». «Lei ha in casa qualche oggetto che proviene da Kensington Palace?»

(la reggia londinese dove la principessa aveva continuato a vivere dopo il divorzio) gli chiesero gli agenti. «No», rispose piccato lui.

La polizia era arrivata alla sua porta su denuncia del maggiordomo della principessa Margaret, colto sul fatto mentre cercava di vendere alla casa d'aste Spink & Son il dono di nozze dell'emiro del Bahrain a Carlo e Diana. Si trattava della riproduzione lunga 60 centimetri di un *dhow*, la tipica barca del Golfo Persico, realizzata in oro e argento e tempestata di pietre preziose. L'emiro l'aveva commissionata ai maestri orafi di *Garrard*, famosa gioielleria di Londra, per donarla nel 1981 alla coppia felice, e valeva certamente ben oltre cento volte di più delle 1.200 sterline chieste a Spink da Harold Brown, che sfacciatamente si era presentato all'acquirente in tenuta da lavoro, giacca nera e pantaloni a righe nere e grigie. Insomma, il tipico maggiordomo. Che però vende l'argenteria di casa. Perché venne fuori che non era il primo oggetto di provenienza reale che smerciava. Chi glieli forniva? Brown non si fece pregare a indicare Paul Burrell.

Gli agenti di Scotland Yard non si lasciarono ovviamente sviare dai dinieghi dell'ex servitore della principessa. Perquisirono la sua casa. Non c'era bisogno di cercare troppo: gli oggetti appartenuti a Diana erano in bella vista dappertutto. I poliziotti si resero conto che Burrell aveva pressoché svuotato l'appartamento della scomparsa principale. Dipinti, disegni, foto, porcellane, perfino la sua scrivania con la scritta HER ROYAL HIGHNESS: c'era di tutto, ed era tutto appartenuto a Lady Di. Anche qualcosa che non era un oggetto prezioso ma aveva avuto per lei un valore enormemente superiore, e lo avrebbe avuto per qualsiasi collezionista: oltre duemila negativi di foto di famiglia, incluso uno scatto di Carlo nella vasca da bagno con i loro due bimbi nudi. Per non parlare dell'intera cassa di biglietti e lettere che Diana aveva inviato e ricevuto dal figlio William lontano a scuola. Messaggi tenerissimi, in cui lo chiama sempre con il nomignolo usato da bambino, quando lo paragonava al dolce ma aggressivo piccolo mammifero simbolo dell'Australia: «Mio carissimo Wombat, è stato bello ricevere un bacio e un abbraccio da te stamattina, anche se vorrei fuggire con te».

Probabilmente anche Burrell avrebbe voluto fuggire, ma non poteva. Presto la sua difesa crollò miseramente e, tra le lacrime, si giustificò sostenendo che era stata la principessa a regalargli tutto. Mentre si affannava a tentare di fornire una spiegazione, un poliziotto gridò dalla soffitta: «Qui è pieno di scatole, fino al tetto!» Le aprirono una dopo l'altra per trovare un intero guardaroba di abiti, bluse, camicie da notte e vesti da camera della defunta. Alla fine l'inventario stilato da Scotland Yard contava più di duemila oggetti, che secondo i detective erano stati trafugati a bordo di un camion da Kensington Palace subito dopo la morte di Lady Di. Tanto bastava per la sua «roccia»...

La disperazione di Burrell fu tuttavia presto sostituita da una fredda determinazione a restaurare la sua reputazione, e a evitare la prigione, ricorrendo a ogni arma. Evidentemente non erano poche quelle a disposizione dell'uomo che per un decennio aveva potuto scoprire, accanto a Diana, ogni segreto della «sporca guerra» dei Galles. «Quello che sta nella testa di Burrell vale milioni», annotò nel diario all'esplosione dello scandalo Piers Morgan, il direttore del *Daily Mirror*, che da questa considerazione ricavava però la presunzione della sua innocenza: «Se mai avesse avuto bisogno di soldi, perché avrebbe dovuto rubare qualcosa?»

Tanto i Windsor quanto gli Spencer, a differenza di Morgan, erano invece assai sospettosi sul conto di Burrell. Il maggiordomo era stato da sempre a servizio dei reali. Nel 1976 era stato assunto giovanissimo a Buckingham Palace come lacchè e, grazie alla perenne aria da ragazzo, alla totale disponibilità e a un'accorta adulazione, aveva scalato la gerarchia dei domestici fino a passare al servizio personale della regina. Aveva accompagnato Elisabetta e Filippo in molti viaggi e Sua Maestà, per distinguerlo da un altro valletto di identico nome ma più alto, lo chiamava con simpatia «Little Paul». Nel 1987 lui e la moglie Mary erano passati come maggiordomo e cameriera al servizio dei Galles, ormai in guerra, nella loro residenza di Highgrove e successivamente, al momento della separazione nel 1992, avevano seguito su sua richiesta Lady Di a Kensington Palace. Malvolentieri, almeno da parte di Mary, ma non sapevano che sarebbe stata la loro fortuna.

La querula ed esibita lealtà del servitore alla principessa lo avrebbe reso, dopo la tragedia sotto il tunnel dell'Alma, un uomo ricco e famoso. Al resto del personale il suo atteggiamento era sempre sembrato finto e fastidioso. Ma Diana ne era stata totalmente conquistata, mettendolo a parte – almeno così lui si è sempre vantato – dei suoi segreti più delicati.

Che lo abbia davvero definito la sua «roccia» c'è solo lui a sostenerlo, ma sta di fatto che risultò abilissimo a sfruttare questo *sobriquet* per diventare una vera *celebrity* internazionale. Apparizioni negli show televisivi, interviste ai giornali, rubriche di etichetta sui giornali, un libro – *Entertaining With Style*, Ricevere con stile – da centomila copie vendute, perfino una sfilata sul *red carpet* agli Oscar. La sua devozione alla defunta diventò un marchio di fabbrica che generava massicci profitti economici. Anche senza vendere (ancora… ma presto avrebbe cominciato pubblicando le sue memorie) i segreti più imbarazzanti.

La metamorfosi della sgargiante fedeltà in pietra filosofale che produceva oro gli alienò del tutto la simpatia della famiglia Spencer. Soprattutto, indignò le donne della casata la notizia che Burrell si era fatto fotografare con addosso un vestito di Lady Di. A torto, sembrerebbe, perché è vero che lui era gay e il matrimonio uno schermo (nel 2017 divorziò da Mary e sposò il suo partner Graham Cooper), ma venne fuori che la storia dell'abito era inventata. Non prima che la mamma di Diana, Frances Shand Kydd, gli augurasse di bruciare all'inferno ma con un'espressione più colorita, riferita ai suoi attributi sessuali: «*I hope his balls burn*».

La figlia lady Sarah, sposata McCorquodale, restò più sul concreto. Fu proprio su sua denuncia che ci si accorse della mancanza dal bottino di Burrell sequestrato da Scotland Yard del contenuto di una grossa scatola di mogano. Secondo la sorella maggiore della defunta, si trattava di lettere e registrazioni ultrariservate, tutto materiale potenzialmente esplosivo: non solo le missive con cui il principe Filippo largiva consigli matrimoniali alla nuora e gli appunti della principessa sui timori di essere uccisa in un finto «incidente» organizzato dai servizi segreti per conto del marito, ma pure i nastri registrati dalla stessa Diana di rivelazioni scioccanti fatte da un ex valletto di Carlo, di nome George Smith.

Reduce della guerra delle Falkland e afflitto da serie turbe psichiche, Smith denunciava niente meno che Michael Fawcett, il braccio destro del principe del Galles, lo aveva violentato ripetutamente. Dopo aver ascoltato le sue accuse (e averle registrate) Diana, che detestava Fawcett considerandolo il peggior sicofante del marito, chiamò Carlo al telefono, presente Burrell. «Quell'uomo è un mostro», gli disse, e gli ingiunse di licenziare Fawcett. Sua Altezza, che considerava poco credibile Smith e soprattutto non si sarebbe mai privato del suo insostituibile factotum, rifiutò seccamente. Al contrario, poco dopo, non Fawcett venne licenziato, ma Smith, sebbene con una liquidazione di 35.000 sterline, inusualmente alta per un dipendente reale. Sembra che il principe non si rendesse conto di esporsi in tal modo a un rischio gravissimo: se l'*affaire* fosse mai venuto alla luce, il suo comportamento avrebbe suggerito l'intenzione di coprire un eventuale reato.

Era precisamente ciò che Carlo adesso temeva come il diavolo: che Burrell, per difendersi dall'accusa di aver derubato Diana, decidesse di scoperchiare il cesto della biancheria sporca. Il pensiero del maggiordomo che raccontava in un'aula di tribunale gli indicibili segreti della Corte dei Galles, gli amorazzi della servitù così come gli adulteri incrociati ai piani alti, faceva letteralmente tremare le ginocchia al principe. Tanto più che la «roccia» non tardò a lanciare minacce in codice: «Desidero sottolineare che non vorrei venir meno all'obbligo di confidenzialità», dichiarò durante un interrogatorio della polizia, lasciando capire che, se costretto, avrebbe potuto farlo.

Sottrarre Burrell a un processo equivalente a una carica di dinamite sotto il trono divenne un imperativo categorico per Carlo. La faccenda era stata portata anche a conoscenza della regina, quando Scotland Yard e la Procura della Corona avevano riferito del caso legale al suo segretario sir Robin Janvrin. Sua Maestà aveva ascoltato senza proferire sillaba. Janvrin a quel punto ritenne esaurito il suo compito e si lavò le mani dell'*affaire*. Dopo tutto, il pasticcio riguardava Carlo, e la patata bollente restò interamente a lui.

Consapevole dei rischi che correva, e angosciato dagli ennesimi schizzi di fango sulla propria immagine, l'erede al trono affidò al team dei più leali collaboratori e consiglieri legali, *in primis* Fiona Shackleton, il suo avvocato divorzista, il compito di fermare la macchina giudiziaria. Sostanzialmente, prese il via una guerra sotterranea della Corona contro la sua stessa Procura per convincere detective e giudici ad abbandonare il caso. Con esiti assolutamente scoraggianti. Le prove contro Burrell sembravano schiaccianti, e nel frattempo la stampa aveva scoperto un nuovo filone scandalistico da sfruttare a danno del principe, con un occhio di riguardo invece per l'ex maggiordomo che per anni aveva passato ai cronisti pettegolezzi reali.

Disperato dopo dodici mesi di sforzi andati a vuoto, Carlo arrivò ad accettare la folle idea di Mark Bolland di tentare un accordo con Burrell attraverso un incontro riservato con lui, che lo avrebbe trasformato in complice di un imputato. Per sua fortuna, una provvidenziale caduta da cavallo mentre giocava a polo lo spedì in ospedale e fece saltare l'appuntamento. Per risolvere il problema ci volevano mezzi, e uomini, più sottili.

Entra in scena Michael Peat.

L'arrivo di questo cinquantaduenne revisore dei conti, calvo e impeccabilmente vestito, dalle maniere untuose ma dal pugno di ferro, marca un punto di svolta nella Corte dell'erede al trono. Peat, classico prodotto di Eton e Oxford, era un burocrate proveniente da Buckingham Palace, dove godeva di un potere così esteso che era stato ribattezzato dai critici «il Bidet»: «Sai come si chiama ma non sai a che cosa serve», spiegavano, usando la vecchia battuta degli inglesi sull'attrezzo igienico dei continentali a loro totalmente ignoto.

In realtà Sua Maestà non solo sapeva a cosa le serviva Michael Peat, ma riteneva che nel suo ruolo di Tesoriere reale e Curatore Generale del ducato di Lancaster, vale a dire controllore supremo delle finanze della sovrana, avesse operato veri e propri miracoli. Aveva aumentato gli introiti e tagliato le spese (dall'assegno ai reali «minori» al treno speciale, dopo aver scoperto che ogni viaggio costava 35.000 sterline). E aveva anche dimostrato di essere un abile manager dell'immagine, convincendo la regina a pagare le tasse (almeno in parte) e i sudditi che la monarchia dopo tutto costava poco, appena 58 pence (centesimi) l'anno a ognuno di loro. Elisabetta decise che era l'uomo giusto per mettere ordine negli affari del figlio, e glielo spedì con le migliori referenze quando, nell'agosto 2002, Carlo, sempre più angosciato dai tentativi falliti di chiudere il caso Burrell, licenziò il segretario Stephen Lamport.

Peat in realtà arrivò al servizio dell'erede anche con un mandato segreto, anzi doppio. Mettere finalmente termine alla guerra sotterranea tra le fazioni rivali di Buckingham Palace e di St James's Palace, e liberarsi alla prima occasione utile di Mark Bolland, le cui «arti magiche» in fatto di comunicazione Elisabetta teneva nella più bassa considerazione. L'«affare Burrell», con i suoi scabrosi addentellati di scandali sessuali (George Smith) e di onnipotenti factotum (Fawcett, Bolland), dimostrava in effetti lo stato caotico in cui versava la Corte del principe ereditario.

Il fatto è che, a dispetto della vastità dei suoi interessi, Carlo mancava del piglio dell'amministratore delegato capace di far marciare l'azienda al ritmo di un orologio. Al contrario, i problemi si accumulavano come la corrispondenza inevasa, le competenze si ammucchiavano e si confondevano tra i vari collaboratori, la continua caccia ai soldi per le molteplici organizzazioni benefiche comportava spesso una sovrapposizione non solo di iniziative ma di richieste di denaro ai medesimi donatori. Di questa baraonda si avvantaggiavano servitori infedeli o poco affidabili «eminenze grigie», che facevano valere ben oltre il dovuto l'ascendente esercitato su un boss facilmente influenzabile. La sovrana stessa, che aveva spedito Peat a sistemare le cose, aveva reagito incredula quando un altro collaboratore, sir Malcolm Ross, le aveva chiesto il permesso di lasciarla per passare alla Corte del principe a Clarence House: «Lei dev'essere matto», aveva esclamato la sovrana, come racconta il biografo Tom Bower. «Lavorare per Carlo? Boh...»

Ross avrebbe presto sperimentato di persona. Anzitutto, che cosa comportava la costante insicurezza dell'erede. «In diciott'anni di lavoro per la regina ho ricevuto da lei tre chiamate fuori orario. Dal principe del Galles me ne sono arrivate da sei a otto nel mio primo week-end... E gli epiteti che mi sono fioccati addosso non li sentivo dai miei lontani giorni sotto le armi.» Ma l'aspetto peggiore era l'atmosfera di intrigo che aleggiava su St James's Palace, degna dei veleni e coltelli dei Palazzi imperiali bizantini. E al centro di questa ragnatela c'era sempre Michael Fawcett, il valletto che tra adulazione e devozione aveva abituato Carlo a vivere come l'imperatore della Cina.

Era Fawcett a sovrintendere alle memorabili feste a Highgrove con messe in scena alla Luigi XIV, e sempre lui a organizzare gli spostamenti del suo principale per i party del fine settimana in campagna dagli amici titolati come se viaggiasse un'intera Corte medievale. Prima che si presentasse l'erede, il valletto-factotum aveva già fatto arrivare nella magione dei fortunati ospiti il suo letto ortopedico, oltre ad arredi vari, compresi seggetta del water e carta igienica Kleenex Velvet, e su un piano più culturale, due vedute delle Highlands scozzesi da cui il principesco artista non si separava mai. Come stupirsi che il datore di lavoro lo considerasse insostituibile e gli lasciasse mano libera anche su questioni ben superiori alle sue competenze?

Nel 1998, dopo la minaccia del resto del personale di lasciare il lavoro se non avesse licenziato il bullo Fawcett, Carlo era stato costretto ad allontanarlo. Ma solo per riassumerlo, e promuoverlo, nemmeno una settimana dopo. Per la sua caduta finale, quando era ormai diventato niente meno che l'amministratore del Prince's Trust, ci sarebbe voluto il già citato scandalo della cittadinanza venduta al miliardario saudita Mahfouz. Ma siamo già nell'autunno 2021, e fu Camilla, ormai coniuge legittima, a imporre finalmente la rimozione di Fawcett dal fianco del marito: fino a quando?

Era precisamente questo nido di vipere che Peat era stato inviato dalla regina a bonificare. Il primo test da superare, però, era Camilla. Invitato a cena dal principe, il nuovo segretario fu messo a sedere accanto all'amante. E nei confronti di Mrs PB sfoderò tutto lo charme e l'ossequio di cui disponeva, primo alto dignitario di Buckingham Palace a mostrarle la deferenza che Carlo si aspettava e pretendeva. Passò l'esame a vele spiegate, e il suo nuovo boss ne fu deliziato. Lo sarebbe stato molto meno se avesse conosciuto le istruzioni segrete impartite a Peat da Elisabetta, stando a quanto sostiene la scrittrice Penny Junor: «Tagliare la relazione di Carlo con Mrs Parker Bowles, perché era un pasticcio e lo distraeva dai suoi doveri».

Questa si sarebbe rivelata *mission impossible* perfino per SuperPeat. Gli riuscì più facile l'altro compito riservato assegnatogli dalla «padrona» reale. Entro quattro mesi dal suo arrivo, Bolland fu licenziato dall'erede al trono (ovviamente persuaso da Peat), con una telefonata così acrimoniosa da lasciare in petto al giubilato un'intera miniera di risentimento. A tempo debito si sarebbe vendicato. Ma nemmeno il nuovo consigliere trovò il modo di interrompere il procedimento giudiziario contro Burrell, anzi l'atteggiamento arrogante di Peat verso gli investigatori di Scotland Yard forse peggiorò le cose.

Il 14 ottobre 2002 il processo inesorabilmente prese il via. Sul banco degli imputati la «roccia» appariva l'ombra di se stesso, disperato e cinereo. Il sostegno di una parte dei tabloid nonché di alcune gran dame amiche di Diana, e ostili a Carlo, poteva confortarlo ma non poteva lenire la gravità dell'accusa: avere rubato trecentodieci oggetti appartenenti alla scomparsa principessa del Galles, per un valore stimato di 4 milioni e mezzo di sterline. All'undicesimo giorno di dibattimento, il colpo di scena.

Alle 8.30 il Procuratore della Corona William Boyce fu raggiunto in una sala adiacente al tribunale, l'Old Bailey, da John Yates, comandante di Scotland Yard. Il poliziotto era latore di uno straordinario messaggio da parte di sir Michael Peat: «Sua Maestà ha avuto una reminiscenza». Del tutto casualmente, la regina si era all'improvviso ricordata di un incontro con l'imputato cinque anni prima, subito dopo la morte di Diana, quando Burrell le aveva chiesto udienza per spiegare che aveva preso con sé alcune carte della defunta per averne cura. Alcune carte? Ma se aveva trasformato la casa in una caverna di Aladino... Non importa. Poiché il cuore dell'accusa era il presunto intento delinquenziale del servitore: «Se la regina sapeva, allora non è furto», sintetizzò genialmente il *Guardian*. «Ergo, Mr Burrell non ha rubato niente.»

Nell'incredulità generale, e nella rabbia della famiglia Spencer, il maggiordomo tornò trionfalmente libero, urlando ai reporter mentre usciva dal tribunale: «La regina è venuta in mio soccorso».

Sì, Sua Maestà era intervenuta. Ma non in aiuto di «Little Paul», bensì del figlio. Aveva aspettato finché era stato possibile farlo, e quando si era arrivati al punto che solo il suo intervento avrebbe potuto bloccare il processo, aveva agito come un sovrano medievale, imponendo la sacralità della sua parola perfino contro la pura evidenza dei fatti. Ma a confermare l'incapacità con cui i due Palazzi (Buckingham e St James's) avevano maneggiato la materia, nessuno pensò di condizionare il lancio del salvagente a Burrell a un impegno legale a mantenere il silenzio. Appena fuori dal tribunale l'ex maggiordomo vendette tutta la sua storia, segreti reali inclusi, al *Mirror* dell'amico Morgan per la bella somma di 300.000 sterline. Solo l'antipasto di quello che il libro *Al servizio della mia regina. A Royal Duty* gli avrebbe fruttato a seguire. Ai reali, che lo avevano salvato per salvarsi l'immagine, rimase solo un irreparabile danno alla reputazione.

Quella di Carlo soprattutto. Una valanga di fango e rivelazioni lubriche riprese a scivolare dai tabloid addosso all'erede al trono. In gran parte grazie alle rivelazioni che Burrell continuava a spillare a pagamento dalla sua botte sempre piena. Tirò fuori tutte le storie degli amanti di Diana. Raccontò perfino che lei aveva sedotto la sua penultima passione, Hasnat Khan, indossando solo gli orecchini di zaffiri e nient'altro sotto una pelliccia di visone, e che gli aveva ordinato di annullare impegni ufficiali per rimanere a letto con il medico pachistano. Il bersaglio principale però rimaneva sempre il principe. L'ex maggiordomo riuscì ad aumentare l'ostilità generale verso di lui con una cascata di clamorose indiscrezioni. Ne riferì gli sprezzanti commenti sull'abbigliamento della moglie, che chiamava l'*air stewardess*, la hostess. E soprattutto rese pubblica la lettera in cui la principessa gli comunicava i timori di essere uccisa in un incidente d'auto, per spianare la strada al matrimonio del marito con la storica amante. Pura paranoia? Probabilmente, vista la totale assenza di prove. Ma, alla luce di quanto era accaduto sotto il tunnel dell'Alma, a una larga fetta di opinione pubblica sembrò una profezia inquietante.

In questo clima da bassissimo impero, perfino George Smith, il valletto che denunciava di aver subìto violenza, appena uscito da una clinica di disintossicazione (era anche alcolista) vendette la sua turpe storia al *Mail* per 100.000 sterline. Il tabloid non si fece scrupoli a pubblicarla a puntate nell'ottobre 2003. Corruzione, violenza, lassismo morale, malcostume ai limiti del malaffare: il ritratto dal buco della serratura che gli ex servitori offrivano della Corte di Carlo offuscava tutte le cose buone che il principe aveva realizzato da trent'anni a quella parte. Nel tentativo di limitare i danni, l'erede al trono affidò a sir Michael Peat il compito di effettuare una revisione generale del funzionamento del suo apparato di servitori e consiglieri.

Era solo un esercizio di pubbliche relazioni. Come ampiamente prevedibile, ne uscì soltanto una mano di bianco. Il rapporto di centododici pagine insabbiava qualunque responsabilità riconducibile al futuro sovrano, eppure non poteva evitare di riconoscere le mancanze della sua amministrazione, affidata spesso al capriccio e all'improvvisazione, piena di falle burocratiche, esposta al rischio di ruberie da parte di cortigiani infedeli. Non solo mancavano all'appello diciannove dei centottanta regali ricevuti ufficialmente dal principe ma risultava, tra l'altro, che il solito Fawcett intascasse regolarmente dai fornitori mazzette sotto forma di omaggi. Anche stavolta, «l'insostituibile Fawcett» fu costretto ad andarsene (con una liquidazione di mezzo milione di sterline), solo per reincarnarsi immediatamente come organizzatore generale di tutti gli eventi ufficiali o mondani del principe del Galles, generosamente retribuito con contratti del valore di centinaia di migliaia di sterline.

All'uscita del rapporto Carlo, come d'abitudine nelle circostanze spiacevoli, nascose la testa sotto la sabbia. Era in visita in Bulgaria, dunque sufficientemente lontano per evitare il tiro al bersaglio dei tabloid e i rimproveri di mamma regina. Alla fine le ondate di sdegno dell'opinione pubblica si placarono e la popolarità di Burrell crollò quando il *Sun*, concorrente del *Mirror*, mise in dubbio la sua credibilità. Interpellato, lui rispose lapidario: «Francamente, la Gran Bretagna può andare a farsi fottere», e volò in America ad arricchirsi come commentatore reale ed esperto di stile, nonché concorrente di svariati reality show.

Come tutto nelle vicende umane, anche lo scandalo Burrell uscì infine dalla memoria collettiva. Non senza lasciare però un profondo disagio nell'opinione pubblica, che aveva avuto davanti agli occhi la prova di una scarsa capacità del futuro re (e dei suoi consiglieri) di affrontare situazioni difficili. Aveva ragione Mark Bolland a dire al *Guardian* che la gestione del caso da parte del Palazzo era stata «un casino totale che non sarebbe mai dovuto avvenire». E la colpa, stando al suo ex «stregone», era proprio del principe del Galles, «che avrebbe dovuto fare di più per fermarlo. Ma lui non è una persona estremamente forte... Gli manca molto la sicurezza di sé».

Il giudizio dei sudditi era anche più severo. Settimane dopo settimane di rivelazioni, vere o fasulle, avevano riprecipitato il principe nella palude di morbosi pettegolezzi che ne avevano ridicolizzato la figura per tutti gli anni Novanta. La sua angoscia stavolta era più che giustificata. In un sondaggio condotto da Radio 4 della BBC, la più autorevole emittente radiofonica del regno, agli ascoltatori fu chiesto quale britannico avrebbero voluto maggiormente deportare (come si faceva nell'Ottocento con gli ergastolani spediti in Australia): Carlo risultò il quarto della lista.

23
L'erede in municipio

E Camilla, in questa baraonda?

Testa bassa e sotto il filo dell'acqua, mai una parola in pubblico, troppo intelligente per non scomparire dai radar sotto la nuova tormenta che ricordava i giorni orribili del decennio precedente. Era abituata, dopo tutto, a una vita nell'ombra con un compito fondamentale: essere sempre lì pronta ad alleviare le paturnie del regale amante, a lenire le sue ferite, a infondergli sicurezza. Lo faceva ormai da oltre trent'anni senza mai avere un ruolo ufficiale, e talvolta pensava che non essere la moglie del principe fosse perfino un vantaggio. Le risparmiava la fatica dei viaggi, lei che odiava l'aereo. Le evitava le apparizioni ufficiali, un incubo per una persona che, mancando di pratica, si sentiva sempre impacciata davanti a una folla di estranei. Le lasciava la libertà di correre, ogni volta che l'amante era preso da impegni lontani, nel suo buen retiro di Ray Mill House, a solo mezz'ora da Highgrove ma a un mondo di distanza dai suoi lacchè e dalle sue formalità.

Lì poteva tornare a essere se stessa. Gironzolare impigrita per la vecchia casa, trasandata come tendeva a essere lei, portarsi a tavola la verdura appena raccolta nell'orto, abbandonarsi a chiassosi pranzetti in cucina con i figli Tom e Laura che correvano a trovarla. Soprattutto, poteva accendersi con abbandono una sigaretta dopo l'altra, un piacere divenuto proibito a Highgrove: Carlo, salutista integrale, le aveva chiesto come dono d'amore di smettere di fumare e lei era costretta a un tiro ogni tanto dentro la cappa del camino.

Ma il passaggio a Clarence House nell'estate 2002, ultima stagione felice prima che si abbattesse su di loro il tornado Burrell, aveva cambiato tutto. Nella residenza che aveva ospitato anche Elisabetta da erede al trono, prima che la successione la costringesse a scambiare casa con la madre, la vita era inevitabilmente più formale e complicata. Intanto ci voleva tutta la sua pazienza per sopportare l'ossessiva cura di Carlo per l'ordine e la magnificenza della splendida magione, disegnata nell'Ottocento dal grande John Nash e appena fatta restaurare con puntigliosa precisione filologica (ovviamente a caro prezzo, ma tanto pagava Pantalone...). Ma il punto cruciale era un altro: il trasloco in coppia voleva dire che da quel momento Mrs PB era ormai riconosciuta come la compagna ufficiale del principe. Con tutti gli obblighi conseguenti e nessun vantaggio.

Oh, certo, un bel passo avanti rispetto agli anni della clandestinità e della vergogna. Ma anche fonte di crescente frustrazione rispetto all'evidente vanificazione dei lenti progressi che pure, nel clima giubilare del 2002, sembravano puntare a una definitiva accettazione da parte di Sua Maestà. Niente da fare: ancora una volta, eventi di cui lei non aveva alcuna colpa allontanavano la sospirata meta. Camilla non era tipo da lamentarsi o da frignare. Il massimo esperto in autocommiserazione non era lei, ma l'amante. Però, certo, il ruolo di partner ufficiale del principe del Galles, senza i vantaggi di una regolare consorte, era un fardello molto pesante da sopportare. A cominciare dal rispetto in pubblico di tutte le inevitabili prescrizioni dell'etichetta: Carlo lo pretendeva e lei era sempre ben attenta a ricordarlo. Erano intimi da più di trent'anni, però con gli estranei si riferiva all'amante sempre come «il principe», mai chiamandolo col nome di battesimo. E quando gli si rivolgeva direttamente non lo chiamava mai Carlo, ma «sir».

In privato era un'altra storia. Lei era capace di rispondere ai bisogni psicologici del partner con la persuasività, per usare il divertente paragone di Tina Brown, dell'«uomo che sussurrava ai cavalli». Il suo non era più un puledro né tanto meno uno stallone, ma pur sempre un purosangue capace di imbizzarrirsi di fronte al minimo ostacolo. E lei era lì a placarlo, dura ma dolce, bravissima a minimizzare il problema. Un intimo della famiglia reale ha raccontato a Brown che quando Carlo esagera con la sua tendenza al pomposo, lei lo riporta coi piedi per terra con una risata: «Oh, per carità, non essere così ridicolo! Piuttosto, preparami un gin tonic». Stessa storia quando lui è in preda ad attacchi di insicurezza.

Peter Mandelson, l'architetto della presa del potere del New Labour, nei primi tempi del governo Blair aveva stabilito con il principe un rapporto abbastanza amichevole, tanto che Carlo si era spinto a chiedergli cosa pensassero di lui gli altri ministri. L'astuto Mandelson aveva cominciato con le lodi: lo vedevano tutti come uno che lavorava molto, una persona dalle maniere civili, con una profonda coscienza sociale, però... C'era qualcuno che aveva «maturato l'impressione di una certa autocommiserazione, insomma che lei sia piuttosto depresso e scoraggiato. E questo danneggia il modo in cui viene considerato». Carlo barcollò. Una volta partito Mandelson, continuò per tutta la sera a tormentare Camilla: «Ma è vero quel che ha detto? È vero?» Alla fine, lei replicò brusca: «Non credo che nessuno di noi possa farcela con te che ripeti la stessa domanda in continuazione per il prossimo mese». E gli ordinò, al solito, il suo amato gin tonic.

Dopo un anno e mezzo di convivenza *more uxorio*, stavolta però a vacillare era la pazienza di Mrs Parker Bowles. Era pigra, certo. Anche alquanto sciatta, magari. Ma certo non mancavano reali con analoghe caratteristiche, e lei quanto meno si era data da fare per correggersi. Era diventata brava quanto gli altri a fare le cose che ci si aspettano dai Windsor: le chiacchierate sul niente, i sorrisi agli adulti con finta manifestazione d'interesse, le carezze ai bambini, l'ascolto degli sconosciuti. Sapeva come ammaliare i donatori che interessavano tanto a Carlo per le sue opere buone, e conosceva sin dalla nascita maniere, tic e intrighi degli ambienti di Corte. Perché doveva continuare a restare fuori dal recinto? Le veniva negata la dignità di consorte reale, però ne pagava tutti i prezzi, a cominciare dalla perdita di libertà.

Un esempio tipico si era verificato al momento della proposta di legge per il bando della caccia alla volpe, nel 1998. La Countryside Alliance, l'Alleanza delle campagne, aveva organizzato una grandiosa marcia di protesta a Londra, con quattrocentomila manifestanti in corteo per il centro. Camilla avrebbe voluto andarci assieme al padre, ma Carlo gliel'aveva vietato: la sua presenza sarebbe apparsa un appoggio diretto del principe alla protesta. Era stata una delle poche occasioni di disaccordo serio tra i due, poi lei si era piegata. Ma aveva appiccicato l'adesivo della Countryside Alliance sul parabrezza della sua auto.

Nella primavera 2004 erano in verità parecchie le cose che cominciavano a dare seriamente fastidio all'amante più paziente della storia. Non essere padrona a casa sua era probabilmente in cima a tutte. Nella sua condizione di consorte non ufficiale, era di fatto nulla più che un ospite permanente nelle molte e grandiose residenze del regale partner. Nessuna delle quali aveva però la fortuna di piacerle. Perché erano tutte a immagine e somiglianza di Carlo, ricalcavano perfettamente i suoi gusti a un tempo esteticamente esigenti e socialmente pomposi, e lei non poteva metterci né bocca né mano (su questo terreno, l'odiato Fawcett era molto più vicino al principe di lei). Non le restava che lamentarsi con gli amici: Highgrove è «troppo piccola e troppo Carlo. Io non posso toccare niente». E se è per questo, nemmeno al castello di Mey o in quello di Birkhall ereditato dalla Queen Mum: il nipote era troppo affezionato alla nonna per acconsentire a cambiare almeno le tende in tartan mangiate dalle tarme.

Altrettanto intoccabili erano le abitudini di Sua Altezza. Quelle alimentari, improntate a un regime ascetico: a colazione cereali e frutta sbucciata, a pranzo niente o, in caso di presenza di ospiti, giusto un consommé prima di alzarsi anzitempo e volare via. Indiscutibile anche l'abitudine alla puntualità, risultato di molteplici strati di disciplina, prima scolastica, poi militare, infine reale: non si mantiene un fitto programma di impegni e visite senza un'agenda rispettata al secondo.

Camilla, disordinata e ritardataria di natura, si è dovuta adeguare quando infine anche lei è diventata personaggio pubblico. Ma a quel punto aveva già dovuto patire il pedaggio forse peggiore di questa condizione, ovvero l'inevitabile codazzo di pettegolezzi venduti ai giornali dai servitori o la maldicenza gratuita degli ex amici. Spicca tra tutte la vendicativa stazza di Mark Bolland.

Se Camilla incolpava il personale di servizio per i racconti giornalistici sul suo aspetto poco curato tra le mura di casa (che non era certo affare dei lettori), Bolland puntava invece apertamente il dito contro le presunte debolezze caratteriali. «È ansiosa e non ha resistenza», disse al *Times*. «Non ha mai lavorato in vita sua ed è terrorizzata dalle apparizioni in pubblico.» Timore, in realtà, che poteva aver avuto una certa sostanza in passato ma lei aveva già mostrato di aver superato con la pratica. Per sua fortuna, un amico perduto veniva inaspettatamente rimpiazzato da un amico insperato.

Sir Michael Peat, come abbiamo visto, era stato spedito da Elisabetta a St James's Palace anche col compito non ufficiale di far fuori Camilla, o almeno provarci. Lui più di chiunque altro tra i collaboratori della regina condivideva in toto la sua opinione, cioè che per un uomo destinato a guidare la Chiesa d'Inghilterra la situazione fosse a dir poco imbarazzante. Nonostante la buona impressione del primo incontro, anche a Mrs PB fu presto chiaro che il nuovo segretario privato non era lì per aiutarla, e nel suo circolo di famigliari e amici presero tutti a chiamarlo «il Nemico».

Era chiaramente opera del «Nemico» il divieto a Camilla, come riportò *The Independent*, di seguire Carlo nella visita ufficiale in India, così come una netta diminuzione delle occasioni di apparire in pubblico assieme a lui. Tanto intensi e continui erano gli sforzi di Peat per mettere i bastoni tra le ruote della coppia, che nel maggio 2004 Clarence House fu costretta a smentire ufficialmente che Camilla fosse stata «esclusa dalla vita reale a opera di anonimi cortigiani». La verità è che una serie di ricerche demoscopiche avevano generato ondate di panico a Buckingham Palace, soprattutto dopo il marciume rivelato dallo scandalo Burrell e gli incredibili sospetti che Diana fosse stata assassinata. Se ne traeva la conclusione che condizione essenziale per far riguadagnare popolarità all'erede al trono fosse una sola: che Mrs PB fosse accantonata.

È difficile accertare la veridicità di questi rapporti. In un ambiente avvelenato dagli intrighi come quello di Corte, non si può escludere che fossero piuttosto frutto dell'insuperabile avversione alla storica amante. Ma «storico» è appunto l'aggettivo chiave. Potevano queste due persone che in un modo o nell'altro, e spesso nel peggiore, avevano attraversato l'intera vita assieme essere separate ora che oggettivamente non c'era più niente che le costringesse lontane? Peat non era un fanatico, ma un manager pragmatico. Se le nozze non si potevano evitare, tanto valeva celebrarle, e al più presto.

Così il crociato anti-Camilla si trasformò nel suo più energico ed efficace sostenitore. La sua opera di lobbying sulla regina e sulla stampa apparve trasparente ai bene informati quando, nel febbraio 2005, la storia arrivò finalmente a conclusione e il *Times*, sempre colonna dell'establishment nonostante il formato tabloid, pubblicò l'opinione di «un fidato cortigiano» ancora anonimo ma dal profilo inconfondibile: «Quando sarà re, il principe diventerà Governatore Supremo della Chiesa d'Inghilterra e Difensore della Fede. Vorremmo evitare che la successione sia oscurata da qualsiasi controversia se il nuovo re dovesse sposare la donna che ama da molto tempo».

Nell'autunno 2004 la montagna si era finalmente mossa. Peat aveva trovato un alleato, e un aiuto importante, anche nel nuovo addetto stampa di Carlo, Patrick «Paddy» Harverson, ex del *Financial Times* ed ex direttore comunicazione del Manchester United, uno capace di riconoscere al volo cosa poteva essere un *asset* d'immagine per la Casa Reale. Lo era certamente il giovane William, bello «come una pin-up», aveva scritto nel diario sir Roy Strong. E poteva esserlo Camilla, non per la sua freschezza o avvenenza ma per la dinamica amorosa che la legava a Carlo. Nei reportage di stampa, notò Harverson, «soprattutto nei viaggi all'estero, il principe appariva solitario. Invece, a vederli in privato, loro due erano fantastici assieme, divertenti, e lei gli faceva bene, era lampante».

A questo punto, in verità, sembrò che l'unico a tentennare fosse Carlo. Forse trattenuto dai soliti timori di un impatto negativo del matrimonio sulla successione. O forse davvero perché, come scrivevano le rubriche pettegole dei giornali, l'interesse del principe per l'amante stava svanendo. Non aveva già avvertito quel vecchio libertino del miliardario James Goldsmith che «quando sposi la tua amante stai creando un posto vacante»?

In ogni caso, l'anno tempestoso appena trascorso aveva di nuovo alimentato la proverbiale titubanza dell'erede, e Bolland insisteva in un'intervista al *Times* che gli amanti avevano perso «la finestra di opportunità nell'anno o giù di lì dopo la morte della regina madre [...] quando tutti gli indicatori di opinione erano al posto giusto. Non penso sia così adesso».

Forse aveva ragione, ma rimediò lo Spirito Santo. Non direttamente, bensì per il tramite – niente meno – dell'ex arcivescovo di Canterbury. Notoriamente compiacente coi desideri reali, George Carey pronunciò (sempre sul *Times*, badate bene) parole definitive: «Lui è l'erede al trono e la ama. La conseguenza naturale è il matrimonio. [...] La fede cristiana è incentrata sul perdono». Non c'è dubbio. Ma fu proprio l'attitudine poco cristiana di Camilla a non perdonare l'ennesimo affronto che risultò il catalizzatore decisivo per le nozze. Nel novembre 2004 il figlio di due vecchi, ricchi e snob amici dei Windsor, Hugh ed Emilie van Cutsem, portava all'altare una figlia del duca di Westminster nella cattedrale di Chester. Tra Camilla ed Emilie, da sempre intima di Carlo (un po' troppo, per l'amante, che la chiamava *the Dutch cow*, la vacca olandese) non correva buon sangue, e la seconda giocò pesantemente la sua mano.

Il protocollo era dalla sua. Nel *planning* della cerimonia Emilie sistemò in prima fila la regina, Filippo, Carlo e i suoi due ragazzi. Mrs PB, che si aspettava un posto subito dietro il principe, finì invece in fondo dall'altro lato della cattedrale. Quando Camilla fu informata della prevista disposizione, diventò una furia e pretese che Carlo ne imponesse la modifica. Il principe ci provò ma si scontrò con l'ostinazione di Emilie, appoggiata dal marito. E Camilla stavolta rifiutò di cedere: non si sarebbe lasciata umiliare davanti all'intera famiglia reale. Fu il suo momento «Basta!»

L'erede al trono si trovò di fronte a ciò che odiava di più: un'alternativa secca. O andava al matrimonio senza di lei, oppure lo disertava snobbando i suoi amici più vicini e il suo stesso figlioccio. In realtà, non aveva davvero scelta.

Il giorno delle nozze a Chester un improvviso dovere istituzionale – un incontro con le famiglie dei soldati impegnati in Iraq

– lo «costrinse con rammarico» a dare forfait. E quanto all'amante, beh, lei dichiarò «un precedente impegno». I van Cutsem furono lasciati fumanti di rabbia per il devastante rovescio sociale, ma dovettero fare buon viso a cattivo gioco.

Il principe del Galles aveva finalmente mostrato, per la prima volta, il suo totale sostegno alla donna che amava. Si rendeva conto che, per la sua stessa dignità, l'umiliazione del caso van Cutsem non poteva ripetersi: «È insultante», riconobbe con gli amici più stretti. «E non intendo più sottoporre Camilla a tutto questo.» Non gli restava che sposarla. Che fosse ormai di gran lunga il tempo glielo ricordò perfino il vecchio padre dell'amante, il quieto ma fermo maggiore Shand. Lo prese da parte e gli fece un discorsetto: «Voglio incontrare il mio creatore sapendo che mia figlia è a posto».

L'annuncio del fidanzamento, assieme a quello del titolo di duchessa di Cornovaglia conferito dalla regina alla nuova nuora, fu fissato per il giorno di San Valentino del 2005. Ma quattro giorni prima, il 10 febbraio, l'*Evening Standard* fece lo scoop svelando in anticipo i piani del matrimonio. Dopo tutto, non fu affatto un guaio. Quella sera la coppia era attesa al castello di Windsor per un evento benefico, e l'occasione si rivelò perfetta per una spettacolare *photo op*: Camilla, raggiante nel suo abito fucsia di Jean Muir, esibì agli obiettivi l'anello di fidanzamento, mentre come gesto di festa e affetto la regina ordinava di illuminare la Torre Rotonda del castello. Anche i cuori più duri furono indotti a sciogliersi e la stampa cominciò a sciorinare tutti i dettagli delle nozze, romantici e meno.

Si venne a sapere che Carlo aveva fatto la proposta matrimoniale a Capodanno, inginocchiandosi come da prassi dinanzi all'innamorata nel castello di Birkhall, dove i maturi colombi si erano rifugiati dopo aver passato il Natale con le rispettive famiglie. Il principe aveva doverosamente informato prima la madre, poi i figli e il resto della parentela durante la vacanza a Sandringham, e Sua

Maestà gli aveva generosamente offerto l'anello di fidanzamento scegliendolo – come d'uso per le spose reali – tra i gioielli di famiglia: in questo caso, tra quelli appartenuti alla regina madre, aveva optato per una squisita creazione art déco con al centro un diamante di cinque carati dal taglio a smeraldo, circondato da tre diamanti a baguette su ogni lato. La stampa pettegola non mancò di notare che l'anello era più prezioso di quello che il principe aveva offerto a Diana, né di osservare che la ferrea Queen Mum si sarebbe rivoltata nella tomba se avesse saputo a chi andava il suo gioiello.

A convincere infine Elisabetta dell'opportunità delle nozze aveva sicuramente contribuito un confortante sondaggio. Stavolta gli inglesi favorevoli a regolarizzare l'unione erano molti di più di quelli contrari, dunque per Sua Maestà – pragmatica come il fidato Peat – non c'erano più ostacoli politici da prendere in considerazione. La conclusione sembrava soddisfare pure lei, stando alle osservazioni confidate da uno dei suoi più vecchi amici al pettegolo Brandreth: «È stato un po' caotico, vero? Alla regina piacciono le cose al loro posto e non è per niente vendicativa. E dal momento che Camilla non andava via, meglio che sia la benvenuta». Quando si dice il dono dell'*understatement*...

Per ammorbidire ulteriormente i più tenaci nostalgici di Diana, un comunicato ufficiale di Clarence House fece sapere che, al momento della successione, era desiderio della coppia che la duchessa di Cornovaglia diventasse semplicemente principessa consorte. Ottima mossa pubblicitaria, sebbene difficilmente sincera. Ci sarebbe voluta una legge del Parlamento per derogare alla norma che vuole la moglie del monarca regina consorte, e non sfuggiva a nessuno la delicatezza e complessità di simili cambiamenti costituzionali. Per il momento, però, bastò a placare gli irriducibili l'assicurazione che Camilla non sarebbe mai stata non solo principessa del Galles, ma tanto meno la loro regina.

La persistenza dell'amore di Carlo verso la sola persona che non l'aveva mai tradito in tutta la vita fu confermata da altri prosaici dettagli che andavano emergendo. Contro il parere dei suoi più stretti consiglieri politici e legali, il principe scartò recisamente l'idea di siglare un accordo prenuziale, benché l'assenza di una simile protezione lo avesse reso più povero di 17 milioni di sterline al momento del divorzio con Diana. Evidentemente escludeva il ripetersi della disgraziata eventualità.

Non basta. Mostrò di curarsi dei sentimenti materni di Camilla, e di condividerli, accettando di creare un trust (di ammontare non noto) per i figli di primo letto della sposa, Tom e Laura, che conosceva dall'infanzia. Il primo l'aveva addirittura tenuto a battesimo, e lui, che ha contato sull'aiuto di Carlo per i problemi di droga da giovane, oggi apprezzato conduttore radiofonico e critico gastronomico, non lesina la riconoscenza: «Ho sempre adorato il mio patrigno. È sempre stato gentile, buono. È un uomo di grande intelligenza e umanità. Sarà un re fantastico». Sulle sue qualità di marito il figliastro non ha mai avuto dubbi: «Rende felice mia madre. E lei rende felice lui. E questa è la cosa più importante».

Tutto a posto, dunque? Pronti per il fatidico sì? Nient'affatto. Le nozze, alle quali il premier Blair aveva dato il suo caloroso e benaugurante assenso (costituzionalmente necessario), erano state pianificate nello stile elegante e di basso profilo più appropriato per una coppia matura. E soprattutto il più lontano possibile da qualsiasi reminiscenza della prima sfortunata unione del principe. Una cerimonia civile nel castello di Windsor, l'8 aprile 2005, avrebbe evitato ogni controversia religiosa, per quanto una successiva preghiera e benedizione nella cappella di St George a opera dell'arcivescovo di Canterbury avrebbe assicurato l'indispensabile approvazione della Chiesa anglicana. Niente sfarzosi ricevimenti, niente celebrazioni ufficiali o vacanze nazionali, e niente viaggio di nozze sul panfilo *Britannia*, che comunque era già andato in disarmo. Gli sposi avrebbero trascorso una breve (tardiva...) luna di miele nell'amato rifugio di Birkhall, destinato – com'è poi di fatto successo – a diventare il buen retiro di Carlo anche da re.

Questi erano i piani. Ma che una buona dose di scalogna abbia accompagnato tutta la storia d'amore della coppia è ampiamente comprovato dalla serie di eventi che minacciarono seriamente di mandare il programma a gambe all'aria. A gennaio, la trovata di Harry di indossare a una festa in maschera l'uniforme nazista completa di svastica scatenò un nuovo scandalo e settimane di polemiche, col rabbino capo Jonathan Sacks a chiedere le scuse ufficiali. Il chiasso si era appena placato quando il puntiglioso Peat scoprì di averla fatta grossa.

La licenza necessaria per tenere la cerimonia civile nel castello di Windsor comportava un piccolo inconveniente: a quel punto qualsiasi sconosciuto avrebbe potuto fare domanda per sposarsi civilmente in casa della regina. Le nozze furono urgentemente spostate dal castello al municipio, collocato tra un pub e un McDonald's, non precisamente la location più prestigiosa per una coppia reale. Un po' troppo per Sua Maestà, che a quel punto decise che la sua posizione come Governatore Supremo della Chiesa d'Inghilterra non le consentiva di presenziare a un matrimonio civile, tanto più dell'erede al trono. I tabloid ci si buttarono a capofitto. «La regina snobba le nozze di Carlo!» titolò uno. «Una dannata farsa», rincarò un altro. E un terzo, a proposito di Camilla: «*The Town Hall Bride*», La sposa da municipio. Il pasticcio rischiò di costare il posto al segretario Peat. Lui risolse costringendo a dimettersi il suo vice Kevin Knott.

Ma poi, era legale una simile unione per un futuro re? I costituzionalisti fecero muro. A norma del Marriage Act (la legge sugli sponsali reali), il matrimonio civile non poteva considerarsi legale per l'erede, a meno che non rinunciasse al trono... Ci volle l'intervento di Blair per chiudere la folle questione. Il suo ministro della Giustizia dichiarò la prevalenza della legge sui diritti umani del 1998 sul Marriage Act di due secoli prima, e le obiezioni furono scartate.

Basta? Oh, no.

A fine marzo ancora Carlo, in vacanza coi figli sulle nevi di Klosters, ebbe l'infelice idea di prendersela sottovoce col reporter della BBC che aveva posto, a otto giorni dalle nozze, l'innocua domanda: «Come si sente, Altezza Reale?» «Non sopporto quell'uomo, è orrendo», sussurrò il principe a William, dimenticando che aveva vicino una selva di microfoni. La stampa si adontò e lo gratificò dei peggiori epiteti: «irascibile» e «petulante» furono i più gentili su tutte le prime pagine.

In contemporanea, il vescovo di Salisbury, presidente della Commissione liturgica ed esponente di punta dell'ala filocattolica degli anglicani, criticò apertamente la disponibilità dell'arcivescovo di Canterbury a dare la benedizione alla coppia peccaminosa. Quanto meno – suggerì il presule – i due avrebbero dovuto prima chiedere pubblicamente scusa all'ex marito di Camilla per avere infranto i voti matrimoniali. Degli innumerevoli adulteri commessi dal generale Parker Bowles, Sua Signoria stranamente non fece parola.

Clarence House scelse di ignorare il novello Savonarola. Ma il cielo, apparentemente sgombro, aveva in serbo un ultimo fulmine.

Il 2 aprile, sei giorni prima delle nozze, papa Giovanni Paolo II morì. Era stato un gigante dei nostri tempi, un formidabile pontefice-guerriero che aveva dato un contributo incalcolabile al crollo del comunismo nei Paesi dell'Est Europa. Il funerale richiamò a Roma una folla immensa di pellegrini, non meno di quattro-cinque milioni di persone. I potenti di tutto il mondo si radunarono in piazza San Pietro per assistere alla cerimonia funebre. Settanta presidenti e primi ministri, quattro re, cinque regine e una quindicina di leader di altre confessioni religiose, compreso – per la prima volta dal 1534 – l'arcivescovo di Canterbury. Sua Maestà decise che a rappresentarla fosse l'erede al trono. E in che giorno era stato fissato il funerale? Ma l'8 aprile, naturalmente.

Camilla, già sotto stress da giorni («Stava davvero male», disse poi l'amica Lucia Santa Cruz), riuscì miracolosamente a evitare una crisi di nervi – ma non la sinusite – mentre il matrimonio veniva spostato di ventiquattro ore, al 9 aprile.

Ah, un momento... Ma il 9 aprile si correva il Grand National, il concorso ippico più importante dell'anno, e la diretta tv della benedizione nella cappella di St George si sarebbe sovrapposta a quella, irrinunciabile, della gara. Per fortuna nessuno obiettò allo spostamento dell'evento sportivo dalle 15.40 alle 16.10, permettendo così agli spettatori di non perdere nessuno dei due spettacoli.

Testimoni raccontano che il giorno delle nozze Camilla era così terrorizzata che rifiutava letteralmente di uscire dal letto. E si convinse solo quando la sorella Annabel concluse: «Va bene, allora lo faccio io per te. Indosso io i tuoi abiti». Ma superata la comprensibile paura, messi da parte nervi e sinusite, la donna che emerse accanto a Carlo dalla reale Rolls-Royce che li aveva trasportati alla Guildhall – il municipio –, era raggiante come poche spose molto più giovani. Sapeva perfettamente che in quel momento le centinaia di milioni di persone davanti alla tv in tutto il mondo stabilivano paragoni crudeli con l'altra sposa reale di ventiquattro anni prima, ma poteva permettersi di non pensarci, di gustare una felicità inseguita per trentatré anni. Ora ne aveva cinquantasette e poteva proclamare al mondo che era lei la donna amata dal futuro re d'Inghilterra. Qualcosa che la bisnonna Alice Keppel non avrebbe potuto nemmeno sognare.

Ventimila persone allineate lungo le strade di Windsor fecero festa al corteo reale. Lo sposo appariva come sempre inappuntabile nel suo perfetto tight con gilè grigio perla, ma era la sposa, mai così affascinante, ad attrarre tutti gli sguardi. La casa di moda Robinson Valentine guadagnò il plauso di tutta la stampa per il delicato vestito di chiffon di seta color crema creato per Camilla, con un soprabito di seta color ostrica perfettamente in tono con il cappello piumato del leggendario Philip Treacy.

Nella modesta Ascot Room del municipio – un candelabro d'ottone, fiori raccolti nei giardini di Highgrove e Ray Mill, solo ventotto invitati dietro la principessa Anna – William e Tom, il figlio di Camilla, furono testimoni dello scambio dei voti e degli anelli realizzati con una speciale pepita di oro gallese. Quando ne avevano chiesto alla regina la porzione necessaria dalla residua riserva di famiglia, proveniente dalla miniera gallese di Clogau, lei non aveva rinunciato a sottolineare: «Ne è rimasto molto poco. Non ce ne sarà abbastanza per un terzo matrimonio».

Nella cappella di St George, ad attendere la coppia per la benedizione, gli invitati erano invece oltre ottocento. A officiare era l'arcivescovo di Canterbury, Rowan Williams, un intellettuale di grande spessore, che con un colpo di genio aveva scelto come preghiera il più forte atto di penitenza della Chiesa d'Inghilterra. L'aveva scritto il primo arcivescovo anglicano, Thomas Cranmer, per quel gran peccatore che era Enrico VIII: «Noi riconosciamo e lamentiamo i nostri molti peccati e malvagità [...] e profondamente ci pentiamo».

La regina assisteva con la solita espressione che non tradiva emozioni. Nella successiva foto ricordo sul sagrato della cappella, dall'altro lato di Camilla sorridente al braccio di Carlo, Sua Maestà in bianco non permette alle labbra di piegarsi in un sorriso. I giornalisti registrarono che aveva posato accanto agli sposi per appena cinquantadue secondi. Tutti lo presero per un chiaro segno di disappunto. Ma i suoi intimi rivelarono che era corsa via solo per non perdersi l'inizio del Grand National. Dopo tutto, valeva anche per lei la massima «al cuor non si comanda»...

In effetti, subito dopo, al ricevimento ospitato nel castello, umore e atteggiamento reale furono tutt'altri. Elisabetta sembrò allegra e felice, animata da affetto sincero per il figlio e per la nuova consorte. A cominciare dal brindisi, che fu un autentico capolavoro, da titoli in prima pagina il giorno seguente: «Ho due importanti annunci da fare», esordì. «So che tutti voi vorrete sapere chi è il vincitore del Grand National. Ha vinto Hedgehunter.» Pausa a effetto. «Secondo. Hanno affrontato Becher's Brook, The Chair [i due ostacoli più difficili dei trenta che presenta il Grand National] e ogni genere di altri terribili ostacoli e li hanno superati, e io ne sono orgogliosa e auguro loro ogni bene. Mio figlio è sano e salvo con la donna che ama. Sono arrivati al traguardo. La coppia felice è ora nel recinto dei vincitori.»

Anche se immediatamente dopo Elisabetta sparì di nuovo per tornare davanti alla tv e godersi il replay della corsa, il suo discorsetto pone la questione: la lunga, e alla fine inutile, opposizione nasceva più da considerazioni politiche che da moralistico ripudio della relazione? Di certo, con la nuova nuora la regina aveva molti più punti in comune che con la vecchia. Lo stesso amore per la campagna, i cavalli, i cani. La stessa passione per la solitudine nei grandi spazi aperti. Condividevano la noncuranza verso le mode, uno spiccato *sense of humour* (di cui splendido esempio è il brindisi appena menzionato), tenacia, costanza, determinazione. Qualità che la sovrana, con la sua mistica del dovere posto innanzi a tutto, non poteva non ammirare.

Come d'uso, durante il ricevimento «la coppia felice» fece il giro tra i tavoli in un'atmosfera di inebriante allegria che rifletteva il giubilo stampato in faccia agli sposi. Paddy Harverson, l'addetto stampa di Carlo che aveva giocato una parte rilevante nel forzare questo approdo, non ricordava – scrisse – di aver mai preso parte a un matrimonio così gioioso.

Infine Carlo e Camilla salirono sulla Bentley alla quale William e Harry avevano appena attaccato in coda il cartello JUST MARRIED e partirono alla volta di Birkhall. «Era lampante che William era davvero felice per loro», riferì un fotografo alla biografa Penny Junor. E Harry? «Anche, ma William di più.»

Che cosa sentisse davvero il figlio minore di Diana, l'avrebbe detto direttamente lui diciassette anni dopo.

24
Una famiglia (sempre) in guerra

A Sandringham, come nel resto d'Inghilterra, l'arrivo del Natale 2019 non lasciava presagire nessuna particolare scossa nella placida routine della famiglia reale riunita per le feste, secondo una tradizione più che secolare, nella vasta magione al centro della tenuta. Unico disappunto, universalmente noto, era che quest'anno la famiglia di Elisabetta non si trovava al completo. Attorno a lei e Filippo c'erano come sempre figli e nipoti, a cominciare da Carlo con la sua Camilla, e poi naturalmente William e Kate con i loro tre magnifici e gioiosamente rumorosi bambini, nonché il resto dei parenti reali. Ma non c'era Harry, il nipote prediletto stando alle chiacchiere di Corte, o almeno di sicuro quello che dopo la tragica fine della madre si era guadagnato un posto speciale nella tenerezza e nelle attenzioni della reale *Granny*. Nessuno immaginava che da quell'assenza, e dagli eventi di quella giornata, si sarebbe generato l'ultimo devastante scisma di una famiglia condannata a una perenne guerra intestina.

Fratelli contro fratelli pare il destino inscritto nel codice genetico dei Windsor. Gli osservatori che trovano Meghan antipatica se la prendono con «la divorziata arrivista americana» per la frattura insanabile tra William e Harry, pur così legati dalla comune tragedia della loro adolescenza. La storia dice il contrario. Litigavano e si detestavano nel Settecento i molti figli di re Giorgio III. Si accapigliavano o al più si ignoravano nell'Ottocento i vari figli della regina Vittoria. Si amavano nel Novecento Edoardo VIII e il fratello minore Bertie, ma prima che il maggiore fosse costretto ad abdicare e il secondo ne prendesse il posto sul trono come Giorgio VI, dopodiché non si rivolsero più la parola per il resto della vita. E quanto a Elisabetta e alla sorella più piccola, Margaret, non era un mistero che quest'ultima si ritenesse più bella, più dotata e più adatta della maggiore a cingere la corona.

Tra i figli della defunta regina andò anche peggio. Gelosie di ruolo e dispute di soldi avvelenarono presto i rapporti tra Carlo e i due fratelli minori, nati il primo a dodici anni e il secondo a sedici anni di distanza. Tanto affettuoso era stato il rapporto adolescenziale e giovanile con la sorella Anna, quanto distaccato e freddo quello con Andrea e Edoardo. L'ingresso del primo nell'età adulta non aveva migliorato le cose, né il matrimonio con Sarah Ferguson, donna che Carlo riteneva insopportabilmente «volgare». Il divorzio dei duchi di York aggravò il suo giudizio, dopo la pubblicazione della foto di Fergie mentre il suo «consulente finanziario» John Bryan le succhiava l'alluce in piscina a Saint-Tropez.

Quanto all'ex marito, Carlo era anche più severo e vendicativo. Sospettava Andrea di avere tramato con Diana per allontanarlo dal trono a favore di William. Al momento opportuno gliel'avrebbe fatta pagare, com'è puntualmente avvenuto quando è esploso lo scandalo Epstein. È stato Carlo a imporre a una regina riluttante l'allontanamento del figlio prediletto da ogni incarico ufficiale e la perdita dei titoli militari. E ora che è re l'esclusione è definitiva.

Nonostante tutte le sue suppliche al sovrano, Andrea – gravato dall'orrendo sospetto di complicità con il pedofilo Epstein – non sarà mai più un *working royal*, dunque non avrà nemmeno titolo a ricevere l'appannaggio annuo di 250.000 sterline provenienti dal

Sovereign Grant, l'indennità versata dalle casse statali al monarca. Senza quei soldi, il duca di York dovrebbe sostenere di tasca sua il costoso mantenimento del Royal Lodge, la regale residenza nel Parco di Windsor concessagli dalla madre. E poiché non ha intenzione di farlo, non gli rimane che traslocare, per gentile concessione del fratello, nel Frogmore Cottage che aveva ospitato i duchi di Sussex. Al suo posto nel Royal Lodge si trasferisce l'erede al trono, William del Galles, con la numerosa famiglia. Ricapitolando: Harry e Meghan perdono un comodo pied-à-terre di cinque camere da letto per i rari soggiorni in Inghilterra, Andrea dovrà «accontentarsi» di una villa anziché di una reggia, e l'erario ci guadagna. Anche la popolarità di Carlo, a spese dei parenti.

Con l'ultimo fratello, Edoardo, il primogenito non aveva mai sprecato molto tempo. Al momento del matrimonio del suo quartogenito con Sophie Rhys-Jones, la mamma lo aveva investito di una contea di fantasia, quella del Wessex, ma il titolo non aveva accresciuto i suoi incerti talenti. Come dono di nozze la coppia aveva ricevuto Bagshot Park, una magnifica residenza nel Surrey, ma trovava insufficienti i mezzi finanziari. Così, lui tentò la carriera di produttore televisivo e lei quella di PR. Il guaio è che Edoardo produceva solo programmi sui reali parenti e Sophie dava a intendere ai clienti che avrebbe usato la propria influenza a Palazzo nel loro interesse. Un furioso Carlo pretese dai genitori che ponessero fine a questi discutibili comportamenti, anche se evitare a Edoardo di dover lavorare per mantenersi costò a Sua Maestà il solito appannaggio annuale di 250.000 sterline.

Le infelici esperienze coi fratelli minori hanno rafforzato Carlo nella sua idea di una monarchia «smagrita». L'immagine è quella apparsa per la prima volta sul balcone di Buckingham Palace nel 2012 per celebrare i sessant'anni di regno di Elisabetta, il Giubileo di Diamante. Nella circostanza, accanto alla sovrana (senza Filippo, finito in ospedale) comparvero Carlo con la moglie Camilla, il figlio William con la moglie Kate e il cadetto Harry, ancora solo. Nessun altro.

Dieci anni dopo, sul balcone niente più Harry – autoesiliato – e al suo posto, davanti ai genitori, gli attuali numeri 2, 3 e 4 in ordine di successione, ovvero i piccoli George, Charlotte e Louis. Da principe del Galles, Carlo progettava di ridurre la famiglia reale solo alla linea dei discendenti diretti del sovrano. Il resto, fratelli e nipoti, zii e cugini, a lavorare. Una volta re, però, ha scoperto che il taglio dei rami laterali comportava una drammatica carenza di «personale» per gli imprecisati ma molteplici compiti della monarchia. Al punto da «richiamare in servizio», oltre alla principessa Anna che non se n'era mai allontanata, anche i poco apprezzati ma sempre disponibili conti di Wessex.

Edoardo, in passato, non aveva molte ragioni di gratitudine verso il fratello maggiore. La fine della sua carriera di produttore televisivo deve molto al grossolano errore di inviare una troupe a riprendere il giovanissimo William ai suoi esordi universitari a St Andrews, per un documentario da vendere agli americani. Il risultato fu una gigantesca arrabbiatura di Carlo, seguita da un'altrettanto monumentale lavata di capo a fratello e cognata che mise fine a tutte le loro ambizioni.

Sta di fatto che da allora Edoardo si è coscienziosamente impegnato a sostenere la madre che invecchiava e Sophie è diventata una dei reali più popolari. Una volta sul trono, Carlo si è accorto della loro utilità nella penuria di parenti «spendibili». Subito ha nominato il conte – assieme alla sorella Anna – Consigliere di Stato, e il titolo non è meramente onorifico: consente infatti a entrambi di rappresentare il re nelle più alte cerimonie ufficiali (mettendo fuori gioco il reprobo Andrea e il fuggiasco Harry).

Il riconoscimento più ambito e significativo è arrivato qualche mese dopo. Il 10 marzo 2023, giorno del cinquantanovesimo compleanno di Edoardo, Sua Maestà ha insignito «fratellino» e cognata del titolo portato dal padre Filippo, e dalla madre prima di salire al trono: duca e duchessa di Edimburgo. Era notoriamente il desiderio dei genitori, ma Carlo non sembrava troppo ansioso di onorarlo, anzi circolava voce che volesse attribuire il ducato alla nipotina Charlotte. Se ha cambiato idea, forse è anche perché, come avrebbe confidato agli intimi, «Edoardo è l'unico maschio della famiglia a non avermi deluso».

Per i figli, lady Louise e James, ora divenuto conte di Wessex, il destino – nelle sembianze di zio Carlo – potrebbe prospettarsi più avaro. Visto il loro posto molto in basso nella linea di successione (sedicesima e diciassettesimo), è chiaro che dovranno lavorare per vivere, e la giovane Louise, in attesa di entrare anche lei, come il cugino William, all'ateneo di St Andrews (lingua e letteratura inglese) non solo ha rifiutato il titolo di principessa a cui avrebbe diritto, ma si è già messa alla prova come vivaista per 8 sterline l'ora. E se vuole tenersi carrozza e cavalli ereditati da nonno Filippo, con il quale condivideva la passione per il *driving*, Sua Maestà ha messo in chiaro che dovrà mantenerli coi suoi soldi, e non quelli dei contribuenti.

I soldi, appunto. *Cherchez l'argent* resta sempre una buona pista per trovare il colpevole nelle risse famigliari. Anche quelle dei reali. Soprattutto adesso che Carlo ha deciso di voltare pagina rispetto alla materna generosità di Elisabetta. Tirata coi dipendenti, che pagava giusto il minimo sindacale, Sua Maestà si faceva forse perdonare l'assenza nell'infanzia dei figli con la prodigalità negli anni della maturità. Sarà stata severa come loro sovrana, ma come mamma li ha inondati di appannaggi sontuosi e case sfarzose, oltre a mostrare un'eccessiva inclinazione ad applicare la massima napoletana *ogni scarrafone è bell' 'a mamma soja*. Anche quando il peccato è grave come nel caso di Andrea.

Con Carlo si cambia registro. Non perché manchi il denaro, com'è evidente. Sua Maestà è titolare (nominale) di un impero economico da 23 miliardi di sterline. Ma attenzione, il Crown Estate (il Patrimonio della Corona), con i suoi 16 miliardi di sterline, è in realtà proprietà dello Stato, così come Buckingham Palace (4 miliardi), Kensington Palace (520 milioni) e tutti i beni e i palazzi scozzesi della monarchia (400 milioni). Ma ne resta più che abbastanza per fare di Carlo uno degli uomini più ricchi dell'isola, sebbene non arrivi a essere un miliardario. Sono beni privati del sovrano il castello di Sandringham, la tenuta di Balmoral con tutti gli annessi, il ducato di Lancaster, che vanta beni per oltre 600 milioni, e il ducato di Cornovaglia, che rappresenta la cassaforte dell'erede al trono. Tra gioielli, opere d'arte e azioni di Borsa, si stima che la fortuna personale della regina viaggiasse sui 415 milioni di sterline, passati direttamente al nuovo re che li trasferirà un giorno al suo successore.

Visto che i soldi non sono un problema, allora perché Carlo ha deciso una politica di stretta austerità proprio verso i parenti? È quello che si chiedono, con una buona dose di rancore, i diretti interessati. Ai quali poco preme che le economie decise a loro spese dal nuovo re servano proprio, con i repubblicani tornati all'attacco, a costruire un'immagine diversa della monarchia. Meno spendacciona e meno incline a mantenere a spese dell'erario – fonte degli appannaggi reali – uno stuolo di pigri e viziati nullafacenti. Qui le faide fraterne non c'entrano, sostiene una fonte di Palazzo: «È solo questione di soldi». E dato che i fratelli del monarca hanno ereditato dai genitori la loro bella fetta della fortuna di famiglia, sarà il caso che per i propri piaceri paghino di tasca loro.

Tema delicato, considerato quanto è successo con Harry. Nessuno a Buckingham Palace ha dimenticato la frecciata del duca al padre nella famosa intervista a Oprah Winfrey: «La mia famiglia mi ha letteralmente cancellato dal punto di vista finanziario. Ho avuto giusto quello che mia madre mi ha lasciato, e senza non avrei potuto fare quel che ho fatto». La domanda conseguente è:

se Carlo avesse allargato i cordoni della borsa con il figlio ribelle, lo avrebbe forse indotto a maggiore cautela? E non c'è il rischio che il taglio delle linee di credito a fratelli e nipoti possa indurre anche qualcun altro a mettere in vendita scabrosi segreti di famiglia?

Non è invece una questione di soldi, com'è noto, ad avere diviso William e Harry. Sembrava che il profondo affetto reciproco nel quale erano stati educati da mamma Diana potesse bastare a smentire, una volta tanto, la maledizione dei Windsor (e in verità della totalità delle case reali). Pare che una maligna «legge di natura» costringa l'erede Numero Due a ribellarsi, prima o poi, al destino che lo condanna all'oscurità mentre il Numero Uno sale alla gloria del trono, e a quel punto il rancore reciproco prende il sopravvento. Contro ogni aspettativa, è accaduto pure tra i figli di Diana, benché il legame tra loro si sia nutrito del generoso amore della madre e della comune sofferenza per la sua perdita. Nulla di nuovo, dopo tutto. Solo che la lite, nell'età della comunicazione totale, è degenerata al punto da proiettare un'ombra sinistra sul fresco regno di Carlo e sul destino della Corona.

In quel Natale 2019 erano ormai mesi, dalla nascita del loro primogenito Archie a maggio, che Harry e la moglie Meghan erano impegnati in una sotterranea guerra d'attrito con il resto della famiglia, con la coppia dei Cambridge in particolare. Finiti da un pezzo i fasti dei «Fab Four» inventati da giornalisti compiacenti, era chiaro a tutti che i Sussex non erano disposti a suonare da secondo violino rispetto a fratello e cognata destinati al trono. Perciò non era certo arrivato come una sorpresa, a fine novembre, l'annuncio che Harry e la sua nuova famiglia avrebbero trascorso le vacanze natalizie in Canada, a Vancouver, con la suocera Doria Raglan.

La stampa popolare, da tempo in guerra coi duchi, decise che la loro permanenza natalizia in Canada era un doppio affronto, alla regina e alla Gran Bretagna, di conseguenza li mise alla berlina. Sua Maestà, invece, era all'apparenza molto più rilassata e comprensiva. Non si era forse già rassegnata due volte a un'analoga breccia nella tradizione? Nel 2012 e nel 2016, William e Kate avevano passato le vacanze, anziché con lei, con i Middleton nella loro casa del Berkshire. È vero che *Queen and Country* vengono sempre prima, ma dopo tutto anche i plebei hanno diritto a un certo grado di affettuosità parentale.

Naturalmente, così come il resto del mondo, tutti a Sandringham sapevano che l'assenza dei Sussex non nasceva dall'irresistibile desiderio di Meghan di una vacanza con mammà. Era piuttosto la conferma delle ormai note difficoltà della neoduchessa a adattarsi alla complessità della nuova esistenza reale. Quanto a Harry, il matrimonio che aveva iniettato un'inattesa e benvenuta dose di stabilità nella sua vita zigzagante, lo aveva però anche rafforzato nell'intenzione di liberarsi della *golden cage* – come la definiva sua madre Diana – in cui era cresciuto. Nei mesi precedenti, il duca aveva a più riprese delineato i suoi piani col padre, con la regina, e anche coi loro principali consiglieri (spesso i cortigiani di grado più alto sono più decisivi dello stesso sovrano). Per Harry questi personaggi erano fumo negli occhi. In particolare il segretario privato della regina, Edward Young, il rigido cultore del protocollo e della mistica reale che aveva preso il posto del più duttile e comprensivo sir Christopher Geidt.

I Sussex avevano cercato di rassicurare parenti e collaboratori: desideravano continuare a fare il loro dovere di reali, ma ritagliandosi un ruolo nuovo e largamente indipendente. Questo li avrebbe portati a rimanere per lunghi periodi fuori dal Regno Unito. L'idea era di dividersi tra le due rive del *pond*, lo stagno, come gli anglosassoni chiamano con spirito proprietario l'Oceano Atlantico. Passare più tempo in America del Nord avrebbe assicurato alla nuova famigliola qualcosa di più simile a una vita tranquilla, quasi normale. È vero che la villa da 16 milioni di dollari, sull'isola di Vancouver, che quel Natale li ospitava assieme al loro bambino, non era esattamente sinonimo di normalità. Ma la lontananza da Londra avrebbe quanto meno garantito un'esistenza non assillata dall'aggressiva invadenza dei tabloid, odiati con pari intensità da Harry e da sua moglie.

Nel Natale dei Windsor, dopo la messa del mattino nella vicina chiesetta di St Mary Magdalene, il grande appuntamento della giornata è alle 15, nell'enorme e cavernoso salone della Long Library di Sandringham. Come gran parte dei sudditi, anche la famiglia reale si raccoglie attorno alla tv per il principale evento natalizio dacché esiste la televisione (prima era affidato alla radio): è il momento di «Her Majesty's Most Gracious Speech», il messaggio annuale della sovrana ai sudditi.

Elisabetta cominciò a tenerlo nel 1957, e nei suoi settant'anni di regno mancò l'appuntamento solo una volta. Naturalmente la regina registrava il discorso qualche giorno prima, e il pomeriggio di Natale si rivedeva – e si giudicava – in compagnia dei parenti. Anche quel 25 dicembre 2019 alle 15 in punto sullo schermo comparve prima lo stendardo reale, poi la banda della Household Division che eseguiva *God Save the Queen* nell'atrio di Windsor Castle, infine le telecamere inquadrarono Sua Maestà vestita in blu reale, le solite perle al collo e sull'abito la spilla di diamanti e zaffiri della regina Vittoria, seduta allo scrittoio nello sfarzoso Salotto Verde del castello. Prima ancora che la nonna aprisse bocca, il cuore di William, seduto accanto a lei di fronte alla tv, ebbe un tuffo.

Sul piano della scrivania, collocate in modo da risultare ben visibili agli spettatori, c'erano quattro foto incorniciate. Subito alla destra della regina spiccava un ritratto in bianco e nero del padre Giorgio VI, seguito da due istantanee molto più piccole, una di Carlo e Camilla, l'altra di Filippo. Due volte più grande di tutte le altre, piazzata frontalmente al centro, brillante nei suoi colori vivaci, era una quarta foto a dominare l'inquadratura: i Cambridge che sorridevano allegri con i loro tre bellissimi bambini. Il posto d'onore, per quanto giustificato dalla precedenza dinastica, rendeva tanto più cospicua la totale assenza di immagini di Harry e Meghan e del loro neonato. Nei Natali precedenti uno scatto del secondogenito di Diana non era mai mancato su quella scrivania, e l'anno prima si era aggiunta anche Meghan. Adesso erano spariti entrambi, per non parlare di Archie, e proprio nell'anno in cui i Sussex avevano pubblicamente lamentato di essere maltrattati tanto dalla stampa quanto da Buckingham Palace. Non c'era bisogno di essere un *royal watcher* per tirare le conseguenze.

Col cuore in tumulto, William ascoltava la nonna parlare in tv ma in realtà seguiva il filo dei suoi pensieri più neri. Nei sei minuti di discorso Elisabetta aveva descritto come «*quite bumpy*», alquanto accidentato, l'anno appena trascorso. E come darle torto, con la tormentata uscita del regno dall'Unione Europea, la caduta agli inferi del figlio Andrea accusato di stupro da Virginia Roberts Giuffre, il novantottenne Filippo ricoverato brevemente in ospedale prima delle feste, e per finire le bizze di Meghan, tutte scrupolosamente e malignamente riportate dalla stampa. Però, in mezzo a tanti guai, proprio la sovrana aveva voluto citare come il solo luminoso momento di autentica gioia la nascita del suo ottavo pronipote, il piccolo Archie Harrison Mountbatten-Windsor. Più tardi l'ufficio stampa di Buckingham Palace avrebbe colto al volo quel passaggio per mettere a tacere le illazioni giornalistiche e sostenere a spada tratta che la scelta delle foto rifletteva semplicemente la linea diretta di successione al trono, che non c'era alcuna intenzione di escludere nessuno, e che ogni diversa interpretazione era solo frutto di malizia. Ma nel segreto dei suoi pensieri, mentre seguiva il discorso della nonna, William era profondamente angosciato. Sapeva che la frittata era fatta.

C'è modo di rimediare? si chiedeva, osservando di sottecchi la regina che seguiva attenta la fine della sua performance in tv. Per l'intera vita William aveva cercato di proteggere il fratello minore da tutto ciò che poteva ferire i suoi sentimenti, ingigantire il suo senso di inadeguatezza e le sue fragilità. Avrebbe voluto affrontare con la nonna l'argomento della foto scomparsa, ma come farlo nel momento in cui tutti i famigliari nella grande biblioteca applaudivano e si congratulavano con la sovrana per un discorso molto riuscito? Anche lei se ne mostrava apertamente compiaciuta, soddisfatta di come quest'anno il messaggio le fosse venuto «particolarmente bene, sì, proprio bene».

Il posato, riflessivo duca di Cambridge non se la sentiva di rovinarle la festa. Prese da parte la moglie, che è anche il suo primo e più fidato consigliere, e le confessò la sua angoscia: «Harry sarà terribilmente arrabbiato». La futura regina Catherine, non meno percettiva e sensata del marito, condivideva le sue preoccupazioni, ma gli consigliò di tenerle per sé, almeno per il momento: non era il caso di rovinare una bella giornata e poi, a 7.500 chilometri di distanza, nella sua villa in British Columbia, era più che probabile che Harry stesse ancora dormendo e fosse dunque ignaro di quella che avrebbe potuto avvertire come un'offesa, a sé e alla sua famiglia.

Il soggetto di tante preoccupazioni si svegliò la mattina di Natale a Vancouver un paio d'ore dopo che la regina aveva finito di parlare in tv. Secondo la tradizione americana onorata dalla moglie Meghan, i regali disposti sotto l'albero oppure nelle calze appese al caminetto andavano aperti il giorno della festa, e non la vigilia come a Sandringham. Perciò, con la sola eccezione del piccolo Archie ben saldo in grembo a nonna Doria, gli altri cominciarono a darsi da fare sciogliendo nastri e scartando pacchi. A metà mattinata, quando ormai a Londra stava per scendere la sera, il principe interruppe tutto quell'allegro rovistare per dare un'occhiata al telefono: non voleva certo perdersi il messaggio della nonna… Il primo sguardo bastò a fargli passare ogni traccia di buonumore. Alla sorpresa subentrò la delusione, e a questa la rabbia: furiosa, assoluta, devastante. Quando anche questa fu digerita, in Harry e Meghan emerse la convinzione, secondo quanto riportato dai biografi amici Omid Scobie e Carolyn Durand, che la scelta delle foto effettuata dalla regina era «un ulteriore segno che dovevano imboccare un loro sentiero».

I Sussex, hanno raccontato in seguito i più stretti confidenti della coppia, si sentirono cancellati. Proprio come se tutti e due, e anche il loro bambino, che pure veniva settimo nell'ordine di successione al trono, fossero stati espunti dalla famiglia. E puniti. Non era certo quello che si aspettavano quando avevano scritto direttamente a Carlo e alla regina per delineare il futuro che sognavano: una vita in cui fossero liberi di perseguire i loro interessi senza intrusioni del Palazzo e, al tempo stesso, di assolvere part-time ai loro doveri verso la Corona. Avevano lasciato Londra convinti di aver raggiunto un'intesa di massima. Adesso non ne erano più tanto sicuri.

Harry si attaccò al telefono con Buckingham Palace per richiedere un incontro urgente con la nonna non appena fossero arrivati dal Canada, il 6 gennaio. Aveva scordato che con la regina non funziona così. Il vicesegretario privato lo informò che l'agenda reale era più che zeppa, e Sua Maestà non avrebbe potuto riceverli prima del 29 gennaio, in ogni caso per pochi minuti. Il duca provò a insistere: spiegò che potevano restare a Londra pochissimo tempo, costretti com'erano a tornare rapidamente a Vancouver, dove avevano lasciato il figlio di otto mesi nelle mani della bambinaia. Tutto inutile. Perfino un tentativo di pressione direttamente da parte dell'ufficio del principe del Galles andò a vuoto. Nelle sue memorie lo «Spare» Harry avrebbe sostanzialmente accusato il padre di essersi lavato le mani di lui, quando in realtà tutta la vicenda mostra ripetuti e falliti tentativi di mediazione dell'erede al trono.

Il pomeriggio del 5 gennaio 2020 i Sussex, con quattro agenti della protezione reale al seguito, si imbarcarono su un volo diretto di Air Canada e l'indomani mattina sul tardi atterrarono all'aeroporto di Heathrow. L'idea di tentare un colpo di mano, guidando dritti fino a Sandringham nella speranza di vedere la sovrana senza un appuntamento, fu saggiamente scartata. Sarebbe stata un'imperdonabile violazione del protocollo, buona solo a irritare ulteriormente gli alti dignitari più vicini alla sovrana. La coppia si diresse invece a Frogmore Cottage, la residenza che Elisabetta aveva messo a loro disposizione nel Parco di Windsor, dopo un lungo e costoso restauro progettato da Meghan e pagato dai contribuenti. Nel cosiddetto cottage, che la ricostruzione costata 2 milioni e mezzo di sterline aveva trasformato in un villone hollywoodiano di ventitré stanze, li aspettava un summit con i loro principali consiglieri.

Fermiamo un attimo la bobina del film. In altri tempi, sostanzialmente prima che irrompesse in scena la sposa americana, appena sceso dall'aereo Harry avrebbe chiamato il fratello, come d'abitudine nei momenti di difficoltà. William c'era sempre stato per lui. Sin dalla prima infanzia era stato il suo ancoraggio emotivo, la sola persona dopo la madre a cui rivolgersi con totale fiducia per sfogare le ansie, ottenere sostegno, chiedere consiglio e guida. Da bambini, e poi adolescenti, avevano attraversato insieme l'inferno di una vita famigliare lacerata dai genitori in guerra. La loro infanzia aveva dovuto fare i conti con quello che la storica governante di Highgrove definiva «un vero e proprio manicomio», dominato dalle liti furibonde tra Carlo e Diana. Wills, come tutti lo chiamavano in casa, era sempre stato ferocemente protettivo verso il fratellino, che anche fisicamente era rimasto uno scricciolo fino alla crescita subitanea dell'adolescenza. Ma da un paio d'anni i rapporti tra i due erano profondamente cambiati.

Harry l'aveva riconosciuto pubblicamente in un documentario sul lavoro filantropico dei Sussex in Africa, andato in onda l'ottobre precedente sulla tv americana e britannica. Aveva attribuito le differenze alla «pressione a cui è costantemente esposta questa famiglia. È inevitabile che le cose succedano». Però aveva assicurato: «Siamo fratelli, saremo sempre fratelli, certo al momento siamo su sentieri differenti ma io ci sarò sempre per lui, e so che lui ci sarà per me. Non ci vediamo tanto quanto eravamo abituati perché siamo molto occupati. Ma io lo amo profondamente».

William si era molto seccato per l'intervista, soprattutto per la disponibilità a discutere della loro relazione con i detestati giornalisti. L'irritazione però non gli aveva impedito di preoccuparsi per le reazioni di Harry all'offesa della fotografia rimossa. Anzi, l'esclusione dal drappello di foto reali sulla scrivania della regina lo aveva disturbato al punto da spingerlo a parlarne col padre. Carlo, piccato per il repentino abbandono del figlio minore su cui contava nella sua prospettiva di una famiglia reale «smagrita», non si mostrò ricettivo, e i suoi argomenti non mancavano di ragionevole solidità: dal momento che i Sussex desideravano separare il loro percorso dal resto della famiglia reale, la loro assenza iconografica dal discorso di Natale non avrebbe dovuto disturbarli più di tanto. William dovette prendere atto che la questione era chiusa. Ma se Harry avesse conservato un po' dell'antica fiducia e gli avesse telefonato al suo arrivo a Londra, avrebbe almeno verificato che il fratello maggiore non aveva perso né la speciale sensibilità nei suoi confronti né la volontà di proteggerlo.

25
La secessione dei Sussex

Torniamo a Frogmore, quel freddo 6 gennaio 2019, nell'elegante studio che ospita il meeting dei duchi di Sussex con i loro più stretti collaboratori. La riunione è cruciale, perché questo è il team di negoziatori destinato a costruire mattone per mattone il castello dell'accordo con la famiglia reale. Deve trattarsi di un'intesa a prova di bomba, in grado di garantire le aspettative dei duchi, in particolare sullo scivoloso terreno dei quattrini e su quello non meno sensibile delle spese per la protezione. A guidare la squadra era un'arrembante diplomatica, Fiona McIlwham, che nel 2009, a trentacinque anni, era diventata (in Albania) la più giovane ambasciatrice della storia inglese e aveva ora accettato l'incarico di segretaria privata di Harry e Meghan. Attorno al tavolo c'era anche il capo delle comunicazioni, l'angloamericana Sarah Latham, che si era fatta le ossa a Washington nell'amministrazione di Bill Clinton e a Londra in quella di Tony Blair.

Ma non c'è dubbio che il negoziatore numero uno, quello a cui lo stesso Harry s'inchinava deferente, era Rachel Zane. Per i pochi lettori che fossero all'oscuro delle trame di una delle più famose serie tv di questi anni, *Suits*, la signorina Zane era la sexy e tosto avvocato a cui Meghan Markle prestava il suo irresistibile fisico e il suo notevole acume. Nei sette anni di intima convivenza con il suo personaggio, Miss Markle aveva indubbiamente mutuato da Rachel non solo i nervi d'acciaio nel negoziato ma anche le tattiche minacciose che l'avvocato di fantasia sembra aver appreso alla stessa scuola di Putin: «Non firmare niente a meno che tu non ottenga qualcosa in cambio», o anche più appropriato: «Mai sottostimare il potere di uno schiaffo, o due!»

Se pensate che siano solo battute buone per una fiction, allora dovreste leggere l'articolo pubblicato nell'aprile 2018, ovvero un paio di mesi prima del matrimonio di Meghan, dalla rete tv per cui lavorava (USA Network), dall'esplicito titolo: «*What Rachel Zane Has Taught Us About Getting What We Want*». Tradotto: Che cosa ci ha insegnato Rachel Zane sull'ottenere quel che vogliamo. Capite perché il mantra di Harry ai terrorizzati dipendenti di Buckingham Palace era: «*What Meghan wants, Meghan gets*»? Quel che Meghan vuole, Meghan ottiene...

Ai consiglieri riuniti a Frogmore la duchessa, che aveva già programmato di tornare da Archie in Canada da lì a quarantotto ore, chiarì i punti irrinunciabili del futuro negoziato, che lei avrebbe seguito solo per telefono o via mail. Le questioni fondamentali erano due: la sicurezza e i soldi. Com'è ovvio, l'intenzione di vivere tra Canada e Inghilterra le rendeva particolarmente complicate. Chi si sarebbe sobbarcato i costi di tutti quegli spostamenti, una volta che i Sussex fossero diventati solo *royals* part-time? E chi avrebbe pagato le spese delle squadre di protezione della polizia, facilmente calcolabili in almeno 20 milioni di sterline l'anno? Se questo era l'ordine di grandezza del solo problema sicurezza, quanto ci sarebbe voluto per il loro mantenimento? E da dove sarebbe venuto il denaro, una volta recisi i legami che assicuravano l'appannaggio reale? Carlo aveva informalmente assicurato il proprio sostegno al figlio, ma che cosa sarebbe successo se la Banca di Papà avesse chiuso gli sportelli?

Le trattative non sarebbero state facili. Ma la duchessa Meghan aveva già cominciato a dispiegare una rete di protezione. I suoi contatti e i suoi manager a Hollywood avevano fatto un buon lavoro. Le avevano assicurato che tanto lei quanto il marito avrebbero potuto chiedere grosse cifre per i loro discorsi o interventi pubblici, com'è ormai consuetudine per il circuito delle celebrità in America del Nord. L'agente Nick Collins stava anche negoziando contratti milionari per apparizioni televisive e aveva avviato la trattativa con Oprah Winfrey, la regina della tv americana, per una serie di iniziative filantropiche, buone a rafforzare l'immagine dei duchi. Dopo un'aperta sollecitazione del marito ai dirigenti della società, Meghan aveva già completato un doppiaggio per la Disney.

C'era un solo ostacolo. L'atteggiamento tacitamente ostile e dilatorio dei Windsor. Al punto in cui si era arrivati, quel pomeriggio del 6 gennaio, l'intervento di Rachel Zane diventava davvero indispensabile. Era ancora possibile evitare che gli eventi rotolassero verso il peggio?

Una cortina di incomunicabilità sembrava separare la Corte dal duca ribelle. L'affronto di Natale, o almeno quello che percepivano come tale, alimentava la paranoia dei Sussex. Temevano che il loro progetto di una vita in larga parte separata e indipendente dalla famiglia reale non fosse preso seriamente in considerazione, e volevano invece ricevere garanzie. «Non firmare niente a meno che tu non ottenga qualcosa in cambio»... C'era un solo essere umano che poteva fornire quelle garanzie. La regina. Perciò Harry si mise al computer e scrisse una mail indirizzata personalmente alla *Granny*.

Anche Sua Maestà, è noto, disponeva dal 2007 di un indirizzo email personale e, come si è visto durante la pandemia, non se la cavava affatto male col computer. La risposta arrivò a stretto giro. Elisabetta dava la sua benedizione alla pubblicazione in un momento da stabilire, ma non troppo lontano, di un comunicato congiunto tra la Casa Reale e i Sussex, per sancire la separazione dei percorsi. La parola della sovrana era certo più che abbastanza per assicurare alla coppia che il loro piano, fino ad allora ignoto ai sudditi, sarebbe presto diventato pubblico.

Che cosa, o chi, abbia fatto precipitare gli eventi verso l'apocalisse in agguato quarantotto ore dopo non è ancora chiaro. E com'è evidente, le versioni delle due parti confliggono aspramente. Uno dei pochi dati certi è l'apparizione pubblica di Harry e Meghan il 7 gennaio (il giorno seguente alla sospirata rassicurazione della regina) nell'edificio in stile revival dorico che ospita l'ambasciata canadese, in Trafalgar Square.

La visita, in realtà, è tutt'altro che estemporanea. Nel piano dei duchi è essenziale che il governo canadese si accolli le misure necessarie per la loro residenza nel Paese, così come è indispensabile il suo consenso per i vari progetti che intendono realizzare in Canada.

L'ambasciatrice Janice Charette, che li accoglie, pare felicissima di tenere loro bordone. Alla fine dell'incontro dichiara radiosa a *Vanity Fair* che si è trattato di «un'opportunità per discutere alcune delle priorità comuni e dei valori condivisi dal Canada e dalle Loro Altezze Reali», come «l'impegno per la tutela dell'ambiente e la lotta al cambiamento climatico, il sostegno all'emancipazione economica e democratica di donne e ragazze, l'incoraggiamento ai giovani in Canada e nel Commonwealth a impegnarsi attivamente nelle sfide sociali, economiche e ambientali della loro generazione». Non c'è male come programma…

Meghan e Harry hanno anche una ragione più sostanziale per essere soddisfatti: a quanto pare, la faccenda della residenza è sistemata e i canadesi sono felici di accoglierli. Sorridenti, risalgono sulla loro Land Rover per tornarsene a Frogmore.

Non sanno che gli imbattibili segugi del tabloid *Sun* stanno per lanciare il loro fragoroso scoop. O lo sanno, invece? Questo è precisamente quanto sosterranno le fonti di Buckingham Palace, accusando i Sussex di aver usato il giornale per forzare la mano alla regina e al principe Carlo. La versione di Harry è naturalmente opposta. Lui e la moglie, pochi minuti dopo essersi congedati dall'ambasciatrice, vengono raggiunti dalla notizia: i reporter hanno raccolto abbastanza materiale da pubblicare sul sito web del *Sun* una storia sull'imminente «secessione» della coppia dalla famiglia reale. Gli addetti stampa di Buckingham Palace sono inondati di telefonate con richieste di conferme e chiarimenti.

Chiunque sia il responsabile della soffiata, la cosa certa è che il *Sun* del giorno seguente, mercoledì 8 gennaio, pubblica in prima pagina il progetto dei Sussex di lasciare l'Inghilterra. Lo scoop merita il titolone: «*We're Orf Again*», Ce la squagliamo di nuovo... I protagonisti dell'annunciata «grande fuga» sono davvero così contrariati di vedere svelati i loro piani sul giornale? A leggere i loro biografi ufficiali Scobie e Durand, autori di *Libertà* (che stanno ai Sussex come Andrew Morton stava a Diana), verrebbe il sospetto che no, non tanto: «A questo punto loro [i Sussex] sentivano di aver sollevato la questione fin troppe volte con i membri della famiglia [...] ed erano stufi di non essere presi sul serio». Ora avrebbero dovuto ascoltarli.

La notizia, com'è ovvio, ha l'effetto di una bomba. Erano mesi che reporter e *royal watchers* cercavano di ricostruire i dissapori che evidentemente bollivano in seno alla famiglia reale. E adesso, ecco nero su bianco che i Sussex non avevano alcuna intenzione di restare sull'isola ma volevano andare a vivere nel freddo e lontano Canada, e anzi prima di partire Harry pianificava colloqui con la regina e la famiglia per apportare cambiamenti sostanziali al proprio ruolo. La storia ormai era esplosa, e né Buckingham Palace né la coppia ribelle potevano far rientrare il genio nella lampada.

Nella successiva, rancorosa battaglia di recriminazioni voleranno sospetti incrociati. Chi ha orchestrato la fuga di notizie? Il

Palazzo, per mettere i Sussex in cattiva luce, dipingendoli come un nipote senza cuore e un'arrampicatrice priva di scrupoli che piantano in asso la nonna ultranovantenne? Oppure i duchi stessi, per forzare la mano ai Windsor che cercano di temporeggiare? O magari nessuno dei due, e la «manina» misteriosa è di qualcuno che vede la chance di picconare di nuovo la monarchia, dopo la catastrofe Diana?

In ogni caso, quello che succede dopo è puro marchio Rachel Zane. Almeno stando alla versione che un amico della coppia offre allo scrittore e giornalista americano Christopher Andersen. «Dannazione!» impreca Harry, che come da copione chiede consiglio alla moglie (nuovo mentore al posto del fratello): «E che facciamo adesso?» Lei non si scompone: «Bene, Harry, non penso che abbiamo davvero scelta, non ti pare?»

Alle 18.30 dello stesso giorno i Sussex attivano il neonato website sussexroyal.com e sganciano la loro bomba atomica. Il comunicato sparato su Instagram ufficializza il nuovo «scisma» nella casata dei Windsor, ottantatré anni dopo l'abdicazione di Edoardo VIII. I duchi annunciano l'intenzione di «dimettersi» (*step back*) dal loro ruolo di membri di prima fila della famiglia reale e di lavorare per diventare finanziariamente indipendenti, pur non smettendo di «onorare i nostri doveri verso la regina, il Commonwealth e le nostre organizzazioni benefiche». In pratica, vogliono continuare a «lavorare» per la *Firm* ma solo part-time, in modo da conservare titoli e privilegi reali e al tempo stesso cogliere tutte le occasioni di arricchimento personale. La rinuncia alle sovvenzioni pubbliche non solo tutelerebbe la loro aspirazione alla privacy, ma spalancherebbe anche la strada a fantastiche opportunità economiche, come risulta già chiaro il giorno seguente. Mentre Meghan decolla per il Canada, lasciando il marito a «sbrigare i dettagli» coi parenti, nelle redazioni giornalistiche dell'intero pianeta atterrano le prime valutazioni potenziali del brand Sussexroyal a opera di primarie agenzie di marketing: le stime più prudenti parlano di almeno 100 milioni di sterline l'anno.

Per la stampa popolare dell'isola l'annuncio dei duchi è l'occasione per regolare i conti con una coppia di nemici giurati. I commenti più moderati li accusano di «*wanting to have their cake and eat it too*», versione inglese di volere la botte piena e la moglie ubriaca. Il monarchico *Daily Mail*, che Meghan aveva trascinato in tribunale per violazione della privacy, sceglie la strada del sarcasmo, chiedendosi che cosa significhi in termini di impronta ambientale la costante navetta transatlantica di questi due valenti ecoguerrieri: «I numeri mostrano che una persona che vola in prima classe su un volo commerciale Londra-Toronto andata e ritorno scarica nell'atmosfera terrestre 6,77 tonnellate di CO_2. Questo vuol dire che perfino se Harry, Meghan e Archie dovessero fare un solo viaggio, il totale della loro impronta ecologica sarebbe la bellezza di 20,31 tonnellate».

A Palazzo nessuno ha voglia di ridere dell'incoerenza dei Sussex. Allo choc dell'annuncio è seguita prima la rabbia e poi l'indignazione. Tanto più che Harry ha comunicato la decisione alla famiglia, quell'8 gennaio, solo dieci minuti prima di renderla pubblica su Instagram. I testimoni raccontano che a Sandringham la regina e il principe Filippo rimangono letteralmente desolati dalla notizia. Ancora una volta il nipote ha agito di testa sua, unilateralmente. Anche se questo significa, di nuovo, spaccare la famiglia.

L'indomani mattina, 9 gennaio, il principe ribelle bacia la moglie augurandole buon viaggio e si prepara alla videoconferenza con Carlo, William e la regina, che ha improvvisamente trovato spazio per lui nella sua fittissima agenda.

L'incontro telematico non risolve nessun problema e si conclude con l'invito perentorio di Elisabetta a figlio e nipoti a raggiungerla a Sandringham il lunedì successivo, 13 gennaio. Tutti sono pregati di farsi accompagnare dai rispettivi segretari privati, per mettere a punto nei minimi dettagli l'accordo che si *deve* trovare.

Nell'intento di riparare rapporti umani profondamente lesi, Elisabetta ha invitato solo i parenti per il *lunch* a Sandringham, prima di spostarsi con i consiglieri in biblioteca per il vertice sugli affari. Ma stavolta William si nega pure alla venerata nonna. Arriverà alle 14 in punto per l'incontro, fa sapere, ma vuole unicamente discutere i problemi sul tappeto. Niente pranzi, niente finzioni, niente abbracci fasulli. Il futuro re d'Inghilterra è furioso con il fratello, su cui ha tanto contato per disegnare il futuro della monarchia e che ora lo abbandona senza nemmeno offrirgli una spiegazione. Per chiunque altro il gesto di Harry potrebbe essere un colpo di testa, una ripicca, un atto di ingratitudine. Per William è puro e semplice tradimento nei suoi confronti.

L'incontro diretto, che nelle intenzioni di Elisabetta avrebbe dovuto favorire la ricomposizione famigliare, fa invece esplodere la tensione. Non ci sono testimoni della discussione a quattro, ma in *Spare* Harry offre la sua versione dei fatti, l'unica al momento disponibile: William berciante insulti e rimbrotti, Carlo che gli tiene bordone sia pure a bassa voce, e la regina che ne esce forse peggio di tutti, chiusa in un silenzio farisaico mentre la sua famiglia si sfascia. In verità, se si abbandona il punto di vista necessariamente risentito di Harry, la prospettiva cambia, e il silenzio di Elisabetta appare per quello che è, l'ennesima manifestazione delle sue doti politiche.

In un'atmosfera sovraccarica di emozioni e di rabbia, era evidente che non si sarebbero fatti passi avanti. Da esperta statista, Sua Maestà conosce la virtù del rinvio per rinvigorire le chance della diplomazia anche sull'orlo di una guerra, figuriamoci in una bega di famiglia. Probabilmente capisce anche, se i fatti corrispondono alla descrizione che ne fa Harry, che la rottura tra i fratelli è arrivata a un punto in cui ogni parola è inutile o male interpretata. Il cadetto appare deciso a bruciarsi i vascelli alle spalle, e i sentimenti del maggiore risultano chiaramente espressi nella frase che più tardi lascerà arrivare al pubblico: «Ho messo il braccio attorno a mio fratello per tutte le nostre vite. Ora non lo posso fare più. Siamo entità separate». Non solo divisi, ma nemici.

Il 9 marzo 2020 Harry e Meghan partecipano alla messa del Commonwealth Day nell'abbazia di Westminster. È il loro ultimo impegno ufficiale come membri della famiglia reale. Due sere prima il duca di Sussex ha indossato per l'ultima volta l'amatissima uniforme di capitano generale dei Royal Marines, il rango che gli era stato passato direttamente dal nonno Filippo. L'accordo che ha dovuto firmare in cambio della «libertà» lo priva di tutti i titoli militari, e per il ragazzo insicuro che aveva trovato nell'esercito una seconda casa questa è probabilmente la rinuncia più dolorosa.

Il 30 marzo i Sussex lasciano Londra per cominciare la loro nuova vita nella reggia che hanno acquistato (per 14,65 milioni di dollari) in California, a Montecito, in mezzo alle ville dei «grandi» di Hollywood. Oprah Winfrey, che due anni prima era stata invitata al loro matrimonio con i coniugi Clooney, è loro vicina di casa. E a lei viene affidato l'atto primo della vendetta che la coppia è decisa a consumare verso «i parenti londinesi».

L'8 marzo 2021, a un anno dall'ultima presenza ufficiale a Londra, due ore di intervista a Oprah aprono le ostilità contro i Windsor. Harry e consorte li accusano di ogni nefandezza, dal razzismo all'insensibilità, dall'ipocrisia alla gelosia (questa mira dritta ai Cambridge). Filippo giace in un letto d'ospedale vicino alla morte (spirerà un mese dopo) e la regina, in isolamento anti-Covid, ne è devastata. Ma mantiene la calma, mentre Carlo e William fumano di rabbia. «Non siamo affatto una famiglia razzista», ribatte fremente il duca di Cambridge a un cronista che gli chiede se i Windsor lo siano. Una dichiarazione ufficiale di Elisabetta recita invece, accomodante: «I ricordi possono differire», e la regina si dice dispiaciuta di apprendere dei problemi che Meghan ha sofferto, spiegando comunque che saranno affrontati privatamente. E che in ogni caso «Harry, Meghan e Archie saranno sempre membri molto amati della famiglia».

Gli eventi successivi fino ai giorni nostri, dalla docu-serie *Harry & Meghan* all'autobiografia *Spare*, dimostrano che in questa ennesima dolorosa puntata della saga Windsor nemmeno la diplomazia di Elisabetta è bastata ad «ammorbidire» i ribelli. Né la morte della nonna ha contribuito a por fine al conflitto, come pure i giorni di lutto condiviso avevano lasciato sperare. Con la Corona, Carlo III ha ereditato anche tutto il rancore del figlio cadetto. Quando Harry è tornato brevemente a Londra per il funerale del nonno Filippo il 17 aprile 2021, il principe lo ha convocato assieme a William per provare a mettere pace. La discussione tra i due fratelli è immediatamente degenerata, tanto da spingere Carlo (è lo stesso Harry a raccontarlo) a pregarli: «Per favore, ragazzi, non rendete un inferno i miei ultimi anni». Né l'uno né l'altro hanno fatto mostra di accontentarlo. Lo faranno finalmente ora che è re?

Sembra improbabile. Dal dicembre 2022 all'uscita di *Spare* nel gennaio 2023 è stato un ininterrotto fuoco di fila di interviste, apparizioni, dichiarazioni di Harry (Meghan più defilata) su tutti i mezzi di comunicazione, dirette a demolire l'immagine stessa della Corona.

Re Carlo ne esce come un uomo che cerca di fare del suo meglio, ma questo meglio non è abbastanza per Harry, convinto che il padre ami il suo «caro ragazzo» però non sia in grado di far fronte ai suoi bisogni emotivi. La Camilla di *Spare* è la classica matrigna delle favole, un'intrigante pronta a sacrificare i figliastri «sull'altare delle pubbliche relazioni». Kate è una regina di ghiaccio, e lei e il marito William vengono descritti come l'immagine della meschinità. Questo regolamento di conti, molto profittevole sul piano economico, non ha però giovato alla popolarità del principe nemmeno oltreoceano, dove non sono piaciuti l'evidente egocentrismo e la costante autocommiserazione (così poco americana).

La violenza dell'attacco ha lasciato intendere che i Sussex siano decisi a tagliare tutti i ponti con la famiglia. Stride perciò che mentre ne denuncia in tv vizi e limiti, Harry proclami: «Vorrei riavere mio padre e mio fratello». Però rimodellati a sua immagine e somiglianza. Confusione o ipocrisia? Resta da capire qual è allora l'obiettivo della campagna al limite della diffamazione condotta dai ribelli. Le interpretazioni più benevole sostengono che non ce n'è alcuno, salvo un disperato bisogno del principe di sgravarsi pubblicamente del dolore che l'opprime dai giorni della tragica morte della madre.

In effetti, quello che rivelano le memorie è un bisogno disperato di lasciare che le emozioni soppresse per decenni sgorghino adesso incontrollate. Sembra di avvertire nell'uomo ormai quasi quarantenne il bambino di dodici che (racconta il duca) al primo tragico annuncio della morte della madre si dice: «Tornerà. Deve tornare. Fra due settimane è il mio compleanno». Meghan sarà certamente «perfetta», come il marito innamorato non si stanca di ripetere, ma non c'è dubbio che l'amore più profondo è quello tra Harry e la madre che ha perduto. E questa sofferenza è così palpabile da meritare la compassione di chiunque si fermi a osservarla.

Ci sono, com'è noto, anche interpretazioni decisamente maligne sulle ragioni, come dire, commerciali che avrebbero motivato l'operazione di discredito a mezzo stampa e tv condotta verso «i Windsor di Londra». Non sono opinioni isolate, visto che questa idea appartiene, secondo un sondaggio di YouGov, a oltre il 40 per cento dei britannici. Di certo il successo planetario dell'autobiografia di Harry ha più che giustificato i 20 milioni di dollari versati da Random House come anticipo per il primo libro (ne sono previsti altri due, per un acconto complessivo di 40 milioni). *Spare*, materialmente scritto dal premio Pulitzer J.R. Moehringer, ha venduto nella sola Inghilterra 400.000 copie – 1,4 milioni nel mondo – il primo giorno di pubblicazione e nel primo mese di vendita aveva raggiunto i 3,2 milioni di esemplari nel mondo, battendo perfino i record segnati dalla coppia Obama. E se gli Obama, con un accordo editoriale del tutto simile, hanno incassato oltre 60 milioni di dollari, vuol dire che Harry può aspettarsi di più. Poi ci sono i contratti da 100 milioni di dollari con Netflix e per altri 30 milioni con Spotify (per podcast e altri materiali audio). Se si aggiunge la ventina di milioni ereditati da mamma Diana, e ancora un paio guadagnati da Meghan nella sua breve carriera di attrice, si può tranquillamente dire che i Sussex siano ricchi anche senza bisogno della «paghetta» milionaria di Carlo.

Ricchi, almeno, per l'umanità normale. Ma i duchi hanno deciso di autoesiliarsi in un angolo di mondo così esclusivo e dorato da far apparire Buckingham Palace un grigio complesso di uffici. A Montecito, sulla costa californiana, dove hanno acquistato la loro favolosa villa, vivono poco più di ottomila persone ma una bella fetta sono multimiliardari del settore tecnologico o star hollywoodiane. Tutta gente per la quale un paio di centinaia di milioni di dollari è più o meno la soglia di povertà. Considerato che il costo di mantenimento della proprietà dei Sussex si aggira sui 5 milioni annui, e più o meno altrettanti se ne vanno per le guardie del corpo (tanto più dopo la confessione di Harry di aver ucciso in Afghanistan venticinque talebani), si capisce che la coppia abbia preso in considerazione un trasferimento verso lidi meno costosi ed elitari.

Anche perché sembra che l'elevato investimento non abbia fruttato quanto atteso pure sul piano sociale. La più illustre vicina è l'osannata Oprah Winfrey, che dall'intervista a Meghan e Harry ha incassato almeno una decina di milioni di dollari. Non sono briciole neppure per un Creso come lei. Ma da accorta signora delle pubbliche relazioni, ha presto realizzato che la rottura con la

Corona inglese annulla il valore socioeconomico dei vicini Sussex. Ragion per cui non li ha nemmeno invitati alla sua ultima festa di compleanno.

Sembra insomma che la campagna antimonarchica in cui si sono imbarcati il principe e la consorte abbia loro alienato le simpatie della *coterie* di celebrità di cui si erano illusi di far parte, dimentichi che la ragione principale del loro fascino (e del loro valore commerciale) stava nella parentela reale. È per questo, sussurrano i maligni, che Meghan ha lasciato il marito protagonista assoluto dell'assalto a Buckingham Palace e si è rinchiusa in un inedito mutismo.

Forse i due fuggitivi «in cerca della libertà» (come da titolo della prima biografia comune) hanno pure scoperto che a Hollywood anche l'amicizia sia polvere di stelle. Un episodio racconta tutto. Al matrimonio, nel maggio 2018, la cappella di St George a Windsor era inzeppata di star americane. Un aristocratico invitato si trovò accanto a George Clooney e alla moglie Amal e, incuriosito, chiese al mitico George come lui e la sua affascinante compagna avessero conosciuto i felici sposi. Risposta: «Non li conosciamo».

26
Una corona in tandem

ALL'ARRIVO di Carlo sul trono, l'assillo degli inglesi era se in qualità di sovrano sarebbe stato migliore che come principe del Galles.

Il primo periodo del suo regno è apparso sedare le ansie, e questa sensazione si riflette nei sondaggi, che al momento della pubblicazione di questo libro mostrano un consenso sopra il 60 per cento. Non sono le punte record che faceva registrare la regina negli anni della sua mitica vecchiaia, ma sono comunque numeri rassicuranti tanto personalmente per Carlo quanto per il futuro della Corona. Se l'interrogativo era: sopravvivrà la monarchia a Elisabetta? la risposta al momento è decisamente sì. E non bastano i venti contestatori repubblicani che lo aspettavano in febbraio a Milton Keynes con lo striscione NOT MY KING per spiantare il trono d'Inghilterra. Però…

Le contestazioni e i fischi si sono ripetuti anche il 13 marzo 2023, quando Carlo è arrivato con la famiglia reale al completo a Westminster Abbey per l'annuale funzione religiosa del Giorno del Commonwealth. Fuori dall'abbazia lo aspettavano i soliti attivisti del movimento Republic per intonare in coro «Not My King», come avevano fatto del resto appena una settimana prima durante una visita a Colchester. L'intensificarsi delle proteste testimonia un preciso cambio di strategia dei gruppi antimonarchici, ammesso apertamente da uno dei loro leader, Graham Smith: « La regina godeva di deferenza e questo tratteneva la gente dal criticarla direttamente. Eravamo consapevoli che contestarla non sarebbe stato popolare». È chiaro a tutti che Carlo III rappresenta un bersaglio più facile.

Forse non sarà ancora un problema per il suo regno, ma certi piccoli segni preoccupano il Palazzo. Per esempio, negli ultimi due anni le donazioni a sostegno di Republic sono triplicate. Alimentata in parte dall'attacco frontale di Harry e Meghan alla *Firm*, monta l'ostilità delle nuove generazioni verso la monarchia. Un focolaio di scetticismo che potrebbe risultare difficile da guadagnare alla causa monarchica man mano che invecchia. È però anche vero che i reali inglesi hanno speso secoli tra picchi e abissi di popolarità. Dopo tutto, quel 60 per cento di consenso nei sondaggi anche dopo la scomparsa di Elisabetta appare sufficientemente rassicurante.

Ma certo Carlo III non poteva succedere alla madre in un momento storico più difficile e complicato. Nemmeno i primi anni Cinquanta che videro incoronare Elisabetta II furono rose e fiori. Dominava ancora l'austerità bellica, il Paese e l'economia erano da ricostruire e il più ricco impero sulla faccia della Terra si andava restringendo giorno dopo giorno alle ridotte dimensioni di una piccola isola nel Mare del Nord. Winston Churchill, che aveva detto: «Non sono diventato primo ministro del re per presiedere alla liquidazione dell'impero britannico», aveva perso la scommessa.

Eppure, proprio le immense difficoltà rappresentavano un vantaggio: dal fondo dell'abisso si poteva soltanto risalire e gli inglesi si rimboccarono le maniche, illuminati dalla speranza che infondeva una regina di venticinque anni, bella, gentile e innamorata (del marito). Era stato sempre Churchill a dire, il giorno dell'ascesa al trono di Elisabetta: «Un periodo di prosperità ci attende, perché la storia ci insegna che governati dalle nostre regine siamo sempre stati capaci di imprese straordinarie».

Nessuno, semplicemente, si aspetta niente del genere sotto il regno di Carlo. È un uomo anziano, per quanto vigoroso, chiamato dal destino al vertice della Gran Bretagna in uno dei suoi periodi di peggior crisi. Le voci di Corte hanno sempre attribuito al principe e ai figli un atteggiamento più filoeuropeo della maggioranza dei sudditi, ma la Brexit è ormai un dato di fatto e il Regno Unito ne sta pagando le conseguenze. Tra le maggiori, una stagnazione economica che rischia di trasformarsi in un'inarrestabile spirale di declino.

Ma il guasto peggiore forse non è nemmeno questo: paradossalmente, proprio l'ancoraggio all'Europa garantiva a Londra il suo status di *ville-monde* (come perfino il francese *Nouvel Observateur* era costretto a riconoscere), di «città-mondo» capace di attrarre in un grandioso calderone di culture e di lingue i migliori talenti dal vicino continente e dal resto del pianeta. Nella gabbia nostalgica di un'impossibile *grandeur* vittoriana questa immagine rischia di crollare presto, né più né meno del mercato immobiliare gonfiato dai denari stranieri. In un mondo che la guerra in Ucraina sta rapidamente rimodellando nella forma del bipolarismo muscolare USA-Cina, il sogno di una nuova Global Britain, la terra promessa della Brexit, si conferma nient'altro che una chimera.

Nulla di tutto questo è ovviamente responsabilità del nuovo sovrano incoronato il 6 maggio 2023. Le nazioni però, specie le grandi o quelle dal grande passato, vivono di simboli. E in Inghilterra il monarca è il primo di questi simboli. A lui tocca incarnare «il ruolo unificante della Corona», che ne fa, per citare ancora il magniloquente Churchill, «il legame centrale in tutta la nostra mutevole vita moderna, il solo che su tutti gli altri reclama la nostra fedeltà sino alla morte».

Quanti saranno i sudditi di Carlo disposti a sottoscrivere oggi questo giuramento? Dubito che possano essere tanti. Certamente non in Scozia, dove soltanto i formalismi giuridici della Corte Suprema londinese hanno relegato nel limbo, per ora, un nuovo referendum sull'indipendenza.

Mettendo tra parentesi le *querelles* famigliari, pur gravi, è probabile che le prime grane propriamente politiche arrivino dalla creazione sovranazionale che Elisabetta amava come la pupilla dell'occhio, in memoria dell'adorato padre Giorgio VI. Era stato proprio lui, il nonno di Carlo, a sovrintendere all'atto fondativo del moderno Commonwealth. Nell'aprile 1949, quando l'indipendenza di India e Pakistan aveva già privato il sovrano del titolo di Rex-Imperator, sette Paesi un tempo colonie (Australia, Canada, Nuova Zelanda, Sud Africa, Ceylon, India e Pakistan) firmarono con l'ex metropoli imperiale (Gran Bretagna) una dichiarazione per conservare il re «come il simbolo della libera associazione di nazioni indipendenti», unite «come membri liberi ed eguali del Commonwealth delle Nazioni, liberamente cooperando nella ricerca della pace, della libertà e del progresso». Ma proprio da lì arrivano i primi, allarmanti segnali di disaffezione.

È precisamente l'esistenza del Commonwealth – sostiene il politologo e giornalista televisivo Andrew Marr – «uno dei tratti che distinguono la monarchia britannica da quelle della Scandinavia e della Spagna, e ne fa qualcosa di più di un piccolo avanzo geografico». Quest'idea era scolpita a lettere di fuoco nei pensieri di Elisabetta II, molto meno in quelli del figlio. Per tante ragioni. Il titolo di capo del Commonwealth non appartiene per diritto ereditario al sovrano britannico: è invece il risultato della scelta di tutti gli aderenti. Unanime fu il tributo dei partner all'ex imperatore, e ancora più entusiastico il passaggio del titolo a sua figlia, la giovane e affascinante regina che aveva visitato in un tour di sei mesi ogni angolo, anche il più sperduto, del Commonwealth. Ma quando è arrivata la volta di Carlo, Elisabetta ha faticato moltissimo a farlo accettare come suo successore nel ruolo. Colpa in buona parte, anche in questo caso, delle scioccanti notizie sui suoi exploit extraconiugali.

Alla fine degli anni Novanta l'allora segretario generale dell'organizzazione, il nigeriano Emeka Anyaoku, avvertì esplicitamente il suo imminente successore neozelandese Don McKinnon: «Dovrà lavorare sodo per avere Carlo come prossimo capo del Commonwealth». Molti leader, specie nelle aree più conservatrici dell'Africa e dei Caraibi, non gli concedevano alcuna attenuante per il trattamento riservato alla venerata Diana. E per di più molti avevano notato che, sebbene il principe viaggiasse frequentemente, visitava con regolarità Australia, Canada e Nuova Zelanda, evitando invece i Paesi non bianchi.

McKinnon riportò la lamentela a Janvrin e Lamport, segretari della regina e del principe del Galles: «I capi di Stato di molti Paesi dicono di non sapere niente di Carlo a parte la roba salace che leggono sui giornali. Sua Altezza deve fare di più, deve concentrarsi sugli affari del Commonwealth». Per convincere l'erede a fare la sua parte, McKinnon cercò l'aiuto del premier Blair, ma sbagliava persona, perché l'inventore del New Labour non era interessato al Commonwealth, che per lui apparteneva, «come la caccia alla volpe, a un'altra epoca» (e aveva ragione).

Toccò alla regina intervenire e alla fine, dopo anni di pressioni e incontri, nel 2018 portò a casa la nomina del figlio al suo posto al momento dell'ascesa al trono. Ma molti segni lasciano intendere che Carlo potrebbe essere l'ultimo dei Windsor a ricoprire il ruolo, ammesso che il Commonwealth sopravviva.

La visita di William e Kate in Giamaica nel marzo 2022 ha fatto scattare tutti gli allarmi. È parsa così fallimentare da spingere i giornali britannici a chiedersi angosciati: «È troppo tardi per salvare il Commonwealth?» Un giorno, se le cose non cambieranno, la coppia più glamour di casa Windsor dovrebbe regnare anche sull'incantevole isola delle Grandi Antille. Ma sembra sempre più improbabile. Tra i nipotini di Bob Marley, la magia del fascino di William e Kate non ha funzionato. Del resto, il passato non risolto torna sempre ad agitare il presente come un inquieto fantasma. E lo spettro si chiama schiavismo. Così ha spiegato i fischi ai duchi Kehinde Andrews, professore di sociologia all'Università di Birmingham: «La famiglia reale è così strettamente legata alle idee dell'impero, del colonialismo e della purezza razziale da rappresentare probabilmente il principale simbolo di supremazia bianca che abbiamo».

Elisabetta, in vita sua, a differenza del marito celebre per le gaffe, non risulta abbia mai pronunciato una sola sillaba potenzialmente offensiva dal punto di vista razziale. E tanto Carlo quanto William in patria si sono sempre spesi in difesa delle minoranze etniche e dei loro diritti. Ma qui è la storia che conta, e fa dei Windsor – a dispetto della loro prudenza – un obiettivo naturale della *woke culture* (anatema per Carlo), la ribellione culturale generata da movimenti come Black Lives Matter, rumorosamente sostenuta, non a caso, da Meghan Markle. Ora, per quanto ingiusto possa apparire giudicare il passato coi criteri del presente, i Caraibi popolati dai discendenti degli antichi schiavi avvertono profondamente il fascino di questa *cancel culture*, e l'impatto alimenta l'ondata di repubblicanesimo che ha investito l'arcipelago.

Molte delle ex colonie caraibiche avevano infatti conservato Elisabetta come capo nominale dello Stato, ma non poche oggi pensano di seguire l'esempio di Barbados, che il 30 novembre 2021 si è liberata dei Windsor diventando repubblica. È precisamente quello che aveva in mente il primo ministro laburista della Giamaica, Andrew Holness, quando ha accolto William e Kate al loro arrivo a Kingston con queste parole: «La nostra vera ambizione è di diventare un Paese indipendente, sviluppato e prospero».

Non è che la Giamaica non sia già indipendente. Non meno

di Canada e Australia, anche loro tra i quindici regni su cui Carlo III esercita la sua autorità sovrana senza tuttavia minimamente interferire nelle loro scelte di politica interna ed estera. E allora perché questa crescente disaffezione verso la Corona? Il fatto è che la monarchia sta diventando rapidamente un anacronismo non solo nel Mar dei Caraibi ma anche altrove nel Commonwealth. E non basta più che Kate balli il reggae e suoni i bonghi con William nella casa di Bob Marley, a Nine Mile, per ammaliare i sudditi giamaicani e guadagnarsi le loro simpatie.

William ha cercato di placare le proteste degli oppositori antillani nel suo discorso ufficiale. Ha espresso «profondo dolore» per la schiavitù di milioni di africani, «che non sarebbe mai dovuta accadere». Il fatto è che per i diretti interessati questo arriva troppo tardi, e per i loro discendenti rappresenta troppo poco. Saggiamente, il nuovo erede al trono ha tratto la sola conclusione ragionevole e politicamente accettabile: «Non è affatto detto che io debba essere il prossimo capo del Commonwealth. Lo sceglieranno liberamente i Paesi membri».

Anche nel rapporto con le istituzioni del Commonwealth il carattere di Carlo ha giocato un ruolo non precisamente favorevole. Per tutta la vita lui si è sentito sottovalutato ma non ha mai preso in considerazione l'impatto negativo che la sua autoindulgenza produceva nel giudizio degli altri. Non che sia pigro o gli manchi il senso del dovere: al contrario, pure Harry nelle sue memorie descrive il padre che dopo cena si chiude nello studio a leggere pile di carte fino a notte fonda, per alzarsi poi all'alba a meditare a testa in giù. Ma la sua attitudine a commiserarsi per tutta la vita ha contribuito ad alienargli simpatie. Come si può non restare interdetti a sentirlo dire a voce alta che «nessuno sa che puro inferno vuol dire essere principe del Galles»? Pensare che il multimilionario erede al trono, servito e riverito da decine di domestici in una pletora di magnifici palazzi, possa perfino chiedere di essere compatito va oltre ogni immaginazione.

Eppure, il paradosso di questa lunga vita trascorsa nell'attesa fino all'8 settembre 2022 è che «il principe depresso» ha avuto molte volte ragione, specie quando i critici lo trattavano quasi da mentecatto. Sui giornali lo ridicolizzavano perché raccontava di parlare alle piante, ma è un fatto che negli anni ha trasformato 400 ettari della tenuta di Highgrove in un modello pilota di agricoltura sostenibile. La sua ecofilosofia è venata di suggestioni mistiche da filosofia orientale, ma la traduzione in pratica è esemplare. L'uso di pesticidi è ovunque bandito dai campi della proprietà nel Gloucestershire (oggi nominalmente passata a William come nuovo duca di Cornovaglia, oltre che principe del Galles), così come il ricorso a organismi geneticamente modificati. Per opporsi agli OGM, che ritiene una minaccia per l'ecosistema, in precedenza Carlo era arrivato a inimicarsi Blair, sul cui aiuto contava per convincere la madre a lasciargli il trono anzitempo. Lei non aveva ceduto, e lui nemmeno: ATTENZIONE! STATE ENTRANDO IN UNA ZONA OGM FREE, aveva fatto scrivere all'ingresso dei campi di Highgrove.

Per gran parte dell'opinione pubblica degli anni Ottanta e Novanta queste erano ancora ubbie di un ricco e stravagante proprietario terriero, il genere di «capricci» che spingevano lo storico David Cannadine a dipingerlo come un aristocratico settecentesco nato con due secoli di ritardo. Su certe questioni essenziali del nostro tempo Carlo sembra in realtà arrivato con cinquant'anni d'anticipo. Aveva solo ventun anni quando pronunciò il primo discorso di rilievo alla conferenza *Countryside in 1970*, La campagna negli anni Settanta: fu un'efficacissima filippica contro «gli orridi effetti dell'inquinamento in tutte le sue forme». Era l'allarme lanciato in quegli stessi anni dal Club di Roma di Aurelio Peccei, senza alcun effetto e anzi tra molti autorevoli sberleffi. Del resto, su questo tema Carlo è riuscito a conquistare titoli sui giornali anche molto più recentemente: nel 2018, in visita ad Atene, rifiutò la cannuccia di plastica che gli avevano portato con il caffè freddo, ricordando a tutti i presenti che la plastica è un male per l'ambiente. Lo aveva già detto nei primi anni Settanta ma nessuno gli aveva dato retta.

Sarebbe anche ingiusto immaginarlo come un profeta chiacchierone e incapace di fare una vera differenza. Per dire: la tenuta di Highgrove non è solo un esempio di coerenza ambientalista ma anche un'ottima iniziativa imprenditoriale. Nel 1990 il principe diede il via a una linea di prodotti organici di grande successo, che si aprì la strada sugli scaffali dei principali supermarket inglesi con il marchio *Duchy Originals* (Originali del ducato, ovviamente quello di Cornovaglia): la regina ci scherzò sopra brindando al figlio, in occasione del suo settantesimo compleanno nel 2018, «per essere sotto ogni aspetto un *duchy original*». L'impresa era tutt'altro che il passatempo di un annoiato latifondista. Nel 2009, un accordo di licenza e distribuzione con la catena Waitrose, la più raffinata dell'isola, fruttò 30 milioni di sterline che andarono nelle casse del Prince of Wales's Charitable Fund.

Un'altra impresa di cui Carlo è sempre andato fiero, e che invece ha raccolto più fischi che applausi, è stata la Fondazione di Poundbury, di cui ci siamo già occupati. Il *mainstream* dell'architettura contemporanea l'ha sempre ridicolizzata: «*A Toy Town*», una città giocattolo, «*a retro-kitsch fantasia*», e non c'è bisogno di traduzione... Nel 2005 il principe accettò molto volentieri, com'è ovvio, di guidare le telecamere del programma tv *60 Minutes* per le strade della cittadina (arrivata ormai a tremila abitanti), convinto a ragione che bastassero le immagini a smentire chi aveva predetto che non avrebbe mai funzionato. E invece... commentò soddisfatto. Ma aggiunse pure, tipicamente sconsolato: «Spero solo che quando sarò morto i britannici l'apprezzeranno un po' di più».

La svalutazione, o peggio il totale silenzio sulla sua attività filantropica, è la cosa che ferisce maggiormente Carlo. Come si è detto, il suo Prince's Trust offre il fianco a molte critiche – confusione e sovrapposizione di ruoli, disordine organizzativo, *fundraising* disinvolto –, ma resta il fatto che secondo i calcoli più recenti ha aiutato oltre ottantaseimila giovani a dar vita a una piccola attività economica. Di ogni tipo. Tra i beneficati c'è pure il famoso attore inglese Idris Elba, che ha ringraziato pubblicamente il Trust per avergli offerto l'audizione, e le 1.500 sterline, necessarie a lanciare la sua carriera. Negli anni Settanta, quando il principe costituì la Fondazione con la sua liquidazione dalla Marina come somma iniziale, non erano molti in Gran Bretagna a curarsi del futuro dei giovani di strada e delle minoranze emarginate.

Un Carlo «socialista» anziché il passatista della vulgata corrente? Per carità, no. Per molti altri versi, la sua visione del mondo era e resta inguaribilmente retrò. Lo incontrai casualmente nel 2003 a Jaipur, in India: era ospite della favolosa reggia del maharaja, ma in pubblico lodava come ammirevole esempio di vivibilità il più miserabile slum di Bombay, dove quasi un milione di disperati si accalcava su metà della superficie di Highgrove, con un gabinetto fetido ogni millecinquecento abitanti. Farne un esempio di sostenibilità ambientale rasenta l'incredulità.

Il risultato è stato che i conservatori britannici detestavano il suo «progressismo» sociale, e i progressisti giudicavano inaccettabile il suo rigetto radicale dei dogmi culturali della sinistra, a cominciare dal disprezzo per il '68. Il principe era insomma uno strano ircocervo, un animale fantastico che un intenditore come Blair descrive così nelle sue memorie: «Era una curiosa miscela di tradizionale e radicale (su un piano era abbastanza New Labour;

su un altro, decisamente no), di principesco e insicuro». Per quest'ultimo malanno, la sua cura aveva solo un nome: Camilla.

La donna incoronata il 6 maggio 2023 accanto a Carlo è l'immagine vivente dei profondi cambiamenti della Gran Bretagna negli ultimi settant'anni. Che l'Inghilterra dello *stiff upper lip*, il labbro superiore rigido – che non piange e non ride – tipico dei britannici «padroni dell'universo», fosse ormai tramontata tra i pianti delle masse all'epoca della morte di Diana, era già nei libri di storia. Ma l'assunzione al trono dell'ex amante reale, onorevolmente coniugata, è testimonianza di un passaggio ulteriore. Non è solo il panorama delle classi sociali che è cambiato radicalmente in Inghilterra: la «santificazione» di Camilla prova che il mutamento ha investito la mentalità, la cultura, la morale, il tema dei diritti e del rispetto individuale.

«Quella donna malvagia» (Elisabetta *dixit*...) è il nuovo legittimo pilastro della Corona. I britannici la accettano non solo perché questo è il desiderio della defunta regina, espresso in occasione dell'ultimo compleanno, ma anche perché la sua vicenda umana è in fondo simile a quella di centinaia di migliaia di donne che combattono per farsi accettare. E il Regno Unito di oggi è in grado di farlo. Non solo ex amanti un tempo sprezzantemente derubricate a rubamariti, ma l'intera legione rappresentata dalla comunità LGBTQ+, che gode nel Regno Unito, come in molte altre parti del mondo, di una felice stagione di riconoscimento dei suoi diritti. Nel caso di Camilla c'è una ragione in più per apprezzarla, al di là di critiche e riserve. Senza di lei, re Carlo avrebbe smarrito la via per il trono.

Da questo punto di vista, benché la Queen Mum non volesse nemmeno sentir parlare della fedifraga Mrs Parker Bowles, la somiglianza tra le due figure risulta invece evidente. Il balbuziente Giorgio VI, che dinanzi all'obbligo di succedere al fratello Edoardo si accasciò piangendo tra le braccia della madre Mary, non ce l'avrebbe mai fatta senza il sostegno di Elizabeth Bowes-Lyon, «il *marshmallow* con una goccia di arsenico al centro». E Carlo, pur essendo di gran lunga più colto e anche più preparato del nonno, farebbe fatica a conservare il suo equilibrio senza Camilla accanto. Intelligente, sensibile, disinteressata alle luci della ribalta, sempre attenta a non rubargli la scena, costantemente un passo indietro come il compianto Filippo con Elisabetta.

Ma se il duca di Edimburgo doveva fare violenza alla sua natura imperiosa, a lei viene naturale. Si è visto fin dall'arrivo da regina consorte a Buckingham Palace. Carlo è sceso dalla Rolls-Royce per salutare la folla prima di entrare per la prima volta da re nella «sua» reggia, Camilla lo ha seguito ma a distanza, lasciando che si godesse da solo il momento atteso da una vita. Infine lo ha raggiunto per varcare assieme, l'uno accanto all'altra, la soglia del palazzo reale.

Solo lei sembra avere sul monarca l'effetto di un calmante immediato quando le tipiche fitte di rabbia lo travolgono. Si è visto ancora nel già citato episodio del giorno della proclamazione al trono, il 10 settembre 2022, quando un calamaio mal collocato (dono di William e Harry) gli ha fatto digrignare i denti contro un povero valletto, e poco dopo nell'analoga cerimonia in Irlanda, a Hillsborough Castle, quando una stilografica difettosa gli ha macchiato le dita e lo ha mandato in bestia davanti a una telecamera. In entrambi i casi, ci ha pensato lei a riportarlo alla ragione sfiorandogli con una mano la schiena. Lo fa da una vita, di richiamarlo discretamente all'ordine ogni volta che esce dai binari, magari perché si attarda con qualcuno o perché parla troppo: lo tira per la giacchetta, letteralmente, se è il caso con più vigore.

Lui la ringrazia con un atteggiamento che, secondo testimoni dei loro momenti famigliari, si può definire di adorazione. Certamente in pubblico la frase che ricorre più spesso sulle sue labbra è: «*My darling wife*», la mia amata moglie. Nella vita precedente non l'ha usata mai nemmeno una volta. E la prima persona che ha ringraziato nel primo discorso da re davanti al Consiglio di Accessione è stata lei, «la mia amata moglie, il cui costante sostegno mi incoraggia profondamente». Non sarà una corona *per* due ma una corona *in* due. Quanto lo fu, se non di più, per Elisabetta e Filippo.

La sovrana scomparsa ha sempre definito il consorte, fino all'ultimo ricordo pronunciato in pubblico, come la sua principale «*strength and stay*», la sua forza e la sua roccia. Lo stesso si può dire di Camilla per Carlo. Lei è l'architrave nell'architettura della sua vita, una buona compagna e un'ottima amica, la sola persona al mondo di cui possa fidarsi fino in fondo, l'unica con cui essere interamente se stesso. Apprezza il suo stare coi piedi per terra, accetta perfino le sue lievi canzonature quando lui eccede in prosopopea, e ora che è re lei è l'unica persona a cui sia concesso di trattarlo da eguale.

Niente di tutto questo ha dato alla testa a Queen Camilla. E sembra altamente plausibile che nemmeno desiderasse una posizione così elevata. Ma in qualche modo, al pari di Filippo a cui si richiama spesso, accetta ciò che è avvenuto come un destino. Non lo ha cercato, proprio perché non è il genere di persona che ama stare al centro della scena. E questo la protegge dal rischio di togliere luce al consorte. Lei sa perfettamente chi è la star della pantomima reale, e che il suo ruolo pubblico – come fu per il duca di Edimburgo – è quello di spalla.

Ma, da che mondo è mondo, è noto che il potere dei sovrani risiede dietro le cortine del letto reale. Per il pubblico, però, la regina consorte sa che il suo compito è camminare un passo dietro Sua Maestà il re, e abbiamo già visto che si attiene con scrupolo alla parte. Non ne ha bisogno, ma se cerca un modello sa già dove guardare.

Lo racconta Gyles Brandreth, che è suo amico dall'adolescenza e due mesi prima della morte della regina Elisabetta ha offerto un pranzo zeppo di convitati di riguardo (dall'attrice Joanna Lumley alla mitica ex modella Twiggy al compositore Andrew Lloyd Webber) per festeggiare i settantacinque anni di Camilla. Lei è apparsa in forma smagliante, e al brindisi ha tenuto un discorsetto «degno del duca di Edimburgo», dice l'ammiratore Brandreth. Non si può dire se il defunto re consorte avrebbe condiviso, ma sicuramente avrebbe apprezzato l'omaggio della nuova nuora: «L'anno in cui sono nata, il 1947, è anche quello in cui l'allora principessa Elisabetta sposò il tenente Filippo Mountbatten, due delle personalità più notevoli nella storia del nostro Paese. La filosofia del duca di Edimburgo era chiara», ha concluso Camilla citandolo. «Fa' del tuo meglio e stai attento, parla meno e fai di più, e vai avanti con il lavoro! Ed è proprio quello che intendo fare.» Ecco il motto, non scritto, sullo stemma della nuova regina, ma è un ottimo programma di vita anche per noi plebei.

«Operation Golden Orb», Operazione Globo d'Oro: è naturalmente quello che il re stringe in pugno, con lo scettro nell'altra mano, al momento di assumere con l'unzione sacra la dignità regia. Così i «mandarini» di Whitehall – burocrati, militari e poliziotti – con la loro mania di appiccicare a ogni evento un nome in codice, hanno battezzato il protocollo dell'incoronazione. Si può tranquillamente presumere che la cerimonia *low profile* inizialmente concepita da Carlo abbia trovato la consorte del tutto consenziente. Gli inglesi molto meno. La Gran Bretagna resta uno strano Paese o, se preferite, eccentrico. In tempi di vacche magre come queste – inflazione alle stelle, crescita zero e salari al palo – il re ha lasciato capire che non è il caso di ripetere l'interminabile e sfarzosa intronizzazione della madre, il 2 giugno 1953. Solo che il lodevole proposito di risparmio, anziché essere accolto dal plauso dei sudditi, ha suscitato parecchio malumore.

Ma come, sono settant'anni che l'Inghilterra non si gode un tale sfoggio di ori e fanfare, corazze e carrozze, e quel tirchio di Carlo vuole privarci dello spettacolo? Questo, a occhio e croce, lo stato d'animo dell'opinione pubblica. Ovviamente l'avarizia non c'entra niente, ma Buckingham Palace ha subito compreso di dover correggere la rotta. La cerimonia – si affrettò a precisare il Palazzo – non perderà nulla delle tradizionali solennità e magnificenza, guadagnando però in modernità e snellezza. Esattamente quello che Carlo vorrebbe per il suo regno.

Perciò, confermata in primo luogo la sfilata dalla reggia all'abbazia di Westminster. Pezzo forte del corteo, come sempre, quella carrozza da fiabe che è la Gold State Coach, il cocchio ricoperto di oro zecchino realizzato per re Giorgio III nel 1762, da lui mai usato, e restaurato a caro prezzo per il Giubileo di Platino della defunta Elisabetta (ma superati gli ottanta, lei rifiutò di salirci ancora sopra a causa dell'«orribile oscillazione» della cabina, paragonata dall'antenato Guglielmo IV a quella di «una nave in piena burrasca»). Confermato pure, al momento clou dell'unzione, il giuramento del sovrano come *Defensor Fidei*, Difensore della Fede, titolo attribuito a Enrico VIII dal pontefice Leone X nel 1521 e conservato dal re Barbablù anche dopo aver promosso lo scisma dal papato.

Carlo, in verità convinto assertore della multietnicità e del multiculturalismo del suo regno, avrebbe preferito il plurale: «Difensore delle Fedi». Ma i sordi brontolii della gerarchia anglicana e il suo ruolo di Governatore Supremo della Chiesa d'Inghilterra hanno imposto il rispetto dell'antica denominazione. Poco importa, perché la sostanza non cambia, come re Carlo ha chiarito pubblicamente: lui resta impegnato a tutelare la libertà di tutte le confessioni, e anche quella degli atei.

Abolita la sfilata dei duchi reali con il giuramento individuale nelle mani del sovrano, è rimasto solo il principe del Galles ed erede al trono a inginocchiarsi davanti al padre per baciargli la destra e assicurargli che sarà «il suo primo e fedele vassallo per la vita». Degli ottomila invitati dei tempi di Elisabetta, sotto le sacre volte dell'abbazia di Westminster si è scesi ad appena duemila, anche se questo ha scontentato molti aristocratici tagliati fuori a favore di plebei meritevoli e di esponenti del volontariato. Di lord ne sono rimasti giusto una trentina, tanti quanti i rappresentanti della Camera dei Comuni.

In un'esibizione di trasparenza, cinque mesi prima della cerimonia il Palazzo aveva sollecitato a candidarsi per un posto da invitato chiunque vantasse un titolo valido per assistere in presenza all'incoronazione, o per via di antenati o in grazia delle proprie opere. La selezione è stata comunque durissima, e per ovvie ragioni ha risparmiato soltanto i reali parenti stranieri. Pensare che nel 1953 fu una fatica persino convincere il duca di St Albans, discendente di un figlio illegittimo di Carlo II e per diritto ereditario Gran Falconiere d'Inghilterra, che non poteva prendere parte al corteo reale con un falcone vivo sul braccio come da tradizione (gliene proposero uno impagliato e lui restò a casa).

Poiché secondo l'immutabile protocollo tutti gli invitati devono già trovarsi al loro posto almeno due ore prima dell'inizio della cerimonia, nel 1953 le persone cominciarono ad affluire nell'abbazia alle sei del mattino, con la prospettiva di restare inchiodati al loro banco per più di otto ore. Infatti la sola funzione religiosa, fino al sospirato «*Long live the Queen*» pronunciato in coro da tutta la congregazione, sarebbe durata quattro ore. Molti Pari del regno per resistere ai morsi della fame si erano infilati un tramezzino sotto la coroncina nobiliare, calcata in testa come da protocollo. Perciò, settant'anni dopo, fu un conforto per tutti i privilegiati ammessi, quale che fosse il colore del sangue, sapere che l'affare nell'abbazia, tutto compreso (dall'unzione col sacro crisma all'incoronazione congiunta di re e regina), sarebbe durato solo poco più di un'ora. Più comoda anche la tenuta richiesta, abiti da sera anziché da cerimonia. E via pure le sedie di velluto realizzate appositamente per l'incoronazione di Elisabetta, ormai inutilizzabili, sostituite da banali sedute standard.

Di tradizionale è rimasta la musica di ogni incoronazione, a cominciare dallo *Zadok* di Händel, più gli altri compositori storici – da William Byrd a Vaughan Williams – già eseguiti nel gran giorno di Elisabetta. Ma dal violoncellista nonché approfondito intenditore musicale che è Carlo Mountbatten-Windsor era inevitabile attendersi una robusta iniezione di raffinate novità. Così è toccato a sir John Eliot Gardiner condurre il Coro Monteverdi e i solisti dell'English Baroque in un programma di musiche corali, a sir Antonio Pappano dirigere l'orchestra durante tutta la celebrazione e a dodici compositori odierni proporre altrettanti pezzi di musica contemporanea. Il più famoso e amato è certamente Andrew Lloyd Webber, re dei musical del West End, ma resta degno di nota che tra i prescelti si contino cinque donne, i musicisti di colore siano altrettanto ben rappresentati e un coro risulti interamente composto da membri della comunità LGBTQ+. Più moderno di così.

Di una parte di *bric-à-brac* medievale Carlo ha voluto liberarsi anche nell'abbigliamento, ma non più di tanto, se non a rischio di annullare l'effetto mistico della cerimonia già codificata nelle trentaquattro pagine, meravigliosamente miniate, del *Liber Regalis* di Riccardo II, *anno domini* 1382. Sua Maestà, deciso a disfarsi del settecentesco abito cerimoniale con *culottes* e polpe di seta, lo ha sostituito con una più sobria alta uniforme di ammiraglio della flotta, il suo rango militare preferito. È una netta rottura con la tradizione, ma oltre non poteva andare. È sempre stato d'obbligo per il re entrare a Westminster Abbey per l'incoronazione indossando la cosiddetta *Robe of State*, il mantello con strascico foderato di ermellino che il monarca esibisce anche per lo *State Opening of Parliament*, la cerimonia di apertura del Parlamento. Così come la stessa funzione religiosa prevede ormai da sei secoli che il sovrano indossi in momenti diversi abiti quasi sacerdotali come la *supertunica*, la *colobium sindonis* e la stola, che rispondono a precisi significati liturgici.

Niente del genere era ovviamente previsto per Camilla, dal momento che è solo regina consorte. E il Palazzo ha provveduto per tempo a sminare il terreno dalla polemica più pericolosa che avrebbe potuto minacciare il suo grande momento. Con un delizioso comunicato di stampo eco-manageriale, Buckingham Palace aveva infatti informato con largo anticipo che, «nell'interesse della sostenibilità e dell'efficientamento», la regina Camilla avrebbe rinunciato a farsi fare una corona su misura (come d'uso in questi casi) ma ne avrebbe «riciclato» (!) una già usata. Certamente l'intero pianeta riciclerebbe volentieri il fantastico serto di oro e diamanti della regina Mary destinato alla testa di Camilla.

Però proprio questa apprezzabile scelta al risparmio (stavolta sì) ha minacciato di aprire una crisi diplomatica con l'India. Il reale copricapo di Queen Mary, realizzato nel 1911 per la sua incoronazione da *Garrard*, all'epoca montava infatti il favoloso Koh-i-Noor, e tutti sanno che la meravigliosa pietra fu donata dalla British East India Company alla regina Vittoria dopo averla sottratta, assieme al suo regno, al maharaja del Punjab. L'attuale governo nazionalista di Delhi ha avvertito a chiare lettere che vedere «la montagna di luce» sul capo della nuova regina d'Inghilterra potrebbe risvegliare «dolorose memorie del passato coloniale».

Carlo, sempre così sensibile sull'argomento, non ha avuto dubbi. Con il pieno assenso di Camilla la corona «riciclata» è stata anche modificata. Via la gemma della discordia, sostituita in splendore dai diamanti Cullinan III, IV e V, ovvero i più scintillanti tra quelli tagliati a inizio Novecento dal leggendario Cullinan originale, una pietra unica di oltre 3.000 carati scoperta in Sud Africa nel 1905. Nel 1908 ne furono ricavati due giganteschi diamanti purissimi che si ammirano adesso in cima allo scettro del sovrano e nella corona imperiale, oltre a novantasei piccoli (si fa per dire...) brillanti. Due di questi diamanti, il Cullinan III a forma di pera e il IV squadrato, furono successivamente incastonati in una spilla di platino ereditata da Elisabetta. Il fatto che Camilla li abbia scelti per ornare la sua corona è stato un chiaro gesto di omaggio alla regina scomparsa.

Se la monarchia serve a rassicurare l'Inghilterra con le memorie del passato, l'incoronazione serve a rassicurare la monarchia sull'attaccamento del suo popolo. È un rito che si ripete con successo da quasi mille anni, e anche Carlo e Camilla possono contare sul suo effetto benefico. Ma la durata non è illimitata, e non è sicuro che la benedizione impartita al re con le parole bibliche di Zadok, che «unse» Salomone, gli procuri anche pari saggezza. Eppure, ce ne vorrà molta per placare domestici risentimenti e rabbia sociale, e convincere i britannici più giovani che la monarchia in cui nemmeno il figlio del re vuole più restare abbia ancora senso per il loro Paese.

Il compito di Carlo è traghettare la Corona verso la nuova generazione, consegnarla integra nelle mani delle fresche stelle dello show, William e Catherine. I principi del Galles sono oggi gli unici in famiglia che possano affascinare i sudditi e rappresentare un'ispirazione per i gruppi sociali più giovani, dinamici e ambiziosi. Certo, il lavoro di accetta del fratello-nemico ha lasciato visibili deturpazioni anche sulla loro immagine.

Nel giro di dieci giorni dalla pubblicazione di *Spare* il tasso di popolarità di William è precipitato di otto punti, uno in più di quanto perduto da Harry. E Catherine ne ha persi sette, contro i cinque lasciati per strada da Meghan. È comprensibile: il fratello maggiore (assieme alla moglie) è uno dei bersagli privilegiati delle memorie del cadetto, ansioso di regolare conti che risalgono addirittura all'adolescenza. Sebbene l'imputazione più grave si riferisca ad anni molto più vicini, alla lite su Meghan conclusa – sostiene Harry – da un vero e proprio attacco fisico di Wills, che lo avrebbe afferrato per la collanina e scaraventato per terra nella cucina di Kensington Palace. Non è propriamente il comportamento che ci si aspetta da un futuro re, ma sembra che i sudditi siano disposti al perdono, forse immaginando che sia stato proprio il sentirsi tradito da una persona così cara a innescare la reazione violenta del principe.

Fatto sta che, nel sondaggio di Ipsos MORI, William e Kate rimangono ancora i reali più popolari, rispettivamente con il 61 e il 60 per cento di approvazione, contro un misero 23 per cento a favore di Harry (che nel 2018 era al top, con quasi il 70 per cento). E, quel che più conta, il 70 per cento dei sudditi resta convinto che il principe del Galles sarà un buon re: aperto, alla mano, innovativo. Lui e la moglie. Una prova? Le voci che arrivano sull'educazione della prole. I Galles, probabilmente ammaestrati anche dalla disperata reazione di Harry, sembrano decisi ad affrancare i figli minori dal destino reale. Saranno Charlotte e Louis a scegliere, quando avranno l'età per farlo, se vogliono continuare a lavorare per la «Ditta» o uscire dalla «gabbia dorata» per trovare la loro strada. Una scelta finalmente «laica» e moderna, rispetto a una mistica della monarchia affondata dalla storia.

Il successo di re Carlo dipenderà molto dalla sua capacità di coinvolgere i Galles senza essere geloso del loro fascino (come lo fu invece di Diana). E il secondo fattore decisivo sarà il tempo. Qui le qualità del sovrano non c'entrano. Ma anche lui, per quanto intenzionato a imitare la madre nella determinazione a regnare sino all'ultimo respiro, dovrà rendersi conto che il volto della monarchia è già un po' troppo rugoso per permettersi un'attesa di altri vent'anni.

Almeno in questo l'autocommiserazione del giovane Carlo ha una qualche giustificazione. Il destino lo ha fatto aspettare troppo prima di concedergli quello a cui si è preparato tutta la vita. E se il fato avesse in mano una bilancia, dovrebbe per equità concedere alla coppia reale di godersi in pace i prossimi anni di regno, esenti almeno da beghe famigliari. Per arrivare fin lassù hanno attraversato molteplici cerchi di fuoco, provocato molte sofferenze e altrettante ne hanno patite, senza mai cedere. Difficilmente la loro relazione corrisponde all'immagine zuccherosa dell'amore romantico, eppure che cosa c'è di più romantico di due amanti che restano fedeli per la vita a dispetto delle convenienze, della morale, del consenso, dell'interesse?

Dubito che questo punto di vista trovi molti consensi tra i sudditi, ma nessuno potrà negare a re Carlo III una tempra di combattente. Se non lo faranno i contemporanei, almeno la storia potrebbe essere più generosa, e riconoscere un giorno che in decenni di aspre battaglie il timido «principe Amleto» è diventato infine «Carlo il Risoluto».

Ringraziamenti

NON capita frequentemente di ringraziare per oltre tre lustri, con cadenza annuale e per identico motivo, lo stesso gruppo di persone, ma io sono così fortunato da poterlo fare a ogni uscita di un nuovo libro con le amiche e gli amici ormai «storici» di Sperling & Kupfer: Stefano Peccatori, Virginia Ponciroli, Cecilia Mastrogiovanni, Mariarosa Milesi, Valentina Castellani, Paola Caviggioli, Alessandra Frigerio, Francesco Marangon, Carlo Mascheroni: siete come sempre una formidabile squadra di persone generose e appassionate alle quali non potrò mai essere grato abbastanza per il sostegno, il lavoro, il contributo di idee e confronti fecondi. E lo stesso vale per la cara amica Antonella Bonamici.

Un po' di anni prima di incontrare la «mia» casa editrice ho incontrato l'amore della mia vita, che anche i lettori hanno ormai imparato a conoscere. Per rubare le parole a re Carlo, senza la mia *darling wife* Iolanta temo che non riuscirei nemmeno a scrivere, o certo lo farei molto peggio. Lei è , come fu Filippo per Elisabetta, «la mia forza e la mia roccia», e anche questo libro, come tutti gli altri precedenti, le è debitore di curiosità, informazioni e discussioni. Ma il mio debito nei suoi confronti è naturalmente molto più grande, e sarò felice di onorarlo finché vivo.

Voglio ringraziare pubblicamente anche mia sorella Serenella, che è l'altro capo del filo solidissimo che ci lega da una vita, intrecciato di complicità, amicizia, interessi comuni nonché simpatie e antipatie condivise. So che lei c'è sempre per me, com'è il caso anche di mia figlia Natasha che pure tra un concerto del suo meraviglioso violino e un capitolo del suo prossimo romanzo trova sempre il tempo di mandarmi un WhatsApp. Grazie anche a lei e al suo Manrico.

Alla fine di queste pagine mi corre ancora l'obbligo di riconoscere – come già fatto esplicitamente laddove possibile – il debito contratto con tutte le fonti, dichiarate o anonime (ma sempre note e verificate), che mi hanno permesso di ricostruire la complessa biografia di Carlo d'Inghilterra. Ne emerge, credo, la storia di un uomo che volle fortissimamente essere re ma forse rimpiangendo di non essere semplicemente un saggio.

Postfazione all'edizione tascabile

Questo libro è stato pubblicato nel 2023, esattamente tre giorni prima che Sua Maestà Carlo III venisse incoronato sotto le austere volte gotiche di Westminster Abbey. A settantacinque anni, che avrebbe compiuto il 14 novembre, diventava il sovrano più vecchio mai salito sul trono inglese, polverizzando il primato dell'antenato Guglielmo IV, incoronato a sessantacinque anni. Come avrete appena letto, nelle ultime righe del volume facevo osservare che il destino era stato poco generoso con lui, condannandolo a una vita di attesa, e auspicavo che in nome di una certa equità concedesse almeno alla coppia reale «di godersi in pace i prossimi anni di regno». Il fato non si cura di auguri e desideri. E non fa eccezioni nemmeno per un re. A un 2023 turbato in pubblico e in privato dal fango lanciato da Harry contro la famiglia e dalle zuffe con il fratello William, ha fatto seguito un 2024 potenzialmente anche più minaccioso. Di sicuro, comunque, tutt'altro che tranquillo.

Nessuno poteva immaginare, certo nemmeno i Windsor, che all'inizio di quest'anno bisestile il secolare, solido, possente trono d'Inghilterra si sarebbe all'improvviso trovato appeso a una flebo. La longevità della regina Elisabetta, del consorte Filippo, della regina madre ci aveva inconsciamente abituati a pensare che la stoffa genetica dei reali fosse davvero speciale rispetto alle miserie di noi comuni mortali. Invece la malattia ha fatto il suo ingresso nella reggia che ne pareva immune, e ha colpito con un micidiale uno-due. L'annuncio del cancro del re è stato seguito da un mese e mezzo di tempesta mediatica sul morbo misterioso che, dopo un intervento chirurgico a metà gennaio, aveva cancellato dalla scena la popolarissima nuora Catherine, finché non è stata lei stessa in tv – con coraggio non comune – a comunicare al Paese la diagnosi più temuta. Cancro, anche per la principessa del Galles, l'*asset* più prezioso della famiglia reale per i prossimi decenni. Se c'era bisogno di un promemoria della caducità delle umane cose, eccone uno paradigmatico.

Peccato, perché dopo l'inevitabile sbandamento iniziale davanti alla morte della venerata Elisabetta II i sudditi sembrano aver preso a cuore il nuovo sovrano, manifestandogli simpatia e apprezzamento. Meritati, mi sembra che si possa onestamente dire. Tutti hanno potuto osservare lo scrupolo con cui il monarca svolge i suoi compiti, e anche lo sforzo genuino con cui cerca di avvicinare la sua maestosa istituzione ai sentimenti della gente comune. Proprio quella che è stata maggiormente colpita dal calore portato da Carlo sul trono, dall'approccio al suo lavoro con un volto più umano di quello della madre. Certo, lei era un'icona planetaria, un monumento di cui gli inglesi andavano fieri. Ma mentre *the Queen* non si poteva nemmeno sfiorare, il figlio ed erede invece non solo si è da subito prodigato in cordialissime strette di mano ma si concede con una risata ed evidente piacere pure agli abbracci e ai baci del pubblico. Il risultato è che la famiglia reale, anziché sperimentare dopo la morte della matriarca un crollo di popolarità, è rimasta invece nella comfort zone di un comodo 60 per cento di approvazione in tutti i sondaggi.

* * *

Almeno fino all'inizio di quest'anno. Il 1992, *annus horribilis* nelle parole della stessa regina Elisabetta, oggi forse ai Windsor sembra una passeggiata a confronto con il diluvio di guai sanitari dei primi mesi del 2024. Ci vuole un cuore di pietra per non solidarizzare con un uomo che, dopo aver atteso settant'anni la corona per cui è stato messo al mondo, scopre, appena sette mesi dopo averla ricevuta, di avere un cancro dalla prognosi ancora ignota. E non è necessario un cuore di mamma per augurarsi che la lotta contro il male di una giovane madre di tre figli bambini abbia un esito felice. A prescindere dal fatto che sia destinata a diventare regina.

In tre circostanze – la malattia, la morte e il dolore – il diritto di un essere umano alla riservatezza va considerato inalienabile. Il problema è che se sei, come Carlo, il re d'Inghilterra, o come Catherine principessa del Galles (nata Middleton), la futura sovrana, l'esistenza stessa dell'istituzione che rappresenti è legata alla tua vita. E i sudditi ritengono di avere il diritto di sapere tutto anche della tua malattia e della cartella clinica, se non altro perché sono loro che pagano – e profumatamente – il tuo sontuoso appannaggio. Questo è il dilemma che sta oggi di fronte alla Casa dei Windsor, e che minaccia seriamente il suo futuro.

Ai tempi della grande Vittoria non c'erano la tv e i social, ma quando la regina, affranta dal dolore per la repentina e prematura morte del marito quarantenne, abbandonò per anni la scena pubblica, sulla cancellata di Buckingham Palace apparve il cartello TO LET: affittasi. Uno scherzo, ma mica tanto: era dai tempi della decapitazione di Carlo I che il movimento repubblicano non era così forte. Robert Lowe, Cancelliere dello Scacchiere del primo governo Gladstone, fu lapidario: «La gente paga per il trono, la corona, lo scettro e tutto il resto dello spettacolo. E vuole vedere la protagonista». La regina fu costretta a tornare a Londra e ai suoi doveri.

Carlo III, che è un notorio workaholic, i suoi doveri non li ha mai abbandonati. Tra una seduta e l'altra della terapia anticancro, continua a studiare le carte della *red box* spedita ogni giorno da Downing Street e a ricevere premier e ministri. Ma, al momento in cui scrivo, in pubblico non compare più dal 5 febbraio, quando ha comunicato ai sudditi la malattia e ha cominciato la terapia oncologica. Arriva ogni tanto alla stampa una foto autorizzata o un breve discorso filmato. Come quello che ha pronunciato l'11 marzo per il settantacinquesimo anniversario della fondazione del Commonwealth. È parso sinceramente commosso per la marea di biglietti d'auguri ricevuti dai sudditi e ha dichiarato che il suo modo di ringraziarli sarà di «continuare a servirvi al meglio delle mie forze». Ma queste parole, pronunciate con viso sofferente e quasi incavato, gli occhi lucidi e arrossati, hanno fatto correre un brivido lungo la schiena di sudditi e osservatori. A che punto arriva questo «meglio»? E fino a quando?

Da qui in avanti, il futuro di quella che appariva la più anacronistica ma pure (o forse proprio per questo) la più stabile delle istituzioni inglesi si trasforma in una lista di interrogativi. La gente si chiede quando rivedrà il sovrano di persona. O dovrà rassegnarsi a un capo dello Stato invisibile, e riluttante a nominare un reggente al suo posto? Ma quale reggente, poi? William, anche lui sopraffatto dai problemi famigliari, dalla salute della moglie in chemioterapia alla cura di tre bambini piccoli?

In campo è rimasta soltanto Camilla, che reale non è di nascita e nemmeno per educazione. Ma è l'unica persona al mondo in cui Carlo riponga fiducia assoluta, e dunque le ha passato la palla almeno per quanto può. Giorno dopo giorno, settimana dopo settimana, lei macina impegni pubblici al posto del marito e anche del figliastro William, costretto a frequenti assenze per prendersi cura della famiglia. Alla fine pure Camilla si è arresa e ha staccato la spina per una settimana di vacanze al caldo (località ignota).

Non è mancato qualcuno che ha perfino osato criticarla per non essere rimasta vicino al marito malato. Come se cinque decenni di attaccamento e fedeltà contro tutto e tutti non bastassero a provare il suo amore. Comunque, come un bravo soldatino, Camilla è tornata in tempo per rappresentare il monarca nella cerimonia in pompa magna a Westminster Abbey per il Giorno del Commonwealth, con Carlo costretto a comparire solo in video. Vien da sorridere a considerare l'ironia della storia. La donna che, da amante del figlio, rappresentava per Elisabetta una minaccia al trono, oggi ne è diventata il principale puntello.

Soprattutto dopo lo scandalo della foto «truccata» di Kate. Sapete com'è andata. Dopo due mesi e mezzo di scomparsa della principessa dalla scena pubblica, circolavano ormai le più strampalate teorie cospirative che la volevano morta, in coma o in fuga dal marito (o perfino selvaggiamente picchiata dal medesimo al punto da mandarla in ospedale...). Per mettere la parola fine alle chiacchiere, ecco per la Festa della Mamma – a Londra celebrata il 10 marzo – una bella foto di mamma Catherine coi tre bambini scattata dallo stesso William. Il ritratto a corredo degli auguri finisce sul canale Instagram dei principi, e attraverso l'ufficio stampa a tutti gli organi d'informazione. Sollievo generale, Kate è in ripresa e tutto va per il meglio. Almeno fino alle sette di sera, quando le principali agenzie di stampa dichiarano che per i loro esperti la foto è un falso – tutta? in parte? – e la ritirano dalla distribuzione. Per la prima volta nella storia, Buckingham Palace – e la succursale di Kensington, sede dei Galles – entrano nella lista delle fonti non affidabili.

Se serviva una prova ulteriore della confusione che domina a Corte, eccola servita. Quella che ai tempi di Elisabetta era l'impeccabile macchina della comunicazione della monarchia, ora si mostra caotica e sciatta. E le sue imperdonabili gaffe gettano l'ombra sinistra del fallimento sul regno di Carlo. Chi comanda a Buckingham Palace ora che lui è malato? Nessuno? Qualche colpa forse Sua Maestà ce l'ha. Se non altro per la sua idea quasi ossessiva di una famiglia reale «dimagrita», ridotta al sovrano e ai suoi discendenti diretti. Ma l'esperienza sembra provare che aveva ragione la sorella principessa Anna a obiettare che non sarebbero bastate le forze per tutti gli impegni. E la gravità della situazione è apparsa evidente alla cerimonia commemorativa del defunto ex re di Grecia Costantino II, parente e buon amico di Carlo e padrino di William.

Nella cappella di san Giorgio a Windsor, il 27 febbraio, il re non c'era. Era atteso il principe ereditario ma ha dovuto defilarsi appena mezz'ora prima per imprecisati «motivi personali», e solo un mese dopo si è saputo che proprio quella mattina erano arrivati gli infausti risultati degli esami istologici di Kate: giustamente, era rimasto accanto alla moglie sotto choc. Alla fine, a Windsor, le figure reali di maggior spicco accanto a Camilla erano il reietto Andrea e la ex moglie Sarah «la Rossa», riaccolta in famiglia. Non c'è inglese che spenderebbe un penny per essere rappresentato da «Andy Randy», come lo chiamavano in gioventù, ovvero (e chiedo scusa per la volgarità) «Andreuccio l'arrapato». Figuriamoci gli ottantacinque milioni di sterline corrisposti ogni anno ai Windsor per il loro «lavoro».

E parlando di *working royals*, colpiva sotto le volte gotiche della cappella di Windsor la considerevole età dei presenti. Camilla, settantasei anni; la principessa Anna, settantatré; il duca di Kent, ottantotto; il duca di Gloucester, settantanove. Età media dell'intera tribù, ha calcolato il *Times*, sessantotto anni, almeno una dozzina di più che vent'anni fa. Sugli ottanta veleggiano anche, sebbene non più impegnati pubblicamente, il principe Michael di Kent e la moglie Marie-Christine e, alla luce di quanto si è saputo poche ore dopo, la loro presenza alla commemorazione di Costantino appare eroica. Erano entrambi lì pur sapendo ciò che il pubblico ancora ignorava, ossia che il genero Tom Kingston, marito dell'unica figlia Gabriella, si era appena tolto la vita con un colpo di pistola alla tempia. Di suicidio nella più intima cerchia reale finora non si era mai sentito parlare. Ma i principi di Kent erano lì, di fronte a tv e fotografi, senza lasciar trapelare assolutamente nulla, fedeli alla massima nazionale: *Keep calm and carry on*. Stai calmo e vai avanti.

Ma per quanto ancora, è quel che i sudditi si chiedono dei Windsor.

Londra, 24 marzo 2024

Dello stesso autore

Dio ci salvi dagli inglesi... o no?!

La ragazza dei passi perduti (con Giorgio Rossi)

Com'è dolce Parigi... o no?!

Gli italiani la sanno lunga... o no?!

Papaveri & papere

I Granduchi di Soldonia

C'era una volta in Italia

La classe non è acqua

Oro, argento e birra

Ci vorrebbe una Thatcher

Il romanzo dei Windsor

Il romanzo di Londra

Tanto sesso, siamo inglesi!

Intramontabile Elisabetta

L'ultima estate di Diana

Royal baby

La regina imperatrice

Elisabetta. Per sempre regina

William & Harry

Carlo III

Certificato PEFC
Questo prodotto è realizzato con materia prima da foreste gestite in maniera sostenibile e da fonti controllate
PEFC
PEFC/18-31-226
www.pefc.it

GRAFICA VENETA
GV CARBON NEUTRAL

Questo libro è fabbricato da Grafica Veneta S.p.A.
con un processo di stampa e rilegatura certificato 100% carbon neutral
in accordo con PAS 2060 BSI

Finito di stampare presso Grafica Veneta
Via Malcanton, 2 – Trebaseleghe (PD)